FETTNÄPFCHENFÜHRER

CONBOOK.

Katja Josteit arbeitet als freiberufliche Journalistin, Autorin und Bloggerin. Sie hat Skandinavistik studiert und fährt seit ihrer Kindheit mehrmals im Jahr nach Dänemark, aber auch gerne in die anderen skandinavischen Länder. Katja Josteit schreibt für Zeitschriften wie *Nordis* und *Eltern* sowie auf ihrem Blog *Küstenkidsunterwegs* über den Norden, ihre Reisen, das Unterwegssein als Familie und die Abenteuer im Alltag mit Kindern. Sie lebt mit ihrer Familie in Kiel.

www.kuestenkidsunterwegs.blogspot.com/

DÄNEMARK

FETTNÄPFCHENFÜHRER

HYGGE IM HERZEN

KATJA JOSTEIT

MIX
Papier aus verantwortungsvollen Quellen
FSC® C014496

www.conbook-verlag.de

Textredaktion: Meike Key, Rueil-Malmaison, Frankreich
Einbandgestaltung: Weiß-Freiburg GmbH, Grafik und Buchgestaltung unter Verwendung der Motive von Katja Josteit
Satz: Röser MEDIA, Karlsruhe
Druck und Verarbeitung: GGP Media GmbH, Pößneck
893269 02 21 6

Printed in Germany

ISBN 978-3-95889-326-9

Für meine Eltern, denen ich es zu verdanken habe, dass ich meine Kindheitssommer in Dänemark verbringen durfte

Für meine Küstenkinder, die die Dänemark-Liebe bereits im Herzen tragen

Und für M., der den Zauber in mein Leben und in dieses Buch gebracht hat

INHALT

1 DÄNEMARK: LANGWEILIG UND VERREGNET?

ANREISE INS GELIEBTE LAND

»Hoffentlich habe ich nichts vergessen!« Katie kramt zum x-ten Mal in ihrer leicht überdimensionierten, prall gefüllten Handtasche, die sie auf ihren Knien balanciert. Jan schmunzelt, während er den alten Kombi sicher durch den dichten Verkehr die A 7 entlang Richtung Flensburg steuert. »Lass mal gut sein, Katie. Du hast bestimmt an alles gedacht. Wir haben wahrlich genug an Bord.« Er deutet mit dem Kinn in Richtung Kofferraum, der wirklich mehr als ausreichend gefüllt ist, ebenso wie die Rückbank: Außer Jans Koffer und seinem schicken Leder-Business-Case sind dort noch zwei Koffer von Katie verstaut sowie mehrere ihrer Taschen, zwei große Lebensmittelkisten, eine Kühlbox, ein Picknickkorb, diverses Strandzubehör und – soweit Jan den Überblick nicht ganz verloren hat – mindestens ein Lenkdrache.

IM LAND DER DRACHENFANS

An den breiten Stränden der dänischen Nordseeküste seinen Drachen in die Lüfte steigen zu lassen – das ist für viele Dänemarkfans Glück pur. Es ist ja auch genug Platz da, und im besten Falle ernten die Drachenzähmer und ihre bunten Flugobjekte bewundernde Blicke von Groß und Klein. Natürlich ist es wichtig, als stolzer Besitzer eines Drachens auf andere Rücksicht zu nehmen und genügend Abstand zu Urlaubern und Badegästen zu halten. Teilweise gibt es eigens ausgewiesene Strände, an denen man seinen Drachen steigen lassen kann, und schon aus eigenem Interesse sollten Drachenlenker sich von Gebäuden, Stromleitungen und Straßen fernhalten.

Prinzipiell unterscheidet man zwei Arten von Drachen: Einfache Drachen mit einer Leine ohne Lenkung, die auch Kinder schon problemlos in den Himmel steigen lassen können, und zweileinige Lenkdrachen oder Sportkites mit Lenkung, die für die hohe Schule der Flugkünste gedacht sind. Gerade an der dänischen Westküste finden Drachenfreunde in Ferienorten wie Hvide Sande, Nymindegab und Blåvand besondere Shops, die sich auf Lenkdrachen spezialisiert haben und teils auch Zubehör für Windsurfer, Kiter und Blokartfahrer bereithalten. Die Begeisterung der Dänen fürs Drachensteigen zeigt sich zudem auf eigenen Drachenfestivals, z. B. auf Rømø (jedes Jahr am ersten Septemberwochenende) und Fanø (in der zweiten Junihälfte). Auf Fanø werden außerdem Drachenbaukurse angeboten, denn so ein individueller Drachen ist natürlich etwas ganz Besonderes.

»Und falls du doch etwas vergessen haben solltest: Dänemark ist ja schließlich unser Nachbarland, was soll da groß anders sein als bei uns? Alles, was dir fehlt, kannst du vor Ort kaufen. Außerdem hast du ja das Wichtigste dabei: Mich.« Jan zwinkert Katie zu. »Überhaupt dachte ich, Dänemark sei für dich wie ein zweites Zuhause. Weshalb bist du denn so aufgeregt?«

»Na, eben deshalb«, seufzt Katie. Wie soll sie Jan bloß klarmachen, dass die Aufregung, das Packen, ja selbst die Fahrt Teil der Vorfreude auf ihr Herzensland sind und für sie zur Reise nach Dänemark einfach dazugehören? Sie hofft so sehr, dass es Jan dort ebenso gut gefallen wird wie ihr – doch das würde es bestimmt. »*Det skal nok gå*«, schießt es Katie durch den Kopf, und sie schmunzelt, als sie merkt, dass sie gerade auf Dänisch gedacht hat, und zwar ebenjenen Satz, der wie kein anderer für sie die gelassene Grundhaltung der Dänen ausdrückt: »Das wird schon werden«.

Sie strahlt Jan an: »Entschuldige bitte, ich bin ein bisschen aufgeregt. Schließlich ist das unser erster gemeinsamer Dänemarkurlaub! Es liegt mir am Herzen, dass du dich dort wohlfühlst. Ich möchte da immer wieder mit dir hin!«

Jan freut sich über ihr Lächeln. Das ist seine Katie, so gut gelaunt! Die letzten Wochen und Monate sind nicht ganz einfach gewesen: Stress im Job, aber auch beziehungstechnisch nicht ganz ohne. Sie sind beide so beschäftigt gewesen, von zahlreichen Verpflichtungen gehetzt und ausgelaugt, dass ihre Liebe ein wenig gelitten hat. Und dann die ewigen Diskussionen um eine mögliche gemeinsame Zukunft! Das hat schon etwas an den Nerven gezehrt, denkt Jan, doch jetzt soll das anders werden. Lieber mal den Tag genießen! Wie gut, dass Katie die Idee gehabt hat, seine Dienstreise nach Kolding mit einem gemeinsamen Urlaub an der Nordseeküste zu verbinden. Denn dahin würden sie zuerst fahren und eine Woche an Strand und Meer entspannen. Katie würde anschließend dort bleiben und die Zeit mit ihren dänischen Freunden verbringen, während Jan an dem deutsch-dänischen Projekttreffen teilnehmen würde. Am Ende hatten sie noch ein paar gemeinsame Tage an ihrem Urlaubsort.

Nun ja, ein wenig unsicher fühlt Jan sich schon, weil Dänemark für ihn als Urlaubsland ganz neu ist. Selbst von Geburt an ein Nordlicht, hat er sich auf seiner imaginären Bucket List bislang Richtung Süden orientiert. Er schätzt das nördliche Nachbarland eher als langweilig und verregnet ein; jedenfalls hat ihm das ein Freund berichtet, der vor ein paar Jahren dort gewesen war. Hoppla, hat er den letzten Satz etwa laut ausgesprochen? Jedenfalls fährt Katie neben ihm hoch: »Wie bitte? Langweilig und verregnet?« Doch als sie Jans belustigten Blick auffängt, fügt sie erleichtert hinzu: »Du willst mich ärgern, stimmt's?«

»Ich? Ich doch nicht!« Jan lacht. »Ich hab's ja nur gehört. Ab sofort kann ich mich selbst vom Gegenteil überzeugen – oder etwa nicht?«

»Also regnen kann es schon mal«, gibt Katie zu. »Natürlich nicht die ganze Zeit, besonders an der Küste ziehen die Wolken schnell weiter. Doch wichtig ist, Kleidung für alle Fälle dabeizuhaben.«

»Na, das sollte zumindest bei dir der Fall sein«, neckt Jan sie. »Für mich reichen ja eine Badehose, meine Turnschuhe und eine Krawatte für das Projekttreffen.« Katie sieht ihn von der Seite an. Wenn sie sich das so in Kombination vorstellte ... Sie schmunzelt. Vor allem zum Thema ›Krawatte‹ bei dänischen Businessterminen gäbe es da noch einiges zu sagen, doch das kann sie sich ja für einen späteren Zeitpunkt aufheben.

Lieber greift sie das andere Stichwort auf: »Langweilig ist Dänemark übrigens auch nicht, du wirst schon sehen! Tatsächlich geht es dort in einigen entscheidenden Punkten anders zu als in Deutschland. Und zwar komplett anders! Das sieht man bloß nicht auf den ersten Blick.«

»Wieso denn nicht?«, will Jan wissen. »Und was meinst du damit? Dass *smørrebrød* kein Butterbrot ist?«

»Das schon mal gar nicht!« Jetzt ist es an Katie, zu lachen. »Doch ich meine etwas viel Grundlegenderes. Zum Beispiel in puncto Gelassenheit und Lebensweise unterscheiden sich Deutsche und Dänen gewaltig voneinander. Von den Dänen und ihrer *Hygge* können wir uns einiges abschauen!«

»*Hygge?* Was ist denn das?« Jan ist verwirrt. »Etwa so ein Kerzengedöns?«

»Nicht wirklich. Aber etwas, das uns auch als Paar guttun wird«, antwortet Katie mit einem Lächeln und legt die Hand auf Jans Knie. »Doch das ist schwer zu erklären, das musst du erleben!«

»Na dann ...« Jan lächelt zurück und freut sich insgeheim ein bisschen. Vielleicht bedeutete das ja so etwas wie ein paar nette Abende zu zweit? Das könnten sie wahrlich gut gebrauchen ... Doch noch sind sie nicht im Ferienhaus angekommen – jetzt müssen sie erst einmal über die Grenze.

Det skal nok gå

Es lebe der kleine, aber feine Unterschied! Bevor Jan zum ersten Mal einen Fuß auf dänischen Boden gesetzt hat, tappt er bereits im Spinat *(træde/jokke i spinaten)*, wie die Dänen sagen würden, wenn sie ausdrücken wollen, dass jemand völlig ahnungslos ein Fettnäpfchen schön mittig getroffen hat. Und das ist in dem kleinen Königreich unserer Nachbarn nicht schwer, vor allem nicht für einen unbedarften Deutschen, der glaubt, so anders könne es doch ein paar Kilometer nördlich der Grenze gar nicht zugehen. Denn nicht nur das Land selbst, sondern auch die dänische Kultur und Lebensweise, überhaupt die gesamte Lebenseinstellung und Herangehensweise an die mehr oder weniger *hyggeligen* Herausforderungen des Lebens unterscheiden sich von der deutschen stärker, als so mancher Dänemarkneuling glaubt.

Der Kulturschock ist natürlich lange nicht so frappant wie beispielsweise bei einer Reise durch Asien, wo Ausländer teilweise Schwierigkeiten haben, auch nur den Namen der Straße, nach der sie suchen, zu entziffern. Es sind eher die geringfügigen Differenzen, die schwer erspürbaren Schwingungen und die scheinbar kleinen, aber dennoch grundlegenden Besonderheiten, die Dänemark von Deutschland unterscheiden. Da diese vermeintlichen Geringfügigkeiten und die damit verbundenen Fehltritte auch schnell mal zu verunglückten Urlauben oder Abbrüchen von Geschäftsbeziehungen führen können, tun Dänemarkanfänger gut daran, diesen Beachtung zu schenken.

Das gilt auch für das Wetter: Hier ist genaues Hingucken gefragt, am besten nicht nur mit einem Blick auf die entsprechende App

(z. B. DMI oder YR), sondern ebenso in den Himmel. Denn das Wetter in Dänemark ist zwar insgesamt besser als sein Ruf (siehe Kapitel 17), ändert sich jedoch oft im Handumdrehen. Katies Strategie, für alle Wetterlagen gepackt zu haben, ist deshalb prinzipiell in Ordnung. Dennoch muss niemand übertreiben: Mit dem berühmten Zwiebellook samt regen- und wetterfester Jacke sowie entsprechenden Schuhen liegen Dänemarkurlauber auf jeden Fall richtig; dafür sind jedoch keine zwei Koffer voll Kleidung nötig. Auch Essensvorräte sollten nur in begrenzter Zahl mitgebracht werden, denn – da hat Jan durchaus recht – in Dänemark kann man grundsätzlich alles kaufen. Außerdem gilt: Je weniger man aus der Heimat mitbringt, desto mehr probiert man die landestypischen Speisen – und die sind wirklich lecker!

DIE BESTE REISEZEIT FÜR DÄNEMARK

Wann ist die beste Zeit für einen Urlaub bzw. Ferienaufenthalt im schönen Dänemark? Überraschung: Das ganze Jahr über! Denn jede Jahreszeit hat ihren Reiz: Der Frühling beginnt oft mild, wenn auch erst Ende März/Anfang April, und das Erwachen der Natur aus dem Winterschlaf ist gerade in den ländlichen Gegenden und auf Inseln wie Fanø oder Bornholm wunderschön zu beobachten. Der Mai hat die meisten Sonnenstunden, teils kann es bereits sommerlich warm werden.

Die Badesaison hingegen beginnt erst so richtig Mitte Juni und dauert bis August, wenn es auch nur in Ausnahmesommern über 25 Grad warm wird. Die Tage sind lang und hell, spät am Abend kann man herrliche Sonnenuntergänge am Strand genießen. Im Herbst können Urlauber mit Glück einen Indian Summer mit leuchtenden Farben im dänischen Herbstwald erleben. Die Tage werden kürzer und der Wind nimmt zu.

Im Winter ist es in den Feriengebieten himmlisch ruhig und einsam, bei langen Strandspaziergängen ist kaum ein Mensch zu sehen. Die

Natur ist rau und wunderbar wild, besonders an den Steil- und Felsküsten. Schnee fällt eher selten, oft ist es regnerisch und stürmisch, manchmal aber auch kalt und klar. Kamin und Sauna tun in dieser Jahreszeit besonders gut. Auch ein Städtetrip ist jetzt eine gute Idee, sei es, um die schönen dänischen Weihnachtsmärkte zu erleben, Konzerte und Kultur zu genießen oder das mit unzähligen Lichtern geschmückte Tivoli in Kopenhagen zu besuchen.

Doch eines machen Jan und Katie schon mal richtig: Sie haben für einen Urlaub in den eher ländlichen Gebieten der dänischen Westküste das Auto als Verkehrsmittel gewählt. Denn während man z. B. nach Kopenhagen oder Aarhus auch gut mit dem Zug reisen und während eines Städtetrips oder Studienaufenthalts in den großen Städten hervorragend den öffentlichen Personennahverkehr nutzen kann, ist dies in den Ferienhausgebieten nicht so ohne Weiteres möglich.

Das bedeutet allerdings nicht, dass während des Urlaubs das Auto niemals stillsteht. Im Gegenteil! An den Strand kommt man oft gut zu Fuß oder mit dem (Leih-)Fahrrad. Überhaupt sind Fahrradtouren oder ganze Fahrradurlaube in Dänemark immer beliebter geworden: Landschaftlich schöne Strecken, geringe Steigungen und hervorragend ausgebaute Radwege bieten dafür genügend Anreize, auch wenn der Gegenwind eine nicht zu unterschätzende Komponente bei der Tourenplanung darstellt.

Ob das Pärchen den Rest der Anreise ebenso glatt bewältigen wird? *Det skal nok gå* – das wird schon werden! Allerdings alles andere als langweilig, wie Katie und Jan gleich noch herausfinden werden.

2 MAL EBEN ÜBER DIE GRENZE?

BITTE KEINE OFFENEN MESSER

»Ach Mensch, wo ist denn bloß mein Perso?« Katie kramt schon wieder in ihrer riesigen Handtasche. Jan würde am liebsten laut loslachen. Doch er beherrscht sich und hält stattdessen den Blick fest auf die B 200 gerichtet, die sie inzwischen entlangsausen, nachdem Katie darauf bestanden hatte, dass sie von der A 7 abfahren und den Grenzübergang bei Kruså nehmen.

Jan liebt seine Katie, aber manchmal macht sie definitiv zu viel Wind. Kann sie es nicht etwas entspannter angehen lassen? So wie die Dänen, die sie so gern zitiert, die alles ›hügelig‹ machen, oder so ähnlich.

Doch als er eine Andeutung in diese Richtung macht, sieht Katie ihn belustigt an: »*Hyggelig* heißt das!« Sie knufft ihn in die Seite: »Weißt du überhaupt, was das bedeutet?« Sie zuckt mit den Schultern: »Na gut, das können wir auch später noch klären. Und überhaupt, ich *bin* entspannt. Bloß ein bisschen aufgeregt. Eigentlich möchte ich nur, dass wir gut über die Grenze kommen und dann den Rest der Strecke in Ruhe hinter uns bringen.«

Jan legt ihr beruhigend die Hand aufs Knie. »Na klar, das machen wir. Was soll denn da schon schiefgehen? Nur noch drei Kilometer, dann haben wir es geschafft.« Merkwürdigerweise sorgt diese Ankündigung bei Katie jedoch keineswegs für Entspannung. Während die liebliche Gegend von Wassersleben an ihnen vorbeizieht und eine Lücke zwischen den belaubten Bäumen kurz den Blick auf die Bucht der Flensburger Förde und die dortige Badestelle freigibt, wühlt sie weiter in den Tiefen ihrer Tasche, bis sie schließlich mit einem triumphierenden »Ha!« ihren Ausweis hervorzieht. »Wusste ich's doch! Jetzt noch keine offenen Messer, und dann kommen wir ohne Probleme durch.«

»Keine offenen Messer?« Jan überlegt kurz, was das wohl bedeuten mag und ob er etwas sagen soll. Denn soweit er weiß, haben sie mindestens ein großes scharfes Messer dabei, und zwar in der Küchenkiste im Kofferraum. Egal, jetzt ist ganz sicher nicht der richtige Zeitpunkt, um das zu diskutieren, denn die Grenze bei Kruså ist bereits in Sichtweite. Jan kommt in den Sinn, dass auch er vielleicht seinen Reisepass aus dem Seitenfach seiner Business-Tasche hervorholen und ihn Katie zum Bereithalten hätte geben sollen. Mal ganz abgesehen davon – ist der eigentlich noch gültig? Aber da sind sie schon an der Stelle angelangt, an der sich die Straße zweiteilt.

Doch dann geht alles ganz einfach. Zwar wird vor ihnen ein Wagen von der streng dreinblickenden Frau in Flecktarnuniform und mit Waffe sowie Handschellen am Gürtel aus der Schlange der Autos gewinkt und auf den Parkplatz nebenan gelotst, Katie und Jan jedoch dürfen ungehindert passieren. Sie müssen nicht einmal die Ausweise vorzeigen, und auch der Kofferraum ihres alten Kombis wird keines Blickes gewürdigt. Während Katie neben ihm die Luft, die sie offensichtlich angehalten hat, geräuschvoll ausatmet, fühlt Jan sich bestätigt: Das war ja alles gar nicht so wild – und jetzt sind sie in Dänemark!

Det skal nok gå

Ja, es ist ›nur‹ die deutsch-dänische Grenze und nicht die Einreise in die Vereinigten Staaten von Amerika, dennoch gibt es einiges zu beachten. Es gibt zwar keinen Grund, so aufgeregt wie Katie zu sein, doch Jans Sorglosigkeit ist auch nicht unbedingt hilfreich, wenn der Urlaub ohne größere Zwischenfälle beginnen soll.

Zwar gilt in den 26 europäischen Ländern des Schengenraums seit 1995 die allgemeine Reisefreiheit, doch Dänemark hat seit dem 4. Januar 2016 die Grenzkontrollen stichprobenartig wieder eingeführt, mit Verweis auf die Sicherheit des Landes sowie bestehende Terrordrohungen. Die temporären Maßnahmen wurden immer wieder um jeweils sechs Monate verlängert. Seit Beginn der Grenzkontrollen wurde über 7.000 Menschen die Einreise verweigert, darunter auch einer nicht unerheblichen Anzahl von Europäern, die ihre Ausweisdokumente schlicht und ergreifend nicht dabeihatten.

Um nach Dänemark einreisen zu können, brauchen alle Personen einen gültigen Reisepass oder Personalausweis; für Kinder müssen die Eltern entsprechend den Kinderreisepass dabeihaben. Hier ist es wichtig, dass das Kind auf dem Foto gut zu erkennen ist; insbesondere, wenn das Bild zu einem Zeitpunkt aufgenommen wurde, als das Kind noch erheblich jünger war – denn sowohl das Gesicht als auch Haar- und sogar Augenfarbe können sich in der Entwicklung vom Baby zum Kleinkind deutlich verändern.

Ohne vorherige Genehmigung dürfen Waffen nicht eingeführt werden. Das gilt auch für scharfe und spitze Messer mit einer Klinge über zwölf Zentimetern Länge. Außerdem ist es in Dänemark generell verboten, Messer und Dolche an öffentlich zugänglichen Orten mit sich zu führen. Das heißt, auch das Küchenmesser bleibt besser in der Kiste im Kofferraum und wird erst im Ferienhaus wieder ausgepackt.

Feuerwerk ist ebenfalls tabu, und zwar gleich im doppelten Sinne: Zum einen ist prinzipiell verboten, es einzuführen. Dazu gehören übrigens auch kleinere Feuerwerkskörper und Wunderkerzen. Zum anderen gibt es in vielen Ferienhausgebieten Sicherheitsregelungen, z. B. zum Schutz von Reetdachhäusern, die das Abfeuern von Raketen mit weniger als 200 Meter Sicherheitsabstand verbieten. Bei stürmischem Wetter verdoppelt sich der Abstand entsprechend –

verständlicherweise. Einen Vorteil haben diese strengen Regelungen jedoch: So bleibt ein Urlaub im dänischen Ferienhaus auch über Weihnachten und Silvester ruhig und besinnlich.

EINEN ALTERNATIVEN GRENZÜBERGANG WÄHLEN

Der am häufigsten genutzte Grenzübergang auf der Reise nach Jütland ist definitiv derjenige von Ellund bzw. Padborg oberhalb von Flensburg an der A 7, die auf der dänischen Seite zur E 45 wird. Der Vorteil an dieser Stelle ist, dass Reisende auf der Autobahn bleiben und gleich weiterfahren können. Der Nachteil: Gerade zur Urlaubszeit bilden sich oft lange Staus, wenn es an der Grenze nur langsam vorangeht.

Eine gute Alternative ist der Grenzübergang im nahe gelegenen Ort Kruså, den Autofahrer über die B 200 erreichen. Kontrollen finden dort allem Anschein nach nicht so häufig statt, und kaum ein Lkw nimmt diesen Weg. Hat man die Grenze hinter sich gelassen, führen Hinweisschilder einen schnell wieder auf die E 45, auf der man seine Reise Richtung Norden fortsetzen kann. Eine andere Möglichkeit, Staus auf dem Weg nach Jütland zu umgehen, ist, von vornherein eine alternative Route zu wählen, z. B. über die deutsche B 5 und die dänische Landstraße 11. Hier passiert man den Grenzübergang Böglum zwischen Süderlügum und Tønder.

3 ENDLICH IM HERZENSLAND?

ERST MAL EINEN HOTDOG

»Hurra!« Katie reißt die Arme hoch. »Endlich im Herzensland!« Jan schaut sie belustigt an. Er weiß ja, dass Katie generell leicht zu begeistern ist, und dennoch fasziniert es ihn immer wieder, dass sie selbst bei Kleinigkeiten imstande ist, in frenetischen Jubel auszubrechen. So ganz versteht er dennoch nicht, was ein paar Meter hinter der Grenze bereits anders sein soll. Das Gras sieht hier auch nicht viel grüner aus – oder etwa doch? Na ja, wenn er genau hinsieht, scheint es tatsächlich etwas ordentlicher gemäht zu sein als auf der deutschen Seite ...

»Achtung, hier biegen wir gleich ab«, reißt ihn Katie aus seinen Gedanken.

»Wieso abbiegen?« Jan ist irritiert. »Wir müssen doch nach Norden, Richtung Søndervig, zu unserem Ferienhaus.« Katie knufft ihn freundschaftlich in die Seite: »Na klar, da fahren wir auch noch hin. Aber erst mal wollen wir zu Annies Kiosk, einen Hotdog essen. Das gehört einfach dazu!«

Einen Hotdog essen? Also eine Wurst? Warum denn jetzt? Na gut, da sagt er nicht nein. Fleisch ist sein Gemüse, und Wurst die Sahne auf der Torte. Jan setzt den Blinker. Ein bisschen verwundert ist er jedoch schon. Sie sind gerade mal anderthalb Stunden gefahren und sollen bereits Halt machen? Außerdem haben sie ausreichend Verpflegung im Auto, da Katie kaum das Haus verlassen kann, ohne massenhaft Proviant einzupacken. »Das habe ich von meiner Großmutter«, erklärt sie in diesen Fällen immer. »Nachkriegsgeneration, ich hab das geerbt.« Okay, das versteht Jan, Essen ist immer gut.

Aber Katie und ein Hotdog? Auch wenn sie keine strikte Vegetarierin ist, weiß Jan, dass seine Freundin bei der Auswahl ihrer Lebensmittel immer sehr bewusst und kritisch ist. Wurst steht für sie tendenziell auf der roten Liste, das hat er zu seinem Leidwesen schon oft genug feststellen müssen. Zumal, wenn Katie nicht zu 100 Prozent weiß, wie und wo sie hergestellt wurde, und das Tier, von dem sie stammt, nicht mit Vornamen kennt. Diesen Gedanken behält Jan allerdings für sich und nimmt stattdessen die von Katie angezeigte Ausfahrt, neugierig, was es wohl mit dieser Annie und ihrem Kiosk auf sich hat.

ANNIES KIOSK

Leckere dänische Hotdogs zusammen mit einem atemberaubenden Blick über die Flensburger Förde und die Ochseninseln, vor dem Weiterfahren dann noch ein großes Softeis: Ein Besuch bei Annies Kiosk lohnt sich gleich in mehrfacher Hinsicht. Deshalb, und weil der dänische Imbiss in der Ortschaft Sønderhav einfach Kult ist, ist er gerade im Sommerhalbjahr ein beliebtes Ausflugsziel – auch unter Bikern, die hier teils ihre Treffen abhalten und für einen Umsatz von Hunderten der beliebten *røde pølser* am Tag sorgen.

Die langjährige Besitzerin und Namensgeberin Annie Bøghild begann ihre Karriere dort als Aushilfe und wurde 1974 zur Mit- und 1984 schließlich zur alleinigen Eigentümerin. Im Alter trat Annie, die zuvor bis zu 14 Stunden am Tag gearbeitet haben soll, etwas kürzer, bis sie 2016 bald nach ihrem Mann verstarb. Nach einigem Hin und

Her übernahm Jan Enemark den Kiosk und ließ nach dem Abriss im Januar 2018 einen etwas größeren Neubau errichten, der am 13. April 2018 an gleicher Stelle und mit der gleichen Belegschaft wieder eröffnet wurde. Der Name ›Annies Kiosk‹ blieb dabei erhalten, und der Imbiss ist beliebt wie eh und je. Selbst die Bundeskanzlerin Angela Merkel hat ihn schon besucht.

Adresse: Fjordvejen 76, 6340 Kruså

»Wir sind gleich da!« Katies Stimme verrät freudige Erregung. Schon taucht auf der linken Seite der helle Kiosk mit dem roten Dach und den Sonnenschirmen auf der Terrasse auf. Ein paar Motorräder stehen auf dem Parkplatz, Jan platziert den Kombi gleich daneben. Noch ist hier nicht viel los, doch Katie ist klar, dass sich das bald ändern wird. Sie gehen an die Theke, an der ihnen ein netter junger Mann in schwarzem Shirt und roter Schürze entgegenlächelt: *»God morgen!«*

Mensch, der spricht ja genau wie wir, freut sich Jan und entgegnet fröhlich: »Moin, moin!« Zwar guckt sein Gegenüber etwas amüsiert, fragt ihn jedoch höflich auf Deutsch nach seiner Bestellung. Jan überfliegt schnell die aushängenden Schilder mit *pølser* und Burgern. Gerade bei den *pølser* gibt es eine große Auswahl, auch wenn das alles ziemlich ähnlich aussieht. Wo liegt denn da der Unterschied, und wofür soll er sich entscheiden? »Für mich gerne das mit der roten Wurst«, bestellt Jan aufs Geratewohl.

Katie nickt zufrieden: »Der Klassiker! Das nehme ich auch!« Und zu dem jungen Mann hinter der Theke gewandt: *»Jeg vil også gerne have en almindelig hotdog.«*

Sie nimmt ihr knallrotes Würstchen, das bereits in einem aufgeschnittenen Brötchen mit Zwiebeln und Gurkenscheiben eingebettet ist, mit entzücktem Gesichtsausdruck entgegen. »Willst du auch alle Soßen auf deinen Hotdog?« Jan nickt, während er fasziniert beobachtet, wie seine sonst so gesundheitsbewusste Katie großzügig

Ketchup, Senf und dänische Remoulade auf ihren Hotdog gibt. Okay, in Deutschland hätte er seine Wurst wahrscheinlich nur mit Senf gegessen, doch hier tut er es ihr schmunzelnd nach und folgt seiner Freundin anschließend nach draußen, wo sie sich an einem der Picknicktische mit Blick auf die Flensburger Förde niederlassen. »Ach, ist das herrlich«, seufzt Katie und beißt herzhaft zu. »Auf die Tradition! Jetzt sind wir wirklich in Dänemark.«

Det skal nok gå

Tatsächlich, Katie und Jan sind in Dänemark! Das ist für viele Dänemarkfans, die seit Jahren in ihr Herzens- oder Lieblingsland reisen, ein echter Grund zum Feiern. Denn etliche von ihnen fiebern ihrem Urlaub regelrecht entgegen, zählen die Tage, bis es so weit ist, und zelebrieren auch die Anreise entsprechend. Das ist oft verbunden mit bestimmten Traditionen oder Ritualen, wie etwa gleich hinter der Grenze einen der typischen Imbisse aufzusuchen und dort dänische Hotdogs *(røde pølser)* zu essen – klassisch mit Röstzwiebeln, Gurken und allen Soßen belegt. Ein besonders bekannter Imbiss ist Annies Kiosk, der schon fast den Status einer Sehenswürdigkeit erreicht hat und zugleich ein beliebter Bikertreff in der deutsch-dänischen Grenzregion ist. Dort bekommt man übrigens den Hotdog meist gleich im Brötchen samt Zwiebeln und Gurken serviert; ansonsten würde man die ›richtige‹ Reihenfolge einhalten und – zumindest bei der roten Wurst *(røde pølse)* – Zwiebeln (rohe und/oder geröstete) sowie Gurkenscheiben erst ganz zum Schluss drauflegen. Das ist dann ein *hotdog med det hele* oder ein *almindelig hotdog*, wie die Dänen sagen.

Doch ausgerechnet hier, wo es wirklich locker und entspannt zugeht, tapst Jan gleich in zwei Fettnäpfchen, die sich mit ein bisschen Aufmerksamkeit vermeiden ließen. Denn gerade, wenn man in ein Land reist, das dem eigenen in gewisser Hinsicht ähnlich ist, lohnt es sich, auf die kleinen und feinen Unterschiede zu achten, damit man mit seinem Verhalten nicht um die entscheidende Haaresbreite danebenliegt.

Das betrifft zum einen die Wahl der Sprache: Das dänische *»god morgen«* entspricht zwar dem deutschen »Guten Morgen«, wird aber etwas anders ausgesprochen. Nämlich eher *»go' morn«*, wie überhaupt im Dänischen die unbetonten Endsilben vieler Wörter kaum hörbar sind. Jan geht jedoch automatisch davon aus, ein deutsches Wort verstanden zu haben. Er setzt die kurze Unterhaltung dann auch in seiner eigenen Sprache fort, in der Annahme, dass ihn sein Gegenüber ohne Weiteres versteht.

Das ist zwar – besonders dicht hinter der Grenze – durchaus wahrscheinlich, aber nicht besonders höflich. Denn gerade, weil Dänemark ein kleines Land ist und die deutsch-dänische Geschichte nicht immer eine ganz unproblematische war (siehe Kapitel 20), sollte man lieber gleich zu Beginn einer Unterhaltung *»Taler du tysk?«* (»Sprechen Sie Deutsch?«) oder *»Må jeg tale tysk?«* (»Darf ich Deutsch sprechen?«) fragen, um sich zu vergewissern, dass der Gebrauch der Sprache des ›großen Nachbarn‹ für alle Beteiligten in Ordnung ist. In vielen Fällen wird das Gegenüber darauf eingehen, erfreut, dass sein Gesprächspartner sich zumindest um ein paar Worte Dänisch bemüht hat. Falls das nicht der Fall sein sollte, kann man immer noch gemeinsam auf das Englische ausweichen – denn das verstehen und sprechen nahezu alle Dänen hervorragend.

Zum anderen begeht Jan einen weiteren Lapsus, indem er dem netten Mitarbeiter von Annies Kiosk mit »Moin, moin« antwortet. Das ist zwar gut gemeint und zudem im Norddeutschen tatsächlich eine adäquate Erwiderung auf das typische »Moin«. Im Dänischen jedoch sagen sich mit einem *»mojn«* insbesondere die Bewohner des westlichen Teils von Nordschleswig »Tschüss«. Jan verabschiedet sich mit seiner vermeintlichen Begrüßung sozusagen gleich wieder, was sein Gegenüber, zumal er ja einen Kunden vor sich hat, netterweise lediglich mit einem wissenden Schmunzeln quittiert, anstatt darauf einzugehen.

Natürlich sind solche kleinen Fehler keine Kapitalverbrechen. Dennoch: Kommunikation auf Augenhöhe sieht anders aus. Besser würde Jan mit einem *»god dag«* (»Guten Tag«) oder dem lockeren Gruß *»hej«* (»Hallo«) fahren, wobei er dann zum Abschied wieder *»hej hej«* (»Tschüss«) sagen könnte. Das sind gängige Ausdrücke, die sich Jan auch für das Zusammentreffen mit seinen dänischen Projektpartnern merken kann, um dann gleich bei der Begrüßung zu punkten und den Weg für die weiteren Verhandlungen zu ebnen.

4 GAS GEBEN OHNE REUE?

KEIN STRESS MIT DEM BESCHLEUNIGUNGSSTREIFEN

»Na, jetzt aber los!« Jan schwenkt auf die Straße vor Annies Kiosk ein, von der aus sie noch einmal kurz den tollen Blick auf die Flensburger Förde genießen können. Er wartet, bis er das Ortsschild passiert hat, und gibt dann Gas. »Nicht so schnell!« Katie sieht erschrocken von ihrem Handy hoch. »Wir sind auf der Landstraße, da darf man nur 80 km/h fahren.«

»Ach was«, Jan winkt beruhigend ab, »so viel drüber bin ich ja gar nicht.« Er zwinkert Katie zu: »Und du sagst doch immer, die Dänen sind so entspannt, warum also nicht auch beim Autofahren?«

Katie sieht auf ihre Hände hinunter. Sie kämpft mit sich: Soll sie Jan jetzt im wahrsten Sinne des Wortes bremsen – oder ihn seine eigenen Erfahrungen machen lassen? Doch das könnte ganz schön teuer werden, also versucht sie es mit Humor: »*Hej,* mein rasanter Freund, entspann du doch mal deinen Fuß auf dem Gaspedal, und wir leisten uns statt eines Bußgeldes lieber 33 Hotdogs, wenn wir an unserem Urlaubsort angekommen sind. Wie wäre das?«

»Oha, so teuer sind die Strafzettel hier?« Jan zieht verwundert die Augenbrauen hoch, fährt jetzt jedoch deutlich gemächlicher.

Eigentlich ist er ja eher für flottes Vorankommen, will aber nicht gleich zu Beginn des gemeinsamen Urlaubs Stress mit Katie bekommen. Obwohl – wer würde ihn auf der dänischen Landstraße schon erwischen? Und ein paar km/h drüber sind doch nicht so schlimm, oder?

Ziiiiisch – gerade als Jan das denkt, werden sie überholt. Und zwar offensichtlich von einem dänischen Fahrzeug, denn das Kennzeichen hat einen gelben Hintergrund mit schwarzen Buchstaben und Ziffern darauf. »He!«, beschwert sich Jan sofort bei Katie. »Wieso darf der das und ich nicht?«

»Tsja«, sie zuckt mit den Schultern, »der darf das genauso wenig wie du. Und es gibt Gerechtigkeit im Staate Dänemark: Wenn der erwischt wird, zahlt er genauso viel wie du!«

SPANNENDE KENNZEICHEN

Die Autokennzeichen in Dänemark sind eindeutig vielfältiger und bunter als in Deutschland. Dasjenige, das Jan gesehen hat, mit einem gelben Hintergrund und schwarzen Buchstaben und Zahlen versehen, kennzeichnet ein kommerziell genutztes Auto, also einen Geschäftswagen. Hat das Kennzeichen hingegen einen weißen Hintergrund, eine schwarze Schrift und einen roten Rand, handelt es sich um ein privates Fahrzeug. Die Mischform dieser beiden, das sogenannte ›Papageienkennzeichen‹, charakterisiert einen Geschäftswagen, der auch privat genutzt wird. Diese Unterscheidungen sind für die Dänen wichtig, haben sie doch Folgen, wenn es darum geht, die Steuern für diese Fahrzeuge festzusetzen.

Eine Krone links auf dem Kennzeichen weist ein Fahrzeug des dänischen Königshauses aus, weiße Schrift auf blauem Hintergrund Diplomaten-Pkws, weiße Schrift auf schwarzem Hintergrund und ein entsprechendes Design Oldtimer und weiße Schrift auf rotem Hintergrund Flughafenfahrzeuge. Es lohnt sich also, beim Autofahren in Dänemark genauer hinzusehen: Aufmerksame Beobachter erfahren so einiges über den Vordermann.

»Falls, Katie, falls!« Jan freut sich diebisch, seine Freundin, die Referendarin und zukünftige Deutschlehrerin, bei einem sprachlichen Lapsus zu erwischen. Überhaupt liebt er den verbalen Schlagabtausch mit ihr – vorausgesetzt, er bleibt auf einer spaßigen Ebene. Und das war in letzter Zeit leider immer seltener der Fall. Was hatten sie sich wegen irgendwelcher Kleinigkeiten gestritten! Doch bevor die Stimmung diesmal umschlagen kann, lenkt Jan ab: »Die Landschaft hier ist wirklich toll! Und es stehen schon ein paar Schilder weniger am Straßenrand als bei uns, oder?«

Katie lässt sich gerne auf die Frage ein – alles, bloß kein Streit zu Urlaubsbeginn. Davon hatten sie wahrlich genug. Das wird jetzt anders, nimmt Katie sich im Stillen vor und lächelt Jan an: »Ja, manches lösen die Dänen etwas pragmatischer als wir. Schau mal, die ›Haifischzähne‹, also die Zacken auf dem Asphalt, da wo die Seitenstraße in die Hauptstraße einmündet: Da steht das ›Vorfahrt beachten!‹ gleich auf der Straße.«

»Das ist echt praktisch«, stimmt Jan ihr zu. »Doch was mache ich jetzt?« Er ist an der Autobahnauffahrt angelangt und fährt gerade an einem Schild vorbei, auf dem sich zwei rote Linien zu einem nach oben zeigenden Pfeil vereinen. »Einfach weiterfahren und einfädeln«, meint Katie. »Hier gilt das Reißverschlussprinzip, an das müssen sich sowohl die halten, die bereits auf der Autobahn sind, als auch die, die auffahren.«

Und es klappt tatsächlich! Mühelos reiht sich Jan in den fließenden Verkehr ein. »Mensch, das ist ja entspannt!«, freut er sich. »Kein Stress mit dem Beschleunigungsstreifen, auf dem eh niemand beschleunigt.«

»Genau«, gibt ihm Katie recht, »Autofahren in Dänemark ist deutlich *hyggeliger* als bei uns!«

Det skal nok gå

Eines macht Jan schon mal richtig: Innerhalb einer Ortschaft gilt die Geschwindigkeitsbegrenzung von 50 km/h. Dass er jedoch aufs

Gaspedal tritt, nachdem er das weiße Ortsschild mit der schwarzen Schrift und den Häusersilhouetten hinter sich gelassen hat, ist weder gesetzeskonform noch klug. Auf dänischen Landstraßen gilt ein Tempolimit von 80 km/h (mit Anhänger 70 km/h). Auf Autobahnen dürfen prinzipiell 130 km/h gefahren werden (mit Anhänger 80 km/h), die jedoch oftmals auf 110 km/h reduziert sind.

Hier ist Jan in einen äußerst typischen Fettnapf getappt oder vielmehr gerast. Ja, die Dänen *fahren* tatsächlich entspannt, *sind* es aber nicht, wenn es um die Verletzung von elementaren Verkehrsregeln geht – insbesondere hinsichtlich Geschwindigkeitsbegrenzungen. Die dänische Polizei ahndet bereits geringe Überschreitungen der zulässigen Höchstgeschwindigkeit, und zwar sowohl bei Einheimischen als auch bei Touristen. Da hilft es auch nicht, auf den überholenden einheimischen Fahrer hinzuweisen – der ist genauso dran, wenn er erwischt wird! Und dass man erwischt wird, ist gar nicht mal so unwahrscheinlich, denn Kontrollen finden häufig statt. Jan täte also gut daran, Respekt vor den dänischen Bußgeldern zu entwickeln – die haben es nämlich in sich.

Wer bis zu 20 km/h zu flott fährt, ist umgerechnet 134 Euro und mehr los; bei mehr als 20 km/h über dem Tempolimit kann es sein, dass man deutlich mehr zahlen muss, teils bis zu 1.000 Euro. Dank EU-Recht werden die Tickets übrigens auch grenzübergreifend vollstreckt. Bei extremen Geschwindigkeitsüberschreitungen kann sogar der Führerschein aberkannt werden – bei Ausländern bedeutet das dann unter Umständen ein lebenslanges Fahrverbot in Dänemark. Ebenfalls sehr kostspielig kann es beim Überschreiten der Promillegrenze werden, die in Dänemark 0,5 Promille beträgt. In besonderen Fällen werden den Besitzern sogar die Autos entzogen und öffentlich versteigert. Auch der Gebrauch des Handys am Steuer ist verboten und richtig teuer.

In Dänemark ist das Fahren mit Abblendlicht vorgeschrieben; wer einmal in der Dämmerung oder an einem nebeligen Morgen aufgebrochen ist, dem leuchtet das unmittelbar ein. Bei Stau müssen zudem die Warnblinker eingeschaltet werden, um nachfolgende

Fahrzeuge zu warnen. Sitzgurte müssen angelegt werden; Kinder gehören wie bei uns in den sicheren Kindersitz.

Die Verkehrsschilder gleichen den international gültigen und sind in den meisten Fällen selbsterklärend. Um interessante Ausnahmen wird es in Kapitel 21 gehen. Zwei besondere Verkehrszeichen sind Jan und Katie zu Recht aufgefallen: Zum einen die ›Haifischzähne‹ bzw. die weißen Dreiecke auf der Straße, die ›Vorfahrt gewähren!‹ bedeuten und das entsprechende Schild am Straßenrand ersetzen. Apropos Vorfahrt: Die haben in Dänemark auch alle Busse beim Einfädeln in den Straßenverkehr nach einer Haltestelle, damit sie ihren Fahrplan einhalten können.

Zum anderen hat Jan das Verkehrsschild mit den zwei roten, zusammenlaufenden Pfeilen bemerkt: Es zeigt, wie von Katie richtig erläutert, an, dass man sich einfädeln möge. Es steht hauptsächlich an Autobahnauffahrten, ist aber auch sonst öfter anzutreffen. Und es funktioniert in der Regel reibungslos: Wo die Deutschen manchmal noch mit dem ›Reißverschluss‹ kämpfen und auf den letzten Metern drängeln, reiht sich der harmoniebedürftige Däne ganz gelassen ein – ist ja auch viel *hyggeliger* so. Infolgedessen fließt der Verkehr tatsächlich stetiger im Staate Dänemark, und das Fahren dort wird von vielen als entspannter empfunden.

ZEBRASTREIFEN EINMAL ANDERS

Noch eine Besonderheit: In Dänemark warten die Fußgänger am Zebrastreifen, bis die Autofahrer passiert haben, nicht umgekehrt wie in Deutschland. Das bedeutet auch, dass derjenige, der dort bremst, weil jemand wartend am Straßenrand steht, womöglich für den Schaden aufkommen muss, sollte der nachfolgende Fahrer auffahren. Doch natürlich muss man bremsen, wenn sich die Personen bereits auf der Fahrbahn befinden, und ihnen entsprechend Zeit geben, die andere Straßenseite sicher zu erreichen.

5 WELCHE VERDAMMTE KURVE?

DIE BERÜHMTESTE KURVE DÄNEMARKS

»Ach, ich freue mich schon, bald sind wir da!« Katie versucht, sich auf dem Beifahrersitz ein bisschen zu räkeln, jedenfalls soweit das zwischen all den Taschen, dem Fotoapparat samt Zubehör und dem Picknickkorb, den sie inzwischen mit nach vorne genommen hat, möglich ist.

»Glaubst du, du verhungerst sonst?« Jan hatte Katie natürlich ein bisschen geneckt, als sie darauf bestanden hatte, nicht anzuhalten, sondern, um Zeit zu sparen, den Korb während der Fahrt unter allerlei Verrenkungen von der Rückbank zu angeln. Doch er war auch nicht abgeneigt gewesen, als sie ihm eine selbstgemachte Frikadelle vor die Nase gehalten hatte: »Fahrerfutter! Schließlich haben wir noch eine lange Strecke vor uns!«

»Lang?« Jan hatte nur verwundert den Kopf geschüttelt. Sie hatten mit dem fließenden Verkehr ganz entspannt Kolding passiert, und von dort aus waren es nur noch gut eindreiviertel Stunden bis zu ihrem Ziel, der Urlaubsregion rund um Søndervig und Houvig.

Jetzt will Jan den Blinker setzen, um auf die 469 abzubiegen, die sie, gefolgt von der 28, laut Navi auf dem schnellsten Weg zu ihrem Ferienhaus führen würde.

›LANGE‹ STRECKEN IN DÄNEMARK

Ganz ehrlich: Die Strecken, die man innerhalb Dänemarks zurücklegen muss, sind nie besonders lang. Von Kolding nach Esbjerg fährt man knapp 45 Minuten, von Bov nach Aalborg etwa zwei Stunden und 40 Minuten. Selbst wenn man von Kopenhagen an die Westküste will, sind es nur knapp dreieinhalb Stunden. Dennoch empfinden die Dänen dies als große Distanzen, bei denen sie überlegen, ob sie sie für ein verlängertes Wochenende auf sich nehmen, und für die sie sich mit gut gefüllten Picknickkörben und Thermoskannen wappnen.

Das hängt damit zusammen, dass die Dänen ihr geliebtes Land – auch aufgrund der vielen verschiedenen Landstriche und Inseln, auf die es sich verteilt – keineswegs als ›klein‹ ansehen. Katie zeichnet sich offensichtlich ebenfalls durch ein dänisches Empfinden von Distanzen aus, und auch als Deutscher in Dänemark tut man gut daran, keine abfälligen Bemerkungen in dieser Hinsicht zu machen.

Doch Jan hat die Rechnung ohne Katie gemacht. »Nicht abbiegen!«, tönt sie. Jan seufzt. Es passiert öfter mal, dass Katie sich in die Streckenführung einmischt. Zugegeben, sie hat einen guten Orientierungssinn, doch diesmal ist Jan sich ganz sicher, wo es langgeht – und das Navi ist auf seiner Seite. Als er vorsichtig versucht, das seiner Freundin zu erklären, fällt sie ihm ins Wort: »Ach Jan, bitte! Lass uns über die 181 fahren, wir müssen doch durch die Kurve!« Jan versteht nur Bahnhof. Welche verdammte Kurve? Und wieso zum Geier die 181? Führt die nicht an der Küste entlang?

Doch Katie bettelt fast, und Jan lenkt ein bzw. um. Das Navi protestiert zwar kurz, schwingt dann aber auf die neue Streckenführung ein. Katie sieht Jan dankbar an. Er grummelt zwar noch etwas von »dauert alles viel länger«, aber Katie weiß, dass die zeitliche Differenz zwischen den beiden Routen lediglich wenige Minuten beträgt. Und das ist das Erlebnis DER Kurve allemal wert! Sie schiebt den Picknickkorb noch mal von links nach rechts, kuschelt sich gemütlich in ihren Sitz und harrt der Dinge, die da kommen.

Erst kurz vor Nymindegab regt sie sich wieder. Dafür aber richtig: Jan sieht aus dem Augenwinkel, wie sich seine eben noch dösende Freundin abrupt aufsetzt: »Gleich geht es los, wir sind nah dran!« Sie grinst bis über beide Ohren. Jan runzelt die Stirn. Was ist denn mit Katie los? Das Ortseingangsschild von Nymindegab kommt näher und Jan bremst ab, um sich diesmal an die Geschwindigkeitsbegrenzung zu halten. Indessen kommt Katie aus dem Schwärmen nicht mehr heraus: »Jan, sieh doch nur, die Flaggen!« Tatsächlich, Jan fällt auf, dass die Straßenränder des kleinen Ortes auf beiden Seiten mit Dänemarkflaggen geschmückt sind. Katie wird immer euphorischer: »Schau doch, der Wal!« Wild deutet sie nach rechts, wo Jan im Vorbeifahren nur die Silhouette einer Windmühle und ein Walskelett in einem Glasbau erspähen kann.

»Jetzt noch der Drachenladen! Und dann, Jan, und dann ...« Jan wirft einen verwunderten Blick zur Seite, jedoch eher auf seine Freundin als auf das Windsportgeschäft am Wegesrand. Oha, Katie dreht ja richtig auf, denkt er. Gibt es im Picknickkorb etwa noch etwas Stärkeres als die gut gewürzten Frikadellen? Ihr Kombi hat mittlerweile die kleine Anhöhe erklommen, und vor ihnen erstreckt sich eine weite Marsch- und Dünenlandschaft. Schön hier, denkt Jan spontan, und Katie neben ihm bricht in frenetischen Jubel aus: »Oh, Jan, jetzt kommt die Kurve! Endlich, endlich sind wir da!! Jetzt beginnt unser Urlaub so richtig!!!«

Ruhig, ganz ruhig, sagt Jan zu sich selbst, hütet sich jedoch, es laut auszusprechen. Ja, sie fahren gerade durch eine Kurve. Ja, malerische Fischerhütten liegen an einem kleinen Gewässer rechts von ihnen, neben ein paar Booten und einem Fischkutter. Ja, das ist in der Tat sehr pittoresk. Doch warum ist diese Kurve so etwas Besonderes? Empfindet das nur Katie so, oder hat er etwas Wesentliches verpasst? Und warum beginnt der Urlaub für sie genau jetzt? Hat sie das nicht schon beim Grenzübertritt und dann noch einmal bei Annies Kiosk gesagt? Jan wartet sicherheitshalber noch ein paar hundert Meter, bis sich Katie etwas beruhigt hat. Dann wendet er sich ihr zu, während eine ausgedehnte Dünenlandschaft rechts und links an ihnen vorüberzieht. Mit ernster Stimme sagt er: »Katie, ich glaube, du musst mir einiges erklären.«

Det skal nok gå

Gut, dass Jan seine Freundin um eine Erklärung bittet! Denn für einen Außenstehenden ist Katies Verhalten vermutlich äußerst verwunderlich, um nicht zu sagen verrückt. Was hat eine simple Kurve an sich, dass sie einen Freudentaumel auf der dänischen Landstraße rechtfertigt?

Nå vel, Jans Freundin folgt einfach einer Tradition, die sich in den letzten Jahren – um nicht zu sagen Jahrzehnten – unter den eingefleischten Dänemarkfans entwickelt und bis zum Kult gesteigert hat. Diese fahren nämlich nicht einfach in ihr Herzensland, sie zelebrieren die Anreise richtig. Dazu gehören wie bereits geschildert der Grenzübertritt, ein Besuch bei Annies Kiosk, vor allem aber – zumindest für diejenigen, die an die Westküste wollen – das Durchfahren ›der Kurve‹, die damit zur berühmtesten Kurve Dänemarks avanciert.

Es handelt sich ja auch um einen schönen und besonders charakteristischen Streckenabschnitt: Die Reisenden durchfahren das beschauliche Nymindegab, wo sich ein Zwischenstopp und ein Besuch des Museums durchaus lohnt. Innendrin gibt es deutlich mehr zu entdecken, als das kleine Gebäude von außen vermuten lässt, etwa die lichtdurchfluteten Bilder dänischer Maler wie Laurits Tuxen und Johannes Larsen sowie eine interessante Ausstellung zum harten

Leben der Fischer an der dänischen Nordseeküste in früheren Zeiten. Sehr sehenswert ist ebenfalls das Skelett des 1990 gestrandeten Pottwals, das in einem eigenen Glasanbau untergebracht ist.

Nach der letzten Anhöhe des Ortes fällt die Straße leicht ab und gibt den Blick auf die einzigartige Dünenlandschaft des Holmsland Klit frei, der Landzunge zwischen Nordsee und Ringkøbing Fjord. Damit ist das Sehnsuchtsziel vieler deutscher Urlauber erreicht, die sich ein ganzes Jahr auf diesen Anblick gefreut, darauf hingearbeitet und oft auch lange für einen Aufenthalt in der begehrten Ferienhausgegend gespart haben.

Und da alle Sehnsucht einen Anfang, wenn auch kein Ende braucht, ›beginnt‹ für viele der Urlaub in ebenjener charakteristischen Kurve hinter Nymindegab. Ebenso wie der Ort selbst ist auch das, was an dieser Stelle am Straßenrand steht, einen Besuch wert: die *esehusene* (wörtl. ›Ese-Hütten‹) rechter Hand an einem kleinen Binnensee – kleine Fischerhütten, die noch aus der Zeit stammen, als Nymindegab ein verschlafener Fischerort war. Hier kann man gut einen Picknickstopp einlegen, vor allem, wenn man danach noch ein ganzes Stück weiter gen Norden muss, oder dem Herzrasen, das die Kurve traditionell mit sich bringt, die Gelegenheit geben will, sich zu beruhigen.

Aber erzählen Sie das bloß keinem Dänen! Der fährt diese Strecke nämlich ganz *hyggelig* und ohne Trara zu seinem Ferienhäuschen an der Westküste und fragt sich verwundert, warum die Deutschen im Wagen vor ihm so begeistert auf und ab hüpfen. Nun ja, für die einen ist sie die berühmteste Kurve Dänemarks – für die anderen bloß ein Stück Landstraße in einer schönen Umgebung.

6 KEINER IST BESSER ALS DER ANDERE?

VON GASTFREUNDSCHAFT, GLEICHHEIT UND DÄNISCHER GELASSENHEIT

»Oh, da sind wir ja!« Katie regt sich endlich und Jan atmet erleichtert auf. Seit sie Nymindegab hinter sich gelassen haben, hat Katie geschwiegen und aus dem Fenster gesehen. Einerseits war Jan froh über die Stille, andererseits hatte er ein schlechtes Gewissen, weil er den Jubel seiner Freundin nicht so wirklich nachvollziehen konnte. Und dann hatte er sich auch noch über ihre Erläuterungen lustig gemacht. Tsja, das war wohl nicht so klug gewesen – kein Wunder, dass die Stimmung danach im Eimer war.

Jetzt sind sie also ›da‹ – mal wieder. Jan fragt sich, wann das endgültig der Fall sein würde. Das Projekt ›Ankunft in Dänemark‹ scheint für Katie jedenfalls aus mehr als einem Meilenstein zu bestehen. Es bleibt spannend – doch nun muss er seine Freundin erst einmal wieder aufmuntern. »Oh Holde, wohin des Weges?«, scherzt er vorsichtig und erntet prompt ein Lächeln von rechts. Wie gut, dass sie ihm nie lange böse ist! Jan atmet erleichtert auf. Katie scheint zudem schon wieder in den Dänemark-Begeisterungs-Modus, wie

Jan ihn als ITler insgeheim nennt, zu verfallen und zeigt nach links: »Hier an der Kreuzung abbiegen! Das ist bereits Søndervig, wir sind gleich bei unserer Ferienhausvermittlung.«

Jan steuert den Wagen über einen Kreisverkehr und an ein paar Geschäften vorbei, bis hin zu dem zentralen Platz von Søndervig. Von hier aus sind es nur noch ein paar Meter bis zum Büro ihres Ferienhausanbieters. »Alle Ferienhausvermittler in Dänemark haben Stellen, an denen man den Schlüssel des Hauses und seine Unterlagen abholen kann«, erklärt Katie, während sie aus dem Wagen steigen. »Das kann in einem kleinen Kaufmannsladen sein, in einer Tankstelle oder so wie hier bei dem lokalen Büro. Das ist total nützlich: Wenn man ein Problem hat, sind die Mitarbeiter ganz in der Nähe und kümmern sich darum. Außerdem kennen sie die Gegend wie ihre Westentasche, falls wir Ausflugstipps brauchen.«

»Das klingt tatsächlich praktisch«, stimmt Jan zu und folgt Katie durch die offene Bürotür. Drinnen ist ganz schön was los: Auf der einen Seite des Tresens kramen leicht verschwitzte Feriengäste, die ebenso wie sie gerade erst angekommen sind, ihre Unterlagen heraus und nehmen die Haustürschlüssel in Empfang; auf der anderen Seite eilen Mitarbeiterinnen und Mitarbeiter in schicken Shirts mit dem Firmenlogo auf dem Kragen herbei, prüfen Daten am Computer, geben Schlüssel und andere Dinge heraus und beantworten geduldig und lächelnd eine Frage nach der nächsten.

Katie wartet, bis die Gäste vor ihnen versorgt sind und das Büro verlassen haben, dann wendet sie sich an einen hochgewachsenen, kräftigen Typen mit breiten Schultern und blonden Haaren: *»Hej Mikkel, her er vi! Hvor dejligt at se dig igen! Hvordan har du det?«*

»Velkommen Katie!« Der angesprochene Mikkel strahlt. *»Jeg har det godt, hvad med dig?«* Da schiebt sich Jan nach vorne. Er merkt zwar, dass hier eine herzliche Begrüßung stattfindet, versteht jedoch kein Wort, und das macht ihn ein bisschen nervös. Offensichtlich kennen sich die beiden – warum weiß er nichts davon? Findet hier etwa ein Flirt statt? Besitzergreifend legt er einen Arm um Katies

Schultern. Mit dem anderen hält er Mikkel die Hand hin: »Hallo, angenehm, ich bin Jan, Katies Freund!«

Mikkel sieht ihn aus seeblauen Augen an und schmunzelt: »Herzlichen Glückwunsch, das habe ich mir schon gedacht. Ich bin Mikkel und leite unser Büro in Søndervig. Willkommen bei uns in Dänemark!«

»Danke schön. Ganz nett hier«, antwortet Jan, ein bisschen verdutzt über so viel Freundlichkeit. Mikkel scheint Jans Reserviertheit gar nicht zu bemerken: »*Det skal nok gå* – ihr findet euch hier sicher gut zurecht.« Er zwinkert Katie zu, danach macht er lächelnd Platz für eine schlanke Frau mit kurzen braunen Haaren und freundlichen braunen Augen, die von der Mitarbeiterseite aus neben ihn an den Tresen tritt, als weitere Feriengäste ins Büro kommen. »Marie wird euch mit allem versorgen. Ich muss mal weitermachen, Katie, du siehst ja, was hier los ist. Habt einen schönen Urlaub!« Er winkt den beiden noch einmal zu und wendet sich dann den Neuankömmlingen zu, während sich Marie und Katie, die sich ebenfalls zu kennen scheinen, herzlich begrüßen.

Det skal nok gå

Oha, da hat Jan ja einiges in den falschen Hals gekriegt! Denn auch, wenn Katie und Mikkel – der Chef der lokalen Ferienhausvermittlung – ausgesprochen nett und freundschaftlich miteinander umgehen, heißt das noch lange nicht, dass mehr dahintersteckt. Gerade wenn Feriengäste immer an denselben Ort fahren oder bei dem gleichen, kleinen Ferienhausanbieter bzw. privaten Hausbesitzer buchen, kennt und mag man sich und geht dementsprechend herzlich und familiär miteinander um. Zwar umarmen die Dänen nicht wie einige heißblütige Südländer gleich jedermann oder begrüßen einander mit Küsschen, doch sobald sie ihr Gegenüber persönlich kennen, begegnen sie ihm mit Vertrauen und herzlicher Gastfreundschaft.

Familienangehörigen und Lebensgefährten wird die gleiche Ehre zuteil; gerade angesichts dessen ist Jans Reaktion hier fehl am Platz.

Er verhält sich dominant und förmlich, wie ein echtes deutsches Alphatier. So ein Benehmen ist Mikkel fremd: Auch wenn er der Chef ist, agiert er mit seiner Mitarbeiterin Marie Seite an Seite und auf Augenhöhe. Es ist übrigens in Dänemark durchaus üblich, dass am Anreisetag, wann immer viel zu tun ist oder auch einfach mal so der Geschäftsinhaber bzw. Vorgesetzte mit am Tresen steht. Dabei will er keineswegs das Verhalten seiner Mitarbeiter überprüfen, sondern handelt als einer von ihnen, nur mit der Sonderfunktion der Leitung.

JANTELOVEN – KEINER IST BESSER ALS DER ANDERE

Das sogenannte *Janteloven*, das Jante-Gesetz, das der Schriftsteller Aksel Sandemose in dem Roman *Ein Flüchtling kreuzt seine Spur* (Originaltitel: *En flygtning krydser sit spor*) festhielt, besagt im Kern, dass sich keiner für etwas Besseres halten bzw. sich über andere erheben soll. Wurden die damit verbundenen Verhaltensregeln in dem fiktiven Werk von 1933 zunächst ziemlich rigide und negativ artikuliert, erfuhren sie 1977 eine deutlich freundlichere Neuformulierung von Poul A. Jørgensen im ›positiven Jantelov‹. Heutzutage stehen sie für eine Gesellschaft von prinzipiell gleichwertigen Menschen, die über Zusammenhalt und Gemeinschaft funktionieren.

In der praktischen Umsetzung bedeutet dies, dass sich niemand über den anderen erheben soll und ein Mitarbeiter nicht weniger wertvoll als ein Chef, ein Hausmeister nicht weniger angesehen als ein Professor ist. Entsprechend legen die Dänen wenig Wert auf Titel und Statussymbole, dafür umso mehr auf Fairness, Chancengleichheit, Gerechtigkeit und Gemeinschaft. Protzerei verachten sie ebenso wie Arroganz und Anmaßung. Im Gespräch wird in Dänemark dementsprechend gern Einigkeit bzw. Zustimmung gesucht, in der politischen Debatte und in wirtschaftlichen Verhandlungen wenn möglich der Konsens.

Als Jan einen auf ›Macker‹ macht, geht Mikkel – übrigens auch typisch dänisch – dem sich anbahnenden Konflikt aus dem Weg und bleibt ruhig und freundlich. Nur sein Zwinkern gegenüber Katie deutet an, dass Jans Benehmen noch Luft nach oben hat. Zugleich drückt der Satz *»det skal nok gå«* (»es wird schon werden«) aus, dass er entspannt darauf vertraut, dass Jans Verhalten nicht böse gemeint ist und sich seine anfänglichen Anpassungsschwierigkeiten noch zurechtruckeln werden.

Diese gelassene Grundeinstellung des *»Det skal nok gå«* kann für Dänemarkanfänger übrigens sehr hilfreich sein, im Urlaub ebenso wie in der dänischen Arbeitswelt: Ein kleiner Lapsus ist nicht schlimm, niemand muss perfekt sein. Die dänische Begrüßung falsch ausgesprochen? Nicht ärgern, mit ein bisschen Übung wird das schon. Ein Rechtschreibfehler in den Unterlagen? Nun ja, man versteht ja trotzdem, was gemeint ist. Ein Bettlaken wurde vergessen? Nicht so wild, schnell wird Ersatz besorgt.

Zwar ist es für manch überkorrekten Deutschen zunächst schwer, diese entspannte Haltung nachzuvollziehen, genau deswegen jedoch auch höchst inspirierend, den Drang zur absoluten (Selbst-) Optimierung im Urlaub versuchsweise einmal abzulegen und ein paar Kleinigkeiten einfach mal gut sein zu lassen, anstatt sich darüber aufzuregen. Natürlich kann es bei diesem Experiment durchaus passieren, dass einem die dänische Gelassenheit in Fleisch und Blut übergeht – und man sich einfach nur noch wohlfühlt.

Mit der Besonnenheit und Entspanntheit der Dänen gegenüber den kleinen Problemen und Herausforderungen des (Ferienhaus-) Alltags geht übrigens auch eine gesunde Portion Pragmatismus einher: Reist man z. B. außerhalb der Öffnungszeiten des Büros oder der Schlüsselausgabestelle der Ferienhausvermittlung an, sollte man dies seinem Ferienhausanbieter zwar rechtzeitig vorher mitteilen, doch auch in solchen Fällen gibt es meist eine einfache und praktische Lösung, wie etwa vorbereitete Umschläge mit Schlüssel und allen Unterlagen in einem rückwärtig gelegenen Raum oder einen Tresor, der mittels eines Codes zugänglich ist.

Manche Anbieter regeln die Schlüsselaus- und -abgabe auch über sogenannte Schlüsselboxen direkt am Ferienhaus. Das bedeutet, dass sich meist in der Nähe des Eingangs ein kleiner Kasten oder Safe befindet, den die Feriengäste mittels eines Codes, der ihnen vorher zugeschickt wird, öffnen können. Darin befindet sich der Schlüssel, der auch bei der Abreise dort wieder hinterlassen werden sollte. Man selbst kann die Schlüsselbox natürlich auch während des Urlaubs als Aufbewahrungsmöglichkeit nutzen, wenn man z. B. zum Strand geht. Dann besteht auch keine Gefahr, den Hausschlüssel in der unendlichen ›Sandkiste‹ Dänemarks zu verlieren. Übrigens: Einen Zweitschlüssel bekommt man meist nicht einfach so, kann aber danach fragen, wenn man z. B. mit zwei Familien ein großes Ferienhaus gemietet hat.

Doch nicht nur für die Schlüsselübergabe ist das lokale Büro der Ferienhausvermittlung wichtig. Denn hier gibt es noch so viel mehr: Bei der herzlichen Begrüßung werden gelegentlich kleine Goodies für Kinder und Hunde überreicht, beispielsweise Malbücher oder kleine Snacks. Es besteht zudem oftmals die Möglichkeit, Kinderstühle und -betten auszuleihen, einen Bollerwagen zu mieten sowie sich mit Informationen zu Ausflügen und Tickets bzw. Eintrittskarten für das Legoland und andere Attraktionen zu versorgen. Gelegentlich können die Gäste an diesem Servicepoint sogar Kaminholz bestellen, und in der Weihnachtszeit weiß so mancher Mitarbeiter, woher man schnell noch einen Tannenbaum herbekommt. Mit etwas Glück ist draußen vor dem Büro eines der typisch dänischen Hüpfkissen oder ein kleiner Spielplatz vorhanden, auf dem die Kids toben können, während die Eltern ihre Angelegenheiten regeln.

7 WIE ÖFFNET MAN EINE TÜR?

WENN DIE TÜREN ANDERS GEHEN

»Oh, ich freu mich so!« Ungeduldig springt Katie aus dem Auto. Endlich sind sie bei ihrem Ferienhaus angekommen, das malerisch in den Dünen von Houvig etwas oberhalb von Søndervig liegt. Könnte ja vielleicht doch ganz schön werden, denkt Jan im Stillen. Zwar hatte die Straße auf den letzten Metern eher einer dürftig geschotterten Holperpiste geglichen, doch dafür ist es hier ruhig und idyllisch. Und das ist es doch wert! Jan hatte seinen Fahrstil gemäßigt und den Straßenverhältnissen angepasst – sein ansonsten ziemlich robuster Kombi würde es ihm danken. Zumal der, wie Jan beim Aussteigen feststellt, tatsächlich etwas tiefer liegt als sonst. Katie hatte das ›Autochen‹, wie sie es liebevoll nennt, bis zum letzten Winkel vollgestopft. Nicht nur mit Klamotten und Strandsachen, sondern auch mit Haushaltszeug und Lebensmitteln. Das müssen sie jetzt erst einmal alles ins Haus schleppen! Jan war schon beim Packen der Meinung gewesen, dass es auch in Dänemark Supermärkte gibt, hatte jedoch Katies Vorfreude nicht unnötig dämpfen wollen. Nun gut, dann haben sie wenigstens alles dabei.

Katie kramt aufgeregt in dem dicken Umschlag, den sie von Marie in der Ferienhausvermietung bekommen haben: »Wo ist denn bloß der Schlüssel hin, Jan?«

»Kein Problem, Süße, ich hab ihn.« Betont lässig zieht Jan den Türöffner aus der Hosentasche: »Nimm du doch schon mal den Picknickkorb, ich mach das!«

Zielstrebig geht er zur Haustür, die sich an der kurzen Seite des langgestreckten Ferienhauses befindet. Er steckt den Schlüssel ins Schloss, dreht um, drückt die Türklinke herunter – doch es tut sich nichts. Absolut nichts. Jan versucht es noch einmal: Schlüssel ins Schloss stecken, drehen, Klinke drücken ... Das Ergebnis bleibt das gleiche. Die Tür ist verschlossen. So was! Jan merkt, wie es in ihm grummelt. Erst die lange Fahrt im viel zu vollen Auto – und dann scheitert er am erstbesten Hindernis.

Von hinten ertönt unterdrücktes Gekicher. Jan dreht sich um und blickt in Katies Gesicht, sie hält sich die Hand vor den Mund. Doch sie schaut erschrocken auf, als sie Jans Gesichtsausdruck sieht: Er findet das gerade gar nicht witzig. Schnell tritt sie zu ihm, nimmt ihm sanft den Schlüssel aus der Hand, drückt die Klinke nach oben und dreht den Schlüssel im Schloss. Dann wagt sie einen erneuten Blick in Jans graugrüne Augen und ein Lächeln: »Tritt doch ein, mein Freund – hier in Dänemark funktionieren auch die Türen etwas anders.«

»Das kann ja keiner wissen.« Jan brummelt, schnappt sich Katies Korb und drängelt an ihr vorbei ins Haus. Jetzt will er sich erst mal umsehen. Auf den ersten Blick macht das Haus einen tollen Eindruck: Hell, großzügig geschnitten und schlicht, aber geschmackvoll eingerichtet. Von dem langen Flur gehen gleich mehrere Schlafzimmer ab. Da haben sie endlich mal wieder die Qual der Wahl – Jan schmunzelt. Er geht weiter in den großen Wohnraum mit offener Wohnküche, einem Tresen und angeschlossenem Essplatz, der nahtlos in ein großzügiges Wohnzimmer mit mehreren Sofas, TV-Ecke und einem modernen Kamin übergeht. Hier lässt es sich aushalten!

Die Fenster hätte allerdings mal jemand putzen können; auch die feinen Spinnweben in den Ecken findet Jan als Stadtmensch weniger einladend. Er hat es einfach nicht so mit der Natur mitten in der Wohnung. Na gut, hier auf dem Land bzw. in Strandnähe muss man sich wohl mit so etwas abfinden. Sehr eigenartig ist in seinen Augen jedoch, dass überall privates Zeugs herumsteht, zum Beispiel Deko und Bilder, die wohl nur die Kinder der Besitzer des Ferienhauses gemalt haben können. Dort drüben liegen Malsachen und Spielzeug in einer Schublade, na gut. Dafür hat Jan noch keinen Toaster gefunden. Und wo ist eigentlich der Duschvorhang im sonst so schicken Badezimmer?

Na ja, das wird schon noch alles gut werden. Jan versucht sich zu entspannen und lässt sich auf eines der unbezogenen Betten fallen, sackt jedoch etwas tiefer ein als erwartet.

»Na, *hyggelig*?« Katie plumpst neben ihn und zwinkert ihm verschmitzt zu. Jan lächelt zurück. Endlich! Was er für süße Grübchen hat, denkt Katie. Und wenn ihm seine dicken schwarzen Haare, die er immer ein bisschen zu lang trägt, so ins Gesicht fallen ... Ihr wird ganz warm im Bauch. Doch statt sie zu küssen, öffnet sich Jans Mund zu einer Frage: »Was ist eigentlich mit diesem Haus und diesen Betten los, magst du mir das mal erklären?«

Det skal nok gå

Gut, dass Jan die Dänemarkexpertin Katie an Bord hat, sonst wäre er womöglich bereits an der Haustür des Ferienhauses gescheitert. Oder er hätte die Ferienhausvermietung kontaktieren müssen, die solche Anrufe und sogar wütende Beschwerden wegen vermeintlich nicht zu öffnender Türen am Anreisetag durchaus öfter bekommt.

Was sich wie ein Slapstick-Gag anhören mag, ist tatsächlich Realität: Dänische Türen unterscheiden sich in ihrer Funktionsweise oft von den deutschen. Und zwar in Kleinigkeiten, die jedoch entscheidend sind. Wer ins Ferienhaus gelangen möchte, sollte zuerst die Klinke drücken, und zwar nach oben. Dann erst wird der Schlüssel gedreht. Manchmal sogar nach links, also für uns Deutsche gefühlt verkehrt herum. Und manchmal muss man den Schlüssel auch mit den Zacken nach oben ins Schloss stecken. Jede dänische Tür hat da so ihre individuellen Eigenheiten. Doch daran gewöhnen Sie sich nach ein paar Tagen Urlaub schnell – sogar oft so gut, dass Sie sich bei Ihrer deutschen Haustür anschließend wieder umgewöhnen müssen.

ZÄHLERSTÄNDE ABLESEN NICHT VERGESSEN

Auch wenn man bei der Ankunft am Ferienhaus nichts mehr will als wahlweise das gesamte Haus zu erkunden oder sich erschöpft auf die nächste Couch sinken zu lassen, sollte man eines nicht vergessen: das Ablesen der Zählerstände. Denn bei den allermeisten Ferienunterkünften in Dänemark müssen die Energiekosten separat gezahlt werden.

Damit am Ende des Aufenthalts sauber abgerechnet werden kann, müssen die Mieter bei Bezug des Ferienhauses den Zählerstand von Strom und manchmal auch Wasser ablesen und in ein Formular eintragen. Kleiner Tipp: Am besten auch ein Foto machen, falls der Vormieter es mit dem Notieren nicht so genau genommen hat. Das vermeidet Streitigkeiten und Ärger im Nachhinein. Da sich die Zähler oft außen am Haus in einem kleinen Kasten oder im Schuppen verbergen, ist es klug, dies abzuhaken, bevor man das Haus betritt und vor Freude und Erleichterung alles andere vergisst.

Auch sonst unterscheidet sich das dänische Ferienhaus in einigen kleinen, aber nicht unwichtigen Punkten von der typischen deutschen Ferienwohnung an Nord- und Ostsee. Um diese sollte man wissen, damit der Aufenthalt dort richtig schön wird. Die meisten Ferienhäuser in Dänemark sind groß und geräumig angelegt, jedenfalls, wenn man sie als Ganzes betrachtet. Nur die Schlafzimmer sind zumeist klein, so dass gerade mal das Bett und ein schmaler Schrank hineinpassen. Doch schließlich sind die Schlafräume – jedenfalls nach Ansicht der Dänen – auch nur zum Ausruhen und nicht zum Aufhalten gedacht.

Der große Wohnraum hingegen schon, der in vielen Fällen Wohnzimmer und Essplatz in sich vereint und von dem die offene Küche häufig nur durch einen Tresen abgetrennt ist. Entsprechend groß und gemütlich ist dieser Bereich eingerichtet, und zwar ganz nach dem Geschmack der jeweiligen Besitzer, der von der urig-überbordenden Dekofülle bis hin zum schlicht schwarz-weißen Skandi-Stil variieren kann. Für die Eigentümer ist das Ferienhaus in der Regel nämlich nicht einfach ein Abschreibeobjekt, das Geld einbringen soll, sondern der geliebte, gehegte und gepflegte Aufenthaltsort für die eigenen Ferien. Deshalb sind hier auch oft ›private‹ Bilder und Urlaubserinnerungen, Spielsachen, Tischschmuck und manchmal sogar ausgesuchte Antiquitäten vorhanden. Das sollten Urlauber als Vorteil sehen und sich auf das jeweilige ›Ferienhaus-Feeling‹ einlassen.

Ebenso wie auf die Ausstattung, die ein klein wenig anders, aber nicht unbedingt schlechter ist als im eigenen Zuhause. Tatsächlich befindet sich neben der Dusche oft nur eine gemauerte Wand oder eine anderweitige Abtrennung, auf einen Duschvorhang wird, auch aus Hygienegründen, vielfach verzichtet. Ebenso existiert in kaum einem Ferienhaus eine Badewanne. Schon eher ein Whirlpool, der zusammen mit der Sauna auch eine bescheidene Hütte in einen heimeligen Wellnesstempel zu verwandeln vermag.

Auch das WLAN ist meistens gut; gelegentlich muss man erst den Router einschalten, bevor man ins Netz gehen kann. Das Passwort befindet sich manchmal an der Unterseite desselben, häufiger jedoch in den Unterlagen, die man vom Ferienhausanbieter erhält oder in einer Info-Mappe im Haus.

Die Betten sind eine eigene Liga – und zwar eine dänische. Meist sind die Matratzen weicher, als Sie es von Zuhause gewohnt sind und auch weniger breit. In den ›Kinderzimmern‹ findet man oft

Einzel- oder Doppelstockbetten. Gelegentlich ist ein Babybett im Haus oder kann bei der Ferienhausvermietung dazugebucht werden. Und manchmal gibt es zudem Schlafplätze auf dem sogenannten *hems*. Das ist eine Art offener Schlafboden, der sich in einigen Häusern über dem Wohnzimmer befindet, eine eher geringe Stehhöhe aufweist und über eine Leiter vom Wohnbereich aus erreichbar ist. Die Art der Betten wird jedoch bei der Beschreibung des Ferienhauses angegeben. Es ist ratsam, bei der Buchung auf dieses Detail zu achten, wenn man bestimmte Vorstellungen hinsichtlich der Schlafsituation hat.

Bettwäsche muss man für den Urlaub im dänischen Ferienhaus ebenso wie Handtücher (auch Küchenhandtücher!) übrigens selbst mitbringen. Das ist womöglich aus deutscher Perspektive erst einmal ungewohnt und nicht jedermanns Sache. Doch die Ferienhausanbieter sind da bis zu einem gewissen Grad flexibel und offerieren dem Kunden bei der Buchung sogenannte ›Wäschepakete‹. Eine nützliche Sache, die zudem Gepäck spart! Beziehen muss man seine Liegestatt dennoch selbst.

Doch wenn man bereit ist, sich auf diese kleinen Unterschiede einzulassen, kann man im dänischen Ferienhaus einen wunderschönen Urlaub verbringen, mit viel Platz, großen Freiheiten bei der Tages- und Essensgestaltung sowie einer tollen Aussicht auf die einzigartige Dünenlandschaft der Westküste. Das wird Katie, die ja bereits eine begeisterte und erfahrene Dänemarkreisende ist, aber auch dem Neuling Jan gelingen. Eine wichtige Eigenschaft bringt er schon mal mit: Gelassenheit und die Einstellung » Das wird schon alles gut werden« oder auf Dänisch: »*Det skal nok gå.*«

8 MAL KURZ AN DEN STRAND?

QUER DURCH DIE DÜNEN: FEHLANZEIGE

»Nun aber los zum Strand!« Katie scharrt förmlich mit den Hufen.

»Jetzt noch?« Jan wundert sich. Es hat eine Weile gedauert, das Auto leer zu räumen. Jetzt machen sie erst mal eine Pause auf der Terrasse, und dann müssen sie noch die Koffer auspacken und die Vorräte verstauen. »Es ist doch bald Abend.«

»Eben deshalb! Fertig einräumen können wir auch später noch. Komm, du wirst sehen, der Sonnenuntergang am Meer ist wunderschön!«

Jan verdreht die Augen. So ein Kitsch! Aber gut, für Katie und ihr Urlaubsglück würde er sich noch mal aufraffen. Sie steht bereits angezogen in der Tür. Jan staunt. Was ist aus der Frau geworden, die sonst mindestens eine halbe Stunde benötigt, um auch nur in Grundausstattung das Haus zu verlassen? Dänemark bewirkt offenbar kleine Wunder; das muss er nutzen. Jan streift schnell seine Sneakers über und huscht durch die Tür. »Lass mich raten, Abschließen in Dänemark geht auch mit Klinke hoch?«, fragt er. Diese Grundregel hat er bereits begriffen. Katie nickt enthusiastisch und überlässt ihrem Freund den Ferienhausschlüssel: »Jetzt bist du schon fast ein alter Hase!«

Froh, diesmal alles richtig gemacht zu haben, läuft Jan in die Richtung los, in der er das Meer vermutet. Ihr Ferienhaus liegt malerisch eingebettet in den Dünen, so dass er sich erst mal orientieren muss, aber das kann ja so schwer nicht sein. Einfach hier die Düne hoch, und dann ...

»Halt!« Nach wenigen Metern holt ihn zwar nicht Katie, aber ihre Stimme ein. »Jan, bitte lauf nicht einfach so durch die Dünen! Wir müssen dem Weg folgen!« Jan dreht sich um. Schade, die Aussicht von der nächsten Düne wäre bestimmt herrlich gewesen. Von dort aus würde er auch besser sehen können, in welcher Richtung die Nordsee liegt. Aber gut. Seufzend dreht er um und schlendert betont lässig zurück zu Katie, die an der nächsten Weggabelung auf ihn wartet. »Die Dünen darf man nur auf den ausgewiesenen Pfaden betreten, sonst gehen sie kaputt«, erklärt sie. »Der linke Weg ist für uns ebenfalls tabu, sieh mal das Schild: *›privat område‹*, also privates Gelände. Wir folgen lieber dem rechten Pfad.« Sie deutet auf ein kleines Hinweisschild knapp über Bodenhöhe, auf dem *›Sti til stranden‹* (Weg zum Strand) steht. Okay, das ist ja eindeutig, denkt Jan und folgt Katie zügig.

Doch im Stillen wundert er sich ein bisschen. Ist es nicht so, dass man in Skandinavien überall in der Natur frei herumlaufen darf? Auch wenn diese im Privatbesitz ist? Und darf man nicht sogar campen bzw. draußen übernachten, wo immer man will? Das hat doch sein Onkel Herbert mal erzählt, der immer mit dem Wohnmobil hier oben unterwegs ist. Na gut, vielleicht gibt es für Dänemark ja eine Sonderregelung, oder es hat sich seit den Reisen seines Onkels einiges geändert, wer weiß. Doch dass man auf dem Weg zum Strand so viel beachten muss ... Die Dänen sind doch angeblich so entspannt?

Katie unterbricht seinen Gedankengang: »Gleich sind wir da! Guck mal, die letzte Düne! Du wirst mich zwar wieder für verrückt halten, aber das muss jetzt sein ...« Und schon sprintet sie los, den

Pfad entlang, der über die Düne führt, bis ganz hinauf. Jan folgt ihr und stößt fast gegen ihren Rücken, als sie am höchsten Punkt abrupt stehen bleibt. »Diese Luft!« Katie wirft den Kopf in den Nacken. »Einfach herrlich! Und sieh doch nur: Das Meer!« Und schon stürmt sie wieder los, schlittert den ausgetretenen Weg hinunter und rennt mit wehendem Haar aufs Wasser zu. Dort angekommen streift sie die Schuhe ab und läuft – Jan kann es kaum glauben – tatsächlich jubelnd in die Nordsee hinein, bis sie ihr zu den Knien reicht. Dort hüpft sie herum wie ein Storch im Salat, bis Jan schließlich bei ihr ist, inzwischen auch ohne Schuhe. Er nimmt sie in den Arm: »Du bist ja ganz außer Rand und Band! So schön hier für dich?« Katie nickt nur heftig, dann küsst sie ihn.

Jan freut sich mit ihr. Ja, es ist wirklich phänomenal. Das Meer reicht bis zum Horizont und auch der breite Sandstrand scheint sich rechts und links von ihnen bis in die Unendlichkeit auszudehnen. Das Wasser, das ihre Füße umspielt, ist lauwarm und klar. Ein leichter Wind zerzaust ihre Haare, und die letzten Sonnenstrahlen des Tages auf der Nase fühlen sich ebenfalls gut an. Jan hat das Gefühl, dass sie beide hier eine tolle Zeit verbringen werden. Vielleicht können sie die Streitigkeiten der letzten Monate endlich hinter sich lassen. »Komm«, sagt er, nimmt Katies Hand und zieht sie aus dem Wasser. »Wir setzen uns dort drüben hin und genießen den Sonnenuntergang.«

Det skal nok gå

Der Fettnapf, in den Jan diesmal getappt ist, ist mit Sand gefüllt. Und zwar mit prekärem Dünensand. Denn obwohl es Sand an Dänemarks Nordseeküste in rauen Mengen gibt, bedeutet er losgetreten eine kleine Katastrophe. Laufen die Touristen nämlich alle durch die Dünen, anstatt den Wegen und vorgegebenen Pfaden zu folgen, ist die herrliche Landschaft an der Westküste schnell von der Zerstörung bedroht. Denn zum einen lebt und gedeiht hier trotz des teils kargen Anblicks eine reiche Fauna und Flora, die geschützt und nicht zertrampelt werden soll. Zum anderen bildet die Dünenkette zusammen mit den kleinen Küstenwäldchen, die im Dänischen *klitplantage* heißen, eine wertvolle Küstenschutzmaßnahme, ohne die besonders die beliebten Ferienhäuser mit Meerblick buchstäblich vom Untergang bedroht sind. Das bedeutet natürlich nicht, dass nicht auch herrliche Wanderungen durch Dänemarks Dünenlandschaft möglich sind – nur eben bitte auf den ausgewiesenen Fußwegen.

LIEBENSWERTE KÜSTENWÄLDCHEN: DIE *KLITPLANTAGEN*

Da Wind und Wetter den Küstenregionen in Dänemark schon seit jeher stark zusetzen und die Sandverwehungen bereits im 19. Jahrhundert für die küstennahen Felder der Bauern zum Problem wurden, beschloss man in Orten wie Husby und Blokhus, die Dünenlandschaft zu bepflanzen, um die meernahen Landstriche zu befestigen und dem umherfliegenden Sand Einhalt zu gebieten. Hierzu wurden insbesondere entlang der Nordseeküste mehrere Küstenwäldchen, die sogenannten *klitplantagen,* angelegt. Oft bestehen diese aus Bergkiefern, aber auch aus kleineren Laubbäumen. Ebenso wurden Eichen erstaunlich oft als Bepflanzung gewählt.

Heutzutage sind aus den Küstenschutzpflanzungen liebenswerte Wäldchen geworden, die zum Spazierengehen und zur Naturbeobachtung einladen. In vielen *klitplantagen* gibt es schöne Wanderwege und Naturspielplätze, in einigen sogar Rad- und Mountainbike-Strecken oder Gebiete, die als Hundewald bzw. -spielplatz ausgewiesen sind.

Des Weiteren gehört es auch in Dänemark nicht zum guten Ton, geradewegs über privates Gelände zu laufen, vor allem, wenn es extra als solches ausgewiesen ist. Im Gegenteil: Ist ein Schild mit dem

Hinweis ›*privat område*‹ aufgestellt, deutet das darauf hin, dass das schon (zu) viele Menschen vor einem probiert haben und man sich daher eher fernhalten sollte.

In Dänemark gilt zudem nicht, wie in mehreren anderen skandinavischen Ländern, das *allmansret* (Jedermannsrecht). Berechtigt einen dieses Gesetz z. B. in Schweden dazu, einem Weg über Privatbesitz zu folgen und in einer schönen Landschaft auf einem Privatgrundstück sogar sein Zelt für eine Nacht aufzuschlagen (natürlich mit ausreichend Abstand zum Wohnhaus des Besitzers und ohne Schäden in der Natur zu verursachen), so dürfen dies Naturfreunde und Camper in Dänemark nicht so ohne Weiteres tun, sondern brauchen dafür eine ausdrückliche Genehmigung des Eigentümers.

KEIN CAMPEN IN DER FREIEN NATUR

Auch Urlauber mit dem Wohnmobil sollten sich an schönen Fleckchen in der freien Natur ebenso wie auf Parkplätzen und in Haltebuchten rückversichern, dass sie dort wirklich stehen bzw. übernachten dürfen. Denn gerade Letzteres ist in Dänemark oft nicht der Fall. Im Gegenteil: Im öffentlichen Raum, also an Straßen, Parkplätzen und auch am Strand ist das Campen und Übernachten grundsätzlich nicht gestattet. Hält man sich nicht daran, kann es passieren, dass Kontrolleure einen im besten Fall freundlich weiterwinken und im schlimmsten ausgesprochen hohe Bußgelder kassieren. Gut aufgehoben sind Wohnmobilliebhaber und Camper hingegen auf den zahlreichen und familienfreundlich eingerichteten Campingplätzen, von denen viele in unmittelbarer Nähe des Meeres liegen und oft hervorragend mit eigenen Attraktionen wie Pool, Spielplatz oder Minigolf ausgestattet sind.

9 *HYGGE*: MEHR ALS WOLLSOCKEN UND KERZEN-SCHEIN?

HYGGE WOHNT IM HERZEN

»Das ist ganz schön kühl geworden!« Katie fröstelt, als sie nach ihrem Spaziergang am Strand wieder am Ferienhaus ankommen und vor der Tür den Sand aus ihren Schuhen kippen. »Wenn die Sonne weg ist, wird es doch ganz schön kalt. Komm, wir zünden den Kamin an und machen uns einen richtig *hyggeligen* Abend!«

Jan nickt und geht hinter ihr ins Haus. Wo ist eigentlich sein warmer Pullover? Dunkel ist es inzwischen auch, hier auf den kleinen Wegen im Ferienhausgebiet gibt es keine Straßenbeleuchtung. Dafür vielleicht später einen tollen Sternenhimmel, den man zu zweit beobachten kann! Gegen einen romantischen Abend hat Jan jedenfalls nichts einzuwenden, das hatten sie in letzter Zeit viel zu selten.

Dennoch kann er es nicht lassen, Katie ein bisschen zu necken: »*Hyggelig?* Ziehen wir jetzt Wollsocken an und stellen überall Kerzen auf?«

Doch gleich darauf zuckt er zusammen: »*Hej*, wofür war das denn?« Katie hatte ihn nicht gerade zärtlich in die Seite geknufft.

»So ein Klischee! Echte *Hygge* ist so viel mehr als Kerzenschein, Häkelnadeln und ein Schaffell!«

»Das sieht man aber auf so vielen Zeitschriften-Covern«, verteidigt sich Jan. »Und auf Instagram! Ein Stricksocken neben dem nächsten ... Dann kommt mir das halt in den Sinn, wenn ich ›*Hygge*‹ höre.«

»Ja, das stimmt schon.« Katie lenkt ein. Jan hat ja recht, das ist oft das deutsche, ziemlich verkitschte Bild von *Hygge*. Warum reagiert sie darauf eigentlich so heftig? Doch in Dänemark bedeutet dieser Begriff einfach so viel mehr! Und wenn sie ehrlich ist, sind die Stricksachen auf allen Kanälen manchmal ein bisschen viel des Guten. »*Hygge* hängt nicht von bestimmten Gegenständen ab«, versucht sie zu erklären. »Also Kerzen und Wollsocken schaden nicht, aber eigentlich ist *Hygge* mehr ein Lebensgefühl als ein konkretes Objekt, eine Deko oder ein Einrichtungsstil. Unser Ferienhaus finde ich beispielsweise *hyggelig*, weil es so persönlich und liebevoll eingerichtet ist. Hier habe ich mich gleich willkommen gefühlt! Ein Abend mit Freunden kann *hyggelig* sein, wenn sich alle gut unterhalten, tolles Essen auf dem Tisch steht und viel geredet und gelacht wird. Auch auf der Düne zu sitzen und aufs Meer zu schauen kann *Hygge* sein – jedenfalls, wenn man den richtigen Menschen dabeihat.« Sie schenkt Jan ein liebevolles Lächeln.

»Okay, verstehe.« Jan lächelt zurück. »Das klingt wirklich toll. Gibt es dann verschiedene Arten von *Hygge*?«

»Das kann man so sagen«, erwidert Katie, voll in ihrem Element. »Also jedenfalls verwenden die Dänen das Wort *Hygge* oft in Kombination mit Dingen, die sie mögen: *julhygge*, also die Weihnachtshygge zum Beispiel, und natürlich *weekendshygge*, die Wochenendhygge.«

»Dann gibt es auch Pärchenhygge?«, erkundigt sich Jan hoffnungsvoll.

Katie lacht: »Klar, warum nicht!« Sie sieht Jan mit leuchtenden Augen an: »*Hygge* ist, was wir draus machen.«

»Damit kann ich leben«, meint Jan schmunzelnd und zieht sie zärtlich in seine Arme.

Det skal nok gå

Abends kann es in Dänemark deutlich abkühlen, auch im Sommer und besonders in Küstennähe. Deshalb ist es nicht verkehrt, auch in den wärmsten Monaten des Jahres einen Fleece- oder Wollpullover mitzunehmen, eine wind- und wetterfeste Jacke sowieso.

Wollsocken können ebenfalls nicht schaden. Doch um es sich *hyggelig* zu machen, ist das nicht das Entscheidende, auch wenn einem das die sorgfältig arrangierten Wollensembles zusammen mit stilvollen Teetassen und farblich passenden Kerzen auf den Titelblättern zahlreicher Zeitschriften und in den Feeds erfolgreicher Social-Media-Accounts gerne suggerieren wollen. Aber was genau macht dann die berühmte *Hygge* aus, die sich zwar mit ebenjenem Begriff bezeichnen, aber leider nicht eins zu eins ins Deutsche oder in eine andere Sprache übersetzen lässt? Worin besteht das *Hygge*-Phänomen oder -Gefühl, das oft als urdänisch bezeichnet wird und in den letzten Jahren überall auf der Welt begeisterte Nachahmer gefunden hat?

Ist es das flackernde Kaminfeuer nach einem langen Winterspaziergang an der Küste? Oder der erste Abend am Strand? Ein klarer, kalter Wintertag mit Sonnenschein? Ein geselliger Spieleabend mit Freunden? Ein Familienfest, bei dem alle um einen langen Tisch herum sitzen? Ein romantisches Essen zu zweit oder eine Tasse mit heißem Kakao allein im gemütlichen Ohrensessel? Der Besuch eines *julemarkeds*, eines Weihnachtsmarkts in der Adventszeit? Ein Bastelnachmittag mit den Kindern oder das gemeinsame Vorlesen am Abend?

All diesen Tätigkeiten gemein ist, dass sie etwas Aktives an sich haben. *Hygge* kann man bewusst herstellen und zelebrieren.

Entsprechend gibt es dafür auch ein Verb im Dänischen: *hyggen*. Und natürlich das passende Adjektiv *hyggelig*, denn auch eine Sache wie ein Ferienhaus, eine besondere Lampe, ein schöner Strauß Blumen oder ein Kleidungsstück kann als *hyggelig* bezeichnet werden. Das heißt dann so viel wie ›schön‹, ›angenehm‹, ›stilvoll‹ oder ›behaglich‹. Doch was davon trifft zu und in welcher Situation kann man den Begriff verwenden?

Oder ist *Hygge* ein Gemütszustand, bezeichnet der Begriff einfach eine gewisse ›Gelassenheit‹ oder ›Gemütlichkeit‹, eine ›Zufriedenheit‹ mit sich und der Welt, das einfache ›Wohlfühlen‹ oder die tiefsitzende Empfindung des ›Angekommenseins‹ und ›Zuhausefühlens‹?

Fragt man die Dänen selbst, würden sie alle genannten Aspekte für relevant erklären und noch hinzufügen, dass jeder das für sich selbst entscheidet. Man feiert mit der *Hygge* also einfach das Leben – jeder und jede auf seine ganz persönliche Art und Weise. Katie hat das schon ganz richtig erfasst, wenn sie meint: »*Hygge* ist, was wir draus machen.« Denn wenn es sich *hyggelig* anfühlt, ganz tief innendrin, wenn man genießt, statt zu hetzen, arbeitet, um zu leben und nicht umgekehrt, und sich über die kleinen Dinge im Leben freut, statt sich über sie zu ärgern, dann ist das *Hygge*. Man könnte auch sagen: *Hygge* wohnt im Herzen. Und zwar in jedem Einzelnen von uns.

WAS KOMMT NACH *HYGGE*?

Alphabetisch gesehen wäre das *hygiejne* (Hygiene), nur ist das kein so schönes Schlagwort. Zwar hält der *Hygge*-Trend ungebrochen an, doch eifrige Skandinavien-Fans und -Promoter bemühen sich, weitere, glücklich machende Begriffe und Phänomene zu entdecken und ins Rampenlicht zu stellen. Darunter sind:

- *Lykke*: Der dänische Nachfolger von *Hygge* und quasi der zweite Weg zum Glück. Denn genau das ist die Wortbedeutung von *lykke*. Dazu gehören nach Auffassung der *lykke*-Anhänger Freiheit und Gesundheit, Vertrauen und Freundlichkeit, aber auch eine positive Weltsicht und die Entscheidung für ein Leben mit dem halbvollen Wasserglas.

- *Lagom*: Die schwedische Antwort auf den *Hygge*-Hype. *Lagom* bedeutet so viel wie ›nicht zu viel und nicht zu wenig‹, also ›das richtige Maß‹ oder ›genau richtig‹. Das damit verbundene Lebensgefühl der Ausgeglichenheit, inneren Zufriedenheit und Besinnung auf das Wesentliche umfasst ebenfalls alle Lebensbereiche – von der Wohnungseinrichtung über die Ernährung bis hin zur persönlichen Work-Life-Balance.
- *Friluftsliv*: »Raus in die Natur!«, lautet hier die Maxime, jedenfalls, wenn es nach den Norwegern geht, die das Ideal des *friluftsliv* nicht erst seit heute hochhalten. Gemeint ist damit das bewusste und aktive Erleben der Natur sowie ein nachhaltiger und achtsamer Lebensstil im Einklang mit derselben. Draußen mal tief durchzuatmen und den Kopf freizukriegen füllt die Energiereserven wieder auf und erdet ungemein.
- *Sisu*: Ist *sisu* – die seit Jahrhunderten beschworene und jetzt wiederentdeckte Urkraft der Finnen – der nächste Trend? Oder einfach eine unschlagbare Mischung aus Hartnäckigkeit, Ausdauer, Kraft, Geduld und Kampfgeist, wenn es gilt, im hohen Norden zu überleben? Hilfreich für die Existenz in der modernen Welt ist auf jeden Fall die Einstellung, Herausforderungen nicht als Erschwernisse zu sehen, sondern als Chance für neues, persönliches Wachstum.
- Auch *Niksen* (aus den Niederlanden) und *Wabi-Sabi* (aus Japan) ziehen seit Neuestem ins Rennen. Glücklich werden muss jedoch nach wie vor jeder nach seiner eigenen Fasson.

10 EIN FERIENHAUS IST KEIN HOTEL?

WIE MAN SICH BETTET

»Uaaaaach!« Jan streckt sich ausgiebig. Sein Blick wandert zur weißen Decke des Ferienhauses und dann zum Fenster, durch das er trotz vorgezogener Gardinen die anmutige Dünenlandschaft, die ihr kleines Häuschen umgibt, erahnen kann. Hach, es ist wirklich gemütlich hier, denkt er. Ach nein, *hyggelig* heißt das, das hat er ja gestern gelernt! Es war auf jeden Fall ein schöner Abend, findet Jan, egal, wie man das nun nennt. Und mal so richtig ausschlafen zu können, ohne Rücksicht auf irgendwelche Frühstückszeiten, das hat doch was.

SICHTSCHUTZ JA, VERDUNKELUNG NEIN

In Ferienhäusern, aber auch in den privaten Wohnungen und Häusern der Dänen gibt es selten richtige Verdunkelungsrollos, Außenrollläden oder ähnliche Vorrichtungen, die das schöne skandinavische Licht davon abhalten, von Sonnenauf- bis Sonnenuntergang in die Zimmer zu fallen. Zwar sind häufig Gardinen, Stores oder ein anderer Sichtschutz angebracht, doch lichtdicht sind diese in der Regel nicht. Vielleicht weil hier im Norden jedes bisschen Helligkeit ausgenutzt wird?

Jan freut sich auf den Tag am Strand und in der Umgebung von Søndervig, die er ja gestern bei der Anreise schon durchs Autofenster bewundern konnte. Seiner Katie fällt sicher etwas Schönes ein, was sie unternehmen können. Sie ist da ziemlich findig und macht ja auch nicht zum ersten Mal Urlaub in der Region. Jan bildet sich ein, sogar das Meer rauschen zu hören, obwohl das Haus einige hundert Meter vom Strand entfernt liegt. Oder ist das die Dusche?

Tatsächlich, der Platz im Bett neben ihm ist leer. Katie duscht bestimmt schon, das macht sie morgens immer gerne lang und ausgiebig. Jan schwingt die Beine aus dem Bett, um seine Liebste im Badezimmer zu überraschen: »*God' morn*«, begrüßt er sie, als er den Duschvorhang beiseite hebt und sich mit unter die Dusche schiebt. So kann er gleich mal seine neu erworbenen Dänischkenntnisse anwenden. Doch der Wasserstrahl, der ihn trifft, ist höchstens noch lauwarm. Katie lacht, als Jan erschrocken zurückzuckt. »Keine Sorge, das wird schon wieder! Ich habe nur bereits eine Weile geduscht, der Warmwasserboiler muss erst nachheizen.«

Nachheizen? Hier gibt es doch sicher Warmwasser rund um die Uhr? Jan seift sich ein und erledigt schnell das Nötigste. Mmh, das war wohl nichts mit einer netten Kuschelei unter einem wohlig-warmen Wasserstrahl ... Doch man kann den Boiler bestimmt höher stellen, nicht wahr? Na gut, für heute verlässt Jan das geflieste Viereck so schnell wie möglich, nicht ohne ein paar große Pfützen auf dem weißen Badezimmerboden zu hinterlassen. Badematten scheinen hier unüblich zu sein.

GENÜGEND WASSER FÜR WARMDUSCHER

Natürlich kommen Warmduscher in Dänemark auch im Ferienhaus auf ihre Kosten und können sich jederzeit unter heißem Wasser laben. Vorausgesetzt, sie denken daran, bei der Ankunft gleich den Boiler anzustellen! Meist befindet er sich in einem Schrank, einer kleinen Kammer oder auch im Schuppen neben dem Haus. In der Infomappe oder direkt am Boiler steht normalerweise, auf welche Temperatur er eingestellt werden soll, ansonsten sind 55 Grad ein guter Richtwert. Falls eine Überkochsicherung vorhanden ist, z. B. als kleiner Schalter auf der Unterseite des Boilers, sollte diese eingeschaltet werden.

Zu beachten ist, dass es in der Regel etwas dauert, bis das Wasser warm ist, und dass das Fassungsvermögen des Warmwasserbehälters zwei Duschladungen in der Regel nicht übersteigt. Entsprechend sollte man zeitlich planen, wenn mehrere Personen hintereinander duschen möchten. In großen Ferienhäusern mit einer hohen Personenbelegung sind gelegentlich auch zwei Heißwasserboiler vorhanden.

Suchend sieht Jan sich um: »Wo sind denn die Handtücher?«

»Ach, hast du deins noch nicht aus dem Koffer geholt?« Katie, die sich kurz vor ihm aus der Dusche begeben hat und sich gerade abtrocknet, dreht sich zu Jan um. »Kein Problem, du kannst meins für heute haben. Übrigens: Der letzte zieht die Fliesen ab, in Ordnung?« Jan betrachtet leicht verdrossen den kleinen Abzieher, den Katie ihm in die Hand drückt, geht dann aber ans Werk. Putzen im Urlaub? Darüber würden sie noch reden müssen.

Als Jan schließlich das große Esszimmer betritt, trifft er seine Freundin mit einer Tasse voll verlockend dampfendem Kaffee in der Hand an. »Hier, der ist für dich!« Sie schiebt ihm einen großen, blau und weiß gestreiften Becher über die Theke, die den Küchen- vom Wohnbereich trennt. »Ich habe ein paar Kaffeefilter gefunden, die müssen die Vormieter dagelassen haben. Wir haben eine Packung Toast mitgebracht und ein Glas Marmelade, alles andere müssen wir nachher einkaufen.«

Jan schluckt. Kein Frühstück? Also kein richtiges? Gerade im Urlaub isst er morgens gerne herzhaft, Eier, gebratene Würstchen und natürlich frische Brötchen mit Butter obendrauf. Die muss man sich hier offensichtlich selber holen. Na gut, sie wohnen schließlich in einem Ferienhaus, nicht in einem Hotel. Dennoch hat er sich das ein bisschen komfortabler vorgestellt. Katie hat inzwischen die wichtigsten Lebensmittel aus den mitgebrachten Vorratskisten geholt und auf den Esstisch gestellt. Sie sieht seinen Gesichtsausdruck und stupst Jan aufmunternd an: »Na komm schon, das ist doch kein Beinbruch. Einkaufen macht in Dänemark total Spaß, du wirst schon sehen! Und morgen früh kannst du den Weg zum Bäcker gleich mit einer Joggingrunde verbinden. Das hält fit und der Weg durch die Dünen ist wunderschön. Magst du mir mal den Toaster geben?«

»Ja klar«, Jan sucht in diversen Küchenschränken und -schubladen und findet etliche Haushaltsgeräte, darunter Mixer, Pürierstab, einen Eierkocher und sogar ein Waffeleisen. Doch beim Toaster: Fehlanzeige. Schulterzuckend wendet er sich an Katie: »Ich glaube, wir müssen unseren Toast so essen. Bis auf das Ding mit dem komischen Rost und den Röhren weiß ich bei jedem Gerät, wozu es gut sein soll. Ein Toaster ist definitiv nicht dabei.«

»Mit Rost und Röhren?« Katie horcht auf. »Das so aussieht wie ein Grill, den man mit einem Heizgerät gekreuzt hat?«

Jan lacht: »Ja, genau!«

»Dann ist das der Toaster!«

»Was, echt? Das hätte ich nicht als solchen erkannt!« Jan schiebt den Stecker in die Steckdose, die aussieht, als würde sie ihn anlächeln. »Da muss ich dann beim Toasten einmal umdrehen, oder?«

Katie stimmt zu: »Richtig. Das Gerät röstet, statt zu toasten. Deshalb heißt es im Dänischen auch *flad brødrister*, also ›flacher Brotröster‹.«

»Ah, verstehe.« Jan nickt und stellt ihre inzwischen leer getrunkenen Becher in den Geschirrspüler. Abräumen und aufklaren gehören dann wohl auch zu den häuslichen Pflichten. Immerhin muss er nicht von Hand spülen, die technischen Geräte in der Küche sehen erstklassig aus. Aber die Betten sind noch nicht gemacht – dabei hat er doch Urlaub!

Det skal nok gå

Eigentlich ist es ja klar: Ein Ferienhaus ist nun mal kein Hotel. Jan weiß das an und für sich auch, hat sich aber anscheinend dennoch nicht bewusst gemacht, dass das bedeutet, auch im Urlaub Hand anlegen zu müssen. Und zwar nicht nur beim Auspacken der Koffer, sondern auch beim Zubereiten der Mahlzeiten sowie beim Einkaufen und Saubermachen.

Letzteres gilt natürlich nur für die Pfützen auf dem Badezimmerfußboden und für Verschmutzungen, die die Urlauber während ihres Aufenthalts verursachen; denn selbstredend übernehmen sie bei Mietbeginn ein sauberes Ferienhaus (siehe Kapitel 11).

Wer jedoch Wert auf Zimmerservice mit gemachten Betten legt und eine tägliche Reinigung im Bad erwartet, der sollte während des Dänemarkaufenthalts lieber im Hotel wohnen. Zwar gibt es an der dänischen Küste – zum Glück – nur wenige große Ressorts (und auch diese bieten oft ganz normale Ferienhäuschen als Unterkünfte an), aber in größeren Orten findet man einige schöne Hotels mit entsprechendem Komfort.

Nichtsdestoweniger hat das Urlauben im Ferienhaus zahlreiche Vorteile: viel Platz und Bewegungsfreiheit in einem eigenen Haus mit einem meist großen (Natur-)Grundstück, ausreichend Abstand zum Nachbarn, alle Freiheiten in Bezug auf Tageseinteilung, Essenzeiten und Kleidungsstil und vor allem eine entspannte, *hyggelige* Atmosphäre. Denn statt in einem anonymen Hotelzimmer untergebracht zu sein, bekommt man ein persönliches, liebevoll hergerichtetes Zuhause auf Zeit anvertraut, in dem mit etwas Glück auch ein paar Bücher und Broschüren zur Region auf die Feriengäste warten, Gesellschaftsspiele und Kerzen vorhanden sind, Salz, Pfeffer und sogar ein paar Gewürze im Schrank stehen und der Vormieter noch ein paar nützliche, haltbare Dinge hinterlassen hat, wie beispielsweise die Kaffeefilter, die Katie nun nutzt.

Nicht nur für Familien ist Ferienhausurlaub ideal, sondern auch für Pärchen und gute Freunde, die etwas Freiraum schätzen, Zeit miteinander verbringen und die Nähe zur Küste und zum Meer sowie womöglich eine eigene Sauna und ein gemütliches Kaminfeuer genießen wollen.

STECKDOSEN, DIE LÄCHELN

Eigentlich sind die Steckdosen in Dänemark gar nicht so anders als die in Deutschland: Die Netzspannung beträgt auch hier 230 Volt, die Netzfrequenz ist 50 Hz. Der Abstand der Steckstifte entspricht dem, der auch in Deutschland üblich ist, ein Adapter ist in der Regel also unnötig. Oft jedoch sind die Steckdosen mit einem Schalter gekoppelt, der erst eingeschaltet werden muss, damit der Strom fließt.

Das muss man wissen, sonst wundert man sich, warum die schöne dänische PH-Lampe, ein echter Design-Klassiker (siehe Kapitel 38), nicht funktioniert. Das ist zum einen gut für die Stromrechnung, zum anderen wird es Kindern damit schwerer gemacht, sich an den Steckdosen zu verletzen. Zur Sicherheit sollte man seine Kinder jedoch generell keine Steckdose anfassen lassen. Meist sind pro Raum auch nicht allzu viele Steckdosen vorhanden; wenn man also plant, mehrere moderne Unterhaltungsgeräte, das Akkuladegerät und das Babyphone anzuschließen, empfiehlt es sich, einfach eine Mehrfachsteckdose mit in den Urlaub zu nehmen. Wie Jan richtig bemerkt, lächeln dänische Steckdosen den Betrachter aufgrund ihres Designs freundlich an – wenn das nicht morgens beim Rasieren oder Haare föhnen gleich gute Laune macht!

11 NATURFREUND ODER NICHT?

SPINNE AM MORGEN – KEIN GRUND FÜR SORGEN

Was war denn das? Jan zuckt zusammen. Da krabbelt doch tatsächlich eine kleine Spinne am Fenster entlang! Schon gestern waren ihm ein paar Spinnweben am Fensterrahmen aufgefallen. Und da! Läuft da nicht eine Ameise über den Fußboden und bedient sich an den Krümeln, die da noch vom Frühstück liegen?

Jan ist normalerweise nicht übertrieben reinlich, wie Katie immer mit einem Augenzwinkern bemerkt – aber auch für ihn gibt es Grenzen. Doch als er sich an seine Freundin wendet, die fröhlich pfeifend die Kaffeemaschine reinigt, erntet Jan nur einen belustigten Blick. »Ach, die kleine Spinne«, meint Katie, »lass die mal leben. Wir sind hier halt mitten in der Natur. Die nächsten Tage wird sicher auch Sand ins Ferienhaus kommen, vor allem, wenn wir oft am Strand sind.«

Jan ist baff: Seine Freundin ist, was die Sauberkeit ihrer Unterkunft angeht, offensichtlich tiefenentspannt – ganz anders als zu Hause! Was hatten sie in letzter Zeit Diskussionen zum Thema Hygiene gehabt, dabei wohnen sie noch nicht einmal zusammen. »Und die Ameisen?«, erkundigt er sich vorsichtig.

»Die eine Ameise?« Katie zuckt mit den Schultern. »Die verschwindet schon wieder. Jedenfalls, wenn sie hier kein Buffet vorfindet.«

Und schon sieht Jan sich mit einem Besenstiel konfrontiert, den Katie ihm in die Hand drückt. Er runzelt die Stirn: Schon wieder Hausarbeit? »Was machen wir eigentlich, wenn das doch mehr werden? In eine Ameisen-WG wollte ich nicht einziehen«, scherzt er.

»Kein Problem«, antwortet Katie, »unser Ferienhausanbieter hat für den Fall sicher Ameisenfallen parat, die holen wir einfach im Büro ab. Zum Ausgleich dafür sehen wir auf dem Grundstück vielleicht mal ein paar Rehe oder einen Fasan am Wegesrand. In Vejers gibt es zum Beispiel riesige Hirsche. Sie werden *krondyr* genannt und stehen einfach mal so im Garten. Ein wahrhaft majestätischer Anblick! Auf Fanø zeigt sich des Öfteren ein Fuchs am Strand. Und wenn man auf Bornholm rund um Hammerknuden wandert, begegnen einem oft frei laufende Schafe.«

NUTZTIERE ALS NATURPFLEGER

Besonders Schafe und Rinder werden in Dänemark oft als Naturpfleger eingesetzt, vor allem in Landstrichen, die schwer zugänglich, uneben und durch konventionelle Landwirtschaft nicht ohne Weiteres nutzbar sind. Dazu gehören beispielsweise die steinige, für Wanderer jedoch äußerst reizvolle Gegend rund um Hammerknuden auf der dänischen Insel Bornholm, das berühmte *Ekkodal* (Echotal) sowie Teile des Waldes von Almindingen, in dem sogar frei laufende Bisons angesiedelt sind.

In diesen Gegenden können Urlauber faszinierende Naturbeobachtungen machen und wunderschöne Tierfotos schießen, sollten jedoch darauf achten, einen Sicherheitsabstand zu den Vierfüßlern einzuhalten, um diese nicht zu erschrecken oder zu bedrängen. Hunde gehören in diesen Gegenden selbstverständlich an die Leine. In der Regel betreten Fußgänger und Wanderer solche Gebiete durch ein kleines Tor oder über einen Gitterrost, der die Tiere davon abhält, das Gelände ungeplant zu verlassen.

Jetzt muss Jan lächeln: »Das ist ja der reinste Zoo. Na, Hauptsache keine Mücken, so wie damals in Schweden.« Mit Grauen erinnert er sich an einen Campingurlaub in seiner Kindheit, bei dem er ganz schön zerstochen wurde.

»Die sind hier nicht so schlimm«, beruhigt ihn Katie. »Wenn wir an einem See im Inland wären vielleicht, aber hier an der Küste mit dem frischen Seewind hält sich das in Grenzen.«

Det skal nok gå

Das kann tatsächlich passieren: Ein kleiner Käfer oder eine Ameise krabbeln über den Boden, etwas Sand ist auf die Terrasse geweht worden oder ein paar Spinnweben hängen unter der Wohnzimmerdecke. Das ist jedoch nicht weiter tragisch; die allermeisten Ferienhäuser in Dänemark liegen nun einmal mitten in der herrlichen Natur. Ein Ferienhaus, zumal im Dünengebiet, in Wald- oder Strandnähe, ist eben kein Hotelzimmer im zwölften Stock eines Fünf-Sterne-Deluxe-Komplexes in einer großen Metropole.

Vielleicht hat das Domizil zwischen zwei Mietern eine Woche leer gestanden. Dann ist es bei der letzten Abreise zwar gereinigt worden, nichtsdestoweniger kann es sein, dass z. B. die Fensterscheiben durch Wind und Wetter von außen etwas getrübt sind. Das liegt in der Natur der Sache, ist kein Beinbruch und davon sollten sich die Feriengäste sicher nicht den Urlaubsanfang vermiesen lassen.

Ist das Ferienhaus hingegen bei der Ankunft stark verdreckt, ist ein Anruf beim Vermieter angesagt. Und zwar umgehend, denn in der Regel wird dieser ganz schnell ein Reinigungsteam vorbeischicken, das eilends klar Schiff macht. Manchmal gibt es in einem solchen Fall auch das Angebot, selbst sauber zu machen und dafür am Ende des Urlaubs nicht reinigen zu müssen. Es ist jedoch wichtig, eine ernsthafte Verschmutzung ebenso wie eventuelle Schäden *sofort* zu melden, nicht erst am nächsten Tag. Ein echtes Eigentor ist es hingegen, gar nichts zu unternehmen und womöglich erst Wochen später seinem Unmut in den sozialen Medien Luft zu machen.

Das gilt auch für Probleme, die während des Aufenthalts im Ferienhaus auftreten, sei es eine ausgefallene Satellitenschüssel oder eben eine Ameisenstraße, die sich von der Terrassentür in Richtung Küche vorarbeitet. Wenn man sich mit gesundem Menschenverstand und dem regelmäßigen Wegfegen von Krümeln & Co nicht selbst helfen kann, dann wende man sich freundlich an den Ferienhausanbieter, der sich der Sache mit reichlich Erfahrung und dänischem Pragmatismus annehmen wird.

Manchmal wird er dafür mit dem Besitzer des Hauses Rücksprache halten müssen. Das kostet ein bisschen Zeit, führt aber in der Regel zu einer guten Lösung. Dabei sollte man wissen, dass diese auch individuell und den dänischen Gegebenheiten angepasst ausfallen kann. Doch davon können sich die Urlauber ja auch etwas abgucken: mindestens eine große Portion Gelassenheit.

12 EINKAUFEN AN EINEM SONNTAG?

IM PARADIES DES DÄNISCHEN ESSENS

»Dann mal los zum Einkaufen!« Katie schnappt sich einen der leeren Körbe, die nach der Auspackorgie von gestern noch im Flur stehen, und hat wieder erstaunlich schnell die Schuhe an.

»Kein Einkaufszettel?«, neckt Jan sie.

»Ach was, das ergibt sich.« Katie, sonst die Königin der Abhaklisten, nimmt auch diese Situation erstaunlich locker: »Ich weiß ja, was wir mitgenommen haben, und das ergänzen wir einfach um ein paar dänische Leckereien.«

»Leckereien klingt gut.« Jan bekommt schon wieder Hunger. »Was gibt es da denn so? So ähnlich wie in Deutschland?«

»Nee, schon anders«, schmunzelt Katie, »oder weißt du, was *ymer*, *studenterguf* und *gulerodsboller* sind?«»Wie bitte?« Jan versteht nur *smørrebrød*. »Du hast lauter Üs, Ös und Kartoffeln im Mund.«

»Du wirst schon sehen!« Katie zieht Jan zum Auto. »Jetzt lass uns endlich losfahren.«

»Und das von dir!« Jan will gerade loslachen, als er plötzlich stocksteif stehen bleibt. »Mist! Heute ist ja Sonntag. Katie, wir können gar nicht einkaufen!«

Was sollen sie jetzt bloß machen? Vor Jans innerem Auge manifestiert sich schon die Pølserbude als letzter Ausweg aus einer möglichen Hungerkrise. Obwohl, denkt er, das ist eigentlich gar keine so schlechte Lösung. Der Imbiss in Annies Kiosk hat ihm schließlich sehr gut gefallen. Doch gibt es so etwas hier im Ferienhausgebiet überhaupt? Jan sieht sich schon wieder Marmeladentoast schmieren. Doch da beruhigt Katie ihn: »Das ist in Dänemark kein Problem, hier läuft das ein bisschen anders als bei uns. Die allgemeinen Ladenöffnungszeiten, vor allem bei den kleinen Geschäften in den Städten, sind zwar oft kürzer als in Deutschland, und ab Samstagmittag geht da nichts mehr, doch die großen Supermärkte haben sieben Tage die Woche auf, auch hier an der Westküste.«

Puh! Jan steigt beruhigt in den Wagen und lenkt ihn den kleinen Schotterweg entlang, bis sie auf die 181 stoßen. Nachdem sie einen kleinen Kaufmannsladen links liegen gelassen haben – »Da holen wir aber morgens unsere Brötchen und die täglichen Kleinigkeiten«, meint Katie noch –, steuern sie auf Søndervig zu.

»Guck mal«, kommentiert Katie, während Jan auf dem gut gefüllten Parkplatz seinen Kombi geschickt in einer Lücke platziert, »hier haben wir alles auf einem Fleck. Dort drüben am Automaten können wir unser Leergut zurückbringen, an der Recyclingstation unseren Glas- und Papiermüll entsorgen, und da vorne hängt der Briefkasten. Der ist bloß rot, nicht gelb, wie in Deutschland. Im vorderen Bereich der meisten Supermärkte befindet sich übrigens auch eine Bäckertheke, falls wir Lust auf Kuchen haben.«

»Dann ist ja für alles gesorgt.« Jan steuert zügig den Eingang an. Bloß schnell die nötigsten Lebensmittel an Bord nehmen und dann flott wieder raus aus dem Laden. Das ist jedenfalls seine Art einzukaufen. Doch er hat nicht mit seiner Freundin gerechnet. Na gut, vielleicht mit ein bisschen Bummelei hier und ein paar Preisvergleichen dort, so machen sie es schließlich auch manchmal in Deutschland. Ist ja auch nicht wild – aber was jetzt folgt, schlägt das Erlebte um Längen.

»Ahhhh!« Ein Laut des Entzückens entfährt Katies Kehle. »Jan, sieh doch, es gibt *gulerodsboller*. Was habe ich die vermisst!« Sie schwenkt einen Beutel mit kleinen runden Brötchen, schnuppert verliebt daran und lässt ihn in den Einkaufswagen fallen. »Und hier: *mørkt rugbrød!*« Sie ergreift zwei, nein, gleich drei Packungen eines dunklen Brots. »Ein typisches Angebot!«, freut sie sich. »Drei nehmen, zwei zahlen. Jetzt schnell zur Kühlabteilung, zum *ymer!* Und wir müssen dänischen Joghurt kaufen, und natürlich *koldskål!* Ohhh, ich bin im Paradies des dänischen Essens!!!«

Jan sagt nichts und schaut Katie nur völlig fasziniert dabei zu, wie sie von einem Gang in den nächsten läuft. Seine Freundin scheint einem Rausch verfallen zu sein, der weit über ihre sonstigen Shoppinggelüste hinausgeht. So hat er sie nicht mal beim Klamottenkauf erlebt. Das hier ist spannend zu beobachten, aber auch ein bisschen unheimlich. Vielleicht war etwas in der Marmelade beim Frühstück? Dänemark wirkt auf jeden Fall ganz schön euphorisierend auf Katie.

Als hätte sie gespürt, dass das alles ein bisschen viel für Jan ist, dreht Katie sich zu ihm um: »Keine Sorge, so bin ich nicht die ganze Zeit!« Sie lacht. »Doch den ersten Einkauf muss ich genießen, den feiere ich immer so richtig. Macht doch Spaß, oder?« Jan nickt stumm, ist allerdings froh, als sie sich der Kasse nähern.

Als sie ihren Einkauf, der doch beträchtliche Ausmaße angenommen hat, aufs Band legen und der Kassierer sie mit einem freundlichen, aber kurzen *»Hej«* begrüßt, durchfährt es Jan siedend heiß: Haben sie überhaupt genug dänische Kronen dabei? Klar, Katie hatte an der Pølserbude mit ein paar Münzen bezahlt, doch dieser Einkauf kostet sicher bedeutend mehr. Doch da entdeckt er das Kreditkartensymbol an der Auflagefläche. Puh, noch einmal Glück gehabt! Vor allem, weil er seine Kreditkarte europaweit einsetzen kann, ohne Gebühren zu zahlen. Zufrieden lächelnd packt Jan die Einkäufe ein. Auch Katie scheint bester Laune zu sein und strahlt ihn an. Jetzt sind sie mit Lebensmitteln versorgt, da kann der Tag ja nur noch gut werden!

Det skal nok gå

Oh ja, Einkaufen in Dänemark kann Spaß machen! Denn dort gibt es so einige Lebensmittel, die in Deutschland nicht hergestellt werden und die ein wahrer Genuss sind. Insofern ist Katies Begeisterung durchaus nachvollziehbar, auch wenn sie etwas überschwänglich ausfällt. Es ist ja schön, wenn man für sein Urlaubsland schwärmt, doch da auch die Dänen selbst in der Öffentlichkeit mit ihren Gefühlen eher zurückhaltend umgehen, sollte Katie ihre Freude lieber ein wenig zügeln.

Tatsächlich sind die großen Lebensmittelmärkte in ganz Dänemark und ebenso im Ferienhausgebiet sieben Tage in der Woche geöffnet, oft mit großzügigen Öffnungszeiten, beispielsweise von 8 bis 20 Uhr. Manchmal findet sich bei der Angabe der Zeiten ein ganz kleines Augenzwinkern, so etwa in dem beschaulichen Ort Pedersker auf der dänischen Insel Bornholm, der exakt von 07.02 Uhr bis 19.02 Uhr für seine Kunden da ist. Sowohl diese Art der Ironie als auch die strikte Pünktlichkeit sind übrigens typisch dänisch (siehe Kapitel 28)! Ebenso wie die Tatsache, dass man im bzw. rund um den Supermarkt eines Ortes alles findet: den Postkasten, einen Bäcker, die Möglichkeit, Leergut zurückzugeben, und häufig einen Geldautomaten.

Kleine Geschäfte in den Städten hingegen haben oft Öffnungszeiten, die aus deutscher Sicht eher begrenzt sind: Da kann es vorkommen, dass der niedliche Wollladen und die verträumte Secondhandboutique bereits um 16.30 Uhr schließen. Das hängt oft damit zusammen, dass diese Art von Geschäften inhabergeführt sind, dementsprechend um halb fünf die Arbeitszeit endet und die Familienzeit beginnt.

Bezahlt wird natürlich in der dänischen Währung, also in DKK, in dänischen Kronen. Vielerorts, speziell in Touristenregionen, werden auch Euros angenommen, allerdings erhält man das Wechselgeld oft in Kronen, und das nicht immer zum günstigsten Kurs. In nahezu allen Geschäften, ebenso wie an der Tankstelle, beim Bäcker und in der Pølserbude ist mittlerweile das Bezahlen mit EC- oder Kreditkarte nicht nur möglich, sondern der Regelfall. Bargeld brauchen Kunden in Dänemark eigentlich nur noch für Kleinigkeiten, wenn überhaupt. Deshalb ist es klug, sich vor dem Dänemarkaufenthalt eine Kreditkarte zu besorgen, bei der nicht für jede Buchung und jedes Abheben Gebühren fällig werden; ansonsten kann der Urlaub etwas teurer werden als geplant. Insofern hat Jan hier eine gute Wahl getroffen. Ein nationales Zahlungsmittel der Dänen ist zudem die *Dankort*, deren Symbol (DK) man auch oft an der Supermarktkasse sieht, die jedoch nicht mit der Kreditkarte verwechselt werden sollte. Im Zweifelsfall gilt: Einfach fragen, welche Zahlungsmethode angenommen wird – natürlich vor dem Bezahlen!

Ebenso wie in Deutschland gibt es in Dänemark eine ganze Anzahl von Supermarktketten unterschiedlicher Ausstattung und Couleur. Die Preise liegen meist etwas, wenn auch nicht viel höher als in Deutschland; nur bei Waren wie Fleisch, Süßigkeiten, Snacks bzw. Knabberkram und Alkohol sind deutliche Unterschiede festzustellen. Insofern hätte Katie das Auto im Vorfeld nicht ganz so vollpacken müssen. Für den ersten Abend und das Frühstück am nächsten Morgen ein paar wesentliche Lebensmittel einzupacken, ist hingegen eine gute Entscheidung.

PREISVERGLEICH UND SONDERANGEBOTE

Ein Preisvergleich kann sich beim Einkaufen durchaus lohnen, sollte jedoch nicht in Stress ausarten. Auf www.tilbudsugen.dk ist dies auch online möglich, selbst wenn man des Dänischen nur ansatzweise mächtig ist. Ein Angebot ist übrigens ein *tilbud*, dieses Wort hilft ganz viel. Zudem gibt es oft Aktionen wie ›Kauf drei, zahl zwei‹, die wir Deutschen eher aus der Modebranche kennen. Da lohnt es sich, ein Glas Erdbeermarmelade mehr mitzunehmen – auch, weil sich die Daheimgebliebenen über ein kulinarisches Mitbringsel freuen!

13 WER IST EIGENTLICH DIESER *YMER?*

MILCH IST NICHT GLEICH MILCH

Auf dem Rückweg zum Ferienhaus schweigen sie beide – aber einvernehmlich. Katie überlegt, was sie die nächsten Tage kochen können. Zugegeben, vielleicht hätten sie den Essensplan vor dem Einkaufen machen sollen, das wäre sinnvoller gewesen. Doch jetzt sollte auf jeden Fall genug da sein, sie haben wirklich viel eingekauft – und auch nicht gerade wenig nach Dänemark mitgebracht, wie Katie sich eingestehen muss.

Sie seufzt unwillkürlich. Hat sie das von ihrer Großmutter? Die kann nämlich auch nicht ohne gut gefüllte Vorratskammer leben. Offensichtlich hat Katie da was geerbt. Sie stapelt auch zu Hause gern Konservendosen und alles andere, was haltbar ist, in ihre Küchenschränke. Aber ist das ein Grund, bereits mit gut gefüllten Lebensmittelkisten nach Dänemark zu fahren und dann hier auch noch einzukaufen, als blieben sie zwei Monate statt zwei Wochen?

Nun, sie würden schon etwas Leckeres daraus kochen, denkt Katie. Vielleicht können sie sogar ein paar neue dänische Rezepte ausprobieren! Dann würde Jan womöglich noch etwas mehr auftauen ... So richtig begeistert ist er ja vorhin beim Einkaufen nicht gewesen. Na ja, das ist auch alles neu für ihn, muss sie sich eingestehen, und sie hat ihm bisher nicht wirklich eine Chance gelassen. Dass sie auch immer so voranstürmen muss! Okay, sie würde in Zukunft behutsamer vorgehen. Es wäre ja gelacht, wenn Jan nicht doch noch mit Dänemark warm werden würde ... und der Weg übers Essen ist bei ihm auf jeden Fall ein erfolgversprechender, das weiß Katie aus Erfahrung.

Auch Jan ist schweigsam und grübelt während der Fahrt vor sich hin. Diese Einkaufsorgie eben! Und dann die zahlreichen Sachen, die sie bereits mitgebracht haben! Hier bekommt man doch alles, was man zum Leben braucht. Das ist alles ein bisschen viel für ihn ... Genau wie seine Katie in ihrem Dänemarküberschwang. So viel Freude, so viel Begeisterung, aber eben auch so überbordend, so emotional. Einerseits gönnt er es ihr, und es ist schön mit anzusehen, wie sie so entzückt auf alles Dänische reagiert. Andererseits fühlt Jan sich leicht überfordert.

Klar, so ist sie ihm auf jeden Fall lieber als in den letzten paar Monaten, in denen er das Gefühl hatte, dass sie sich bei all dem Arbeits- und Prüfungsstress etwas entfremdet hatten. Da ist Katie teils so abwesend und unnahbar gewesen, dass es ihm fast schon Angst machte. Das hier, ihre Begeisterung für Dänemark, ist eher das Gegenteil. Das gefällt ihm wesentlich besser. Doch die ganze Freude, die ganze Energie ist nicht auf ihn gerichtet, sondern – er muss erst nachdenken, bevor er es richtig fassen kann – auf ihr Herzensland. Fast fühlt Jan sich ein bisschen abgehängt. Da kann er nicht mithalten. Er findet es zwar auch schön hier in Søndervig und freundet sich so langsam mit den dänischen Gegebenheiten an, doch so überschwängliche Gefühle wie Katie hegt er nicht.

Noch nicht, würde sie vielleicht in ihrer typisch begeisterungsfähigen Art sagen. Doch Jan ist sich nicht so sicher, ob das auch sein Weg ist. Er möchte lieber auf seine Art und Weise an die Dinge herangehen. Langsamer, gemächlicher meinetwegen. Ist das nicht auch typisch dänisch, ein bisschen Gelassenheit, sich nicht gleich aus der Ruhe bringen lassen – *Hygge* eben?

Jan muss unwillkürlich grinsen: Jetzt hat er das von seiner Freundin so geliebte Wort in den Mund genommen. Na gut, so schlimm ist das nun auch wieder nicht. Doch zu sehr will er sich von dieser Dänemarkbegeisterung nicht anstecken lassen. Gut, dass er nächste Woche zu seinem Projekttreffen fährt.

Doch da sind sie schon am Ferienhaus angekommen, und die Grübeleien der beiden haben ein Ende. Schnell räumen Katie und Jan die Einkäufe ins Haus. Kaum haben sie alles in den Küchenschubladen und dem Kühlschrank verstaut, steht Katie auch schon mit einer Milchpackung in der Hand auf der Terrasse: »Jetzt einen *ymer!* Den haben wir uns wirklich verdient. Etwas Kaltes tut bei dem warmen Wetter gut.« Sie zieht den Gartentisch neben die beiden bequemen Gartenstühle und stellt den Ein-Liter-Karton darauf, zusammen mit zwei Schüsseln, Löffeln und zwei großen Packungen. Die eine enthält Haferflocken, so viel kann Jan der Illustration vorne drauf entnehmen. Aber die andere? Was ist das für ein braunes Zeugs? Jan runzelt die Stirn.

Doch Katie greift beherzt zu, gießt erst eine Art Milch, die merkwürdig dickflüssig aussieht, in ihre Schüssel, fügt Haferflocken hinzu und streut dann noch etwas von der braunen, krümeligen Masse obendrauf. Als sie Jans Blick bemerkt, lächelt sie: »Keine Sorge, das kann man essen! Das ist *ymerdrys*, also *drys*, den man auf den *ymer* gibt. Es wird aus getrocknetem Roggenbrot und braunem Zucker hergestellt. Schmeckt auch super im Müsli. Probier doch mal!«

Jan befüllt vorsichtig seine Schüssel. Versucht Katie etwa wieder, ihm etwas typisch Dänisches schmackhaft zu machen? Na gut, er kann ja auch kaum nein sagen, wenn es ums Essen geht. Um zumindest ein bisschen dagegenzuhalten, neckt er sie: »Was, Zucker? Na, so schrecklich gesund leben die Dänen nicht, oder? Und wozu haben wir eigentlich drei Sorten Milch eingekauft?«

»Stimmt, der Zuckerkonsum ist in Dänemark wirklich nicht gerade niedrig«, pflichtet Katie ihm bei. »Aber das ist nicht alles Milch. Das erste schon, die sogenannte *letmælk*. Die hat etwas weniger Fett als *sødmælk*. Das andere sind bloß Milchprodukte, nur eben auch im Ein-Liter-Pack. Das eine ist *koldskål*, das kannst du mit ›Kaltschale‹ übersetzen, auch wenn die ganz anders als unsere deutsche Kaltschale schmeckt. Das, was wir gerade essen, ist *ymer*, ein Sauermilchprodukt, total lecker und übrigens auch gesund!«

»*Ymer?* Den Namen habe ich doch schon mal irgendwo gehört«, scherzt Jan. »Schön, dass ich den endlich mal persönlich kennenlerne!«

»Ja, den kenne ich auch« Katie kichert, »Ymer ist der Riese in der nordischen Mythologie, der die Milch der Urkuh Auðhumbla getrunken hat und danach eingeschlafen ist. Doch das wird uns wohl nicht passieren.«

Gar nicht so übel! Jan gießt sich nach. Huch, die Packung ist ja bereits leer! Doch gar nicht so schlecht, das dänische Essen, auch wenn Jan die Sache mit den verschiedenen Milchprodukten, die alle irgendwie gleich aussehen, noch nicht hundertprozentig durchschaut hat.

YMER, TYKMÆLK & CO: KLEINE KUNDE DER DÄNISCHEN MILCHPRODUKTE

Stehen Urlauber im dänischen Supermarkt vor dem Kühlregal, sehen sie sich neben Käse *(ost)*, Butter *(smør)* und Leberpastete *(leverpostej)* auch mit einer ganzen Reihe gleichförmiger Ein-Liter-Tetrapaks konfrontiert, die sich lediglich farblich und preislich leicht voneinander unterscheiden. Da kommt schnell die Frage auf: Ist das jetzt alles Milch, und wenn ja, was für welche?

Die Antwortet lautet »jein«, denn es handelt sich zwar bei all diesen Artikeln um Milchprodukte, die aber ganz unterschiedlich hergestellt werden und schmecken. Es lohnt sich jedoch, sie alle zu probieren und Dänemark so auf ganz einfache Art und Weise kulinarisch zu erleben:

- Milch gibt es in verschiedenen Varianten: Als *sødmælk* mit 3,5 Prozent Fettgehalt, die im Wesentlichen unserer Vollmilch entspricht, als *letmælk* mit 1,5 Prozent Fettgehalt, als *minimælk* mit 0,5 Prozent Fettgehalt und als *skummetmælk* mit 0,1 Prozent Fettgehalt. Interessanterweise nimmt die Farbintensität der einzelnen Milchkartons mit dem Fettgehalt der Milchsorten ab, sie reicht bei den meisten Marken von einem tiefen Dunkelblau bis zu einem leichten Hellgrau. *Økologisk* bedeutet ›bio‹. Selbstverständlich wird heutzutage auch laktosefreie Milch im Kühlregal angeboten.
- *Tykmælk* ist ein Sauermilchprodukt, das aus pasteurisierter *sødmælk* hergestellt und mit Milchsäurekulturen angesetzt wird. Es ähnelt unserer Dickmilch. Manche verwenden sie auch als Salatdressing.
- *Ymer* ist ebenfalls ein Sauermilchprodukt mit einem Fettgehalt von 3,4 Prozent und schmeckt cremig-mild. Im Unterschied zur *tykmælk* enthält *ymer* mehr konzentriertes Milchprotein. *Ymer* isst man meist wie Katie mit *ymerdrys*, einer Mischung aus Roggenbrotkrümeln und braunem Zucker, oder auch mit frischen Früchten. Die fettarme Variante heißt *ylette*.
- *A 38* gilt als die leichtere Variante der Sauermilchprodukte, auch wenn es ebenfalls bis zu 3,5 Prozent Fettgehalt hat, und ähnelt *ymer*; die enthaltenen Milchsäurebakterien werden als magenfreundlich beschrieben.
- *Kærnemælk* ist Buttermilch und schmeckt auch so.
- *Yoghurt* ist Joghurt, er wird in verschiedenen Fruchtvarianten und als *naturel* (ohne alles/Natur) angeboten. Er ist meist flüssiger als in Deutschland, schmeckt unglaublich frisch und wird in Dänemark gerne mit Haferflocken oder *ymerdrys* zum Frühstück gegessen.
- *Koldskål* heißt übersetzt ›Kaltschale‹ und wird aus Buttermilch, Zitrone, Vanillezucker und Eiern hergestellt. Tatsächlich kalt

serviert, kommt sie im Sommer einem Nationalgericht gleich. In der Regel findet man die frische Variante der *koldskål* auch nur zur Sommerzeit in den Kühlregalen, im Winter muss man sich mit der länger haltbar gemachten Version begnügen. Dazu gibt es *kammerjunkere*, ein süßes, zwiebackähnliches Gebäck.

- *Fløde* bedeutet Sahne, hier unterscheiden die Dänen zwischen *madlavningsfløde* (gibt es auch, aber nicht nur im Ein-Liter-Karton und wird oft für das Zubereiten von Speisen genutzt), *kaffefløde* (Kaffeesahne, kleiner Karton) und *piskefløde* (Schlagsahne, ebenfalls im kleineren Tetrapak).

Die leere Packung will Jan gleich in die Mülltonne vor dem Ferienhaus entsorgen und sieht sich suchend um. Oh, da drüben! Mmh, eine richtige Mülltonne ist das ja nicht, mehr ein Gestell aus Holz und Metall mit einem Müllsack drin. Egal, denkt er sich, andere Länder, andere Sitten.

Moment mal, was ist das? Als Jan den Deckel öffnet, stellt er fest, dass der Müllsack bereits zu drei Vierteln gefüllt ist. Dabei sind sie doch gestern erst angereist! Also von ihnen stammt der Müll schon mal nicht. Wieso ist der nicht abgeholt worden? Sie sind zwar nur zwei Personen, doch wie sollen sie mit dem wenigen Volumen, das ihnen noch bleibt, zwei Wochen lang auskommen? Da müssen sie wohl mal Marie von der Ferienhausvermittlung anrufen und klären, was da los ist.

Det skal nok gå

Marie bzw. die kundigen Mitarbeiterinnen vom Servicebüro zu kontaktieren, ist bei auftretenden Problemen rund ums Ferienhaus immer eine gute Idee. Sie können Jan sicher auch erklären, wie das in Dänemark mit der Müllabfuhr funktioniert.

Eigentlich ist es ganz einfach: Der Müll wird regelmäßig und zuverlässig abgeholt, nur nicht unbedingt am Bettenwechsel- bzw. Anreisetag. Deshalb ist es möglich, dass die Mülltonne bei der Ankunft der Feriengäste schon eine gewisse Füllhöhe aufweist. Meist geschieht die Abholung unter der Woche; dabei wird der alte, volle Müllsack entfernt und ein neuer, leerer in das Gestell geklemmt, das, wie Jan richtig bemerkt hat, etwas anders aussieht als bei uns in Deutschland.

Andere als die offiziellen Müllsäcke, Plastiktüten und Dinge, die neben der Mülltonne platziert sind, werden nicht mitgenommen. Also sollte man dort auch nichts hinstellen, sonst wird es nur vom nimmermüden Wind verweht oder von wilden Tieren zerrupft. Braucht man zusätzliche Müllsäcke, kann man diese ggf. beim Büro der Ferienhausvermittlung abholen, am besten nach vorheriger Absprache. In manchen Ferienhausgebieten wird der Müll außerhalb der Hauptsaison und gerade im Winter nicht automatisch abgeholt; auch in diesem Fall kann das Servicebüro weiterhelfen.

Doch lange nicht alles kommt in den Hausmüll: Papier und Pappe, Glas, in einigen Gegenden auch Plastik (Verpackungen und Tüten) sowie Metall (z. B. Konservendosen) sollen separat gesammelt und an den dafür vorgesehenen Recyclingstationen bzw. Abfallsammelstellen *(miljøstation)* entsorgt werden. Deren Standort ist meist in der Infomappe im Ferienhaus verzeichnet, ansonsten befinden sie sich oft in der Nähe von Supermärkten. Bei der Asche aus dem Kaminofen sollten die Urlauber ebenfalls die Hinweise zur Entsorgung in der Hausmappe beachten. Oft kann sie in den Restmüll entsorgt werden, am besten mit dem Kaminbesteck und natürlich nur, wenn sie völlig erkaltet ist.

Noch besser als die richtige Mülltrennung und -entsorgung ist natürlich Müllvermeidung. Auch in Dänemark können Urlauber ihre eigenen Tüten und Körbe zum Einkaufen mitbringen und darauf achten, möglichst Waren ohne allzu viel Verpackung zu erwerben. In einigen größeren Städten existieren zudem bereits Äquivalente zu den deutschen Unverpacktläden, die hier *løs marked* heißen.

DIESER KOMISCHE BÜGEL DA

Nicht nur die Halterung bzw. die Müllaufbewahrungsbehälter außerhalb des Ferienhauses haben für Urlauber ein ungewohntes Aussehen. Auch im Ferienhaus – meist an der Tür unterhalb der Spüle in der Küche – befindet sich ein festgeschraubtes Gestell, das für Dänemarkanfänger wie ein merkwürdiger, nutzloser Bügel aussieht. Nur Profis identifizieren diesen eigenartigen Gegenstand als dänischen Müllbeutelhalter. Während Erstere sich gelegentlich abmühen, die Plastiktüte hier richtig aufzuziehen, ist er für echte Dänemarkfans oft zum unentbehrlichen Küchenutensil geworden, das sie auch zu Hause in Deutschland nicht missen mögen und deshalb in einem der Dänemark-Shops extra nachkaufen.

14 WARUM DARF ICH HIER NICHT PARKEN?

STRAFZETTEL? NEIN DANKE!

»Na, da bin ich mal gespannt!« Diesmal schafft es Jan als Erster durch die Ferienhaustür und zum Auto. Nach der kleinen Stärkung wollen Katie und er jetzt zu einem Ausflug aufbrechen. »Wo ist denn dieser sagenhafte Leuchtturm?«, fragt Jan.

»Nørre Lyngvig Fyr? Etwas südlich von uns, zwischen Søndervig und Hvide Sande«, antwortet Katie. »Ich dachte, wir lassen den Wagen etwas abseits stehen und laufen dorthin. Das ist eine schöne Strecke und der Anblick des Leuchtturms beim Näherkommen ist einfach umwerfend. Hin können wir am Strand entlang gehen und auf dem Rückweg dem Pfad durch die Dünen folgen.«

LEUCHTTÜRME IN DÄNEMARK

Dänemark hat eine Küstenlinie von über 7.000 Kilometern, dementsprechend viele Leuchttürme gibt es. Mehrere davon sind deutlich über 100 Jahre alt, stehen unter Denkmalschutz und haben eine bewegte Geschichte hinter sich. Die Leuchttürme Dänemarks sind attraktive Ausflugsziele, viele sind öffentlich zugänglich. Von ihrer Spitze aus haben Besucher einen ganz besonderen Blick auf das Meer und die Umgebung.

Gelegentlich muss für das Betreten ein kleiner Obulus entrichtet werden, z. B. in eine bereitstehende Kiste oder Kasse. Beim Leuchtturm von Nørre Lyngvig, der 1906 erbaut wurde und sich beeindruckende 38 Meter über die Westküste erhebt, bezahlt man im Leuchtturmladen. Kinder und Jugendliche bis 18 Jahre genießen freien Eintritt. Im Leuchtturmladen gibt es außerdem eine kleine Ausstellung sowie Kaffee und Kuchen, Eis und regionale Souvenirs. Am Fuße des Leuchtturms befindet sich ein großer Naturspielplatz mit maritimen Elementen, auf dem Kinder ausgezeichnet toben können.

»Einverstanden.« Jan lenkt den Wagen in Richtung der 181. »Bewegung ist immer gut! Ist das der Leuchtturm, den sie gerade versetzt haben?« Er erinnert sich noch an den Tag im Oktober, als Katie von dem Bildschirm nicht mehr wegzubekommen war. Sie hatte die ganze Aktion intensiv im Internet verfolgt und war völlig fasziniert davon gewesen, wie man ein solches Bauwerk mal eben so vom Fleck bewegen konnte.

»Nein, der Leuchtturm, der umziehen musste, ist der Leuchtturm von Rubjerg Knude«, klärt Katie ihn auf. »Den haben sie ja quasi auf Schienen gesetzt und 70 Meter ins Landesinnere gezogen. Sonst wäre er ins Meer gestürzt, so nahe ist die Steilküste schon gekommen. Wahnsinn, was Wind und Wellen für eine Kraft haben!« Jan bemerkt, dass Katie sich gerade wieder in Begeisterung redet, sie hat richtig leuchtende Augen. Leuchttürme und deren Geschichte beeindrucken sie – nicht nur in Dänemark, sondern rund um den Globus, das hat Jan schon früh mitbekommen.

»Und dieser Rubjerg Knude Leuchtturm steht auch hier in der Gegend?«, will Jan wissen. Eigentlich ist er ja nicht so ein

Leuchtfeuerfan, möchte aber gerne etwas auf Katie zugehen. Außerdem findet er es schon ziemlich imponierend, dass die Dänen tatsächlich innerhalb von relativ kurzer Zeit die Planung und Umsetzung eines so brisanten und öffentlichkeitswirksamen Projekts wie das der Versetzung eines ganzen Leuchtturms durchgezogen haben. Und das auch noch unter schwierigen Bedingungen, auf einer Wanderdüne! In Deutschland hätte so etwas vermutlich Jahrzehnte in Anspruch genommen.

»Nein, das Gebiet von Rubjerg Knude liegt ein ganzes Stück nördlich von uns, zwischen Lønstrup und Løkken«, beantwortet Katie Jans Frage. »Da würde ich schrecklich gerne mal wieder hin! Rubjerg Knude ist nämlich mein Lieblingsleuchtturm, und zwar nicht erst seit der Versetzung des Leuchtturms. Doch es ist schon eine ziemliche Strecke bis dahin, sicher zwei Stunden mit dem Auto zu fahren.« Obwohl Jan bei Katies dänischer Wahrnehmung von Distanzen tief im Innern schmunzeln muss, lässt er sich äußerlich nichts anmerken, sondern nickt bloß stumm. Doch im Hinterkopf macht er sich eine kleine Notiz. Vielleicht kann er seine Freundin ja eines Tages mit einem Ausflug dorthin überraschen, wer weiß? Zwar ist sie kein großer Fan von unerwarteten Situationen, aber wenn es um Dänemark geht, kann sie bestimmt nicht widerstehen. Außerdem hat er seit ihrem *hyggeligen* Abend da so eine Idee ... Nun ja, mal abwarten.

Mittlerweile sind sie in der Nähe des Leuchtturms von Nørre Lyngvig angekommen. Doch den Wagen in einiger Distanz stehen zu lassen erweist sich als schwieriger als gedacht. Zwar gibt es unmittelbar am Leuchtturm einen Parkplatz, doch dann würde nichts aus ihrem geplanten Spaziergang werden. Und ein anderer Abstellplatz für ihr Auto ist weit und breit nicht in Sicht. Doch so schnell gibt Jan nicht auf.

»Dann parke ich eben hier.« Er steuert eine breitere Kurve an. »Wenn ich mich an den Rand stelle, stört das doch niemanden.«

»Hmm, da drüben steht ein Verbotsschild«, wendet Katie vorsichtig ein. »Vielleicht sollten wir lieber woanders gucken.«

»Wo denn? Jan wird etwas ungeduldig. »Wir haben doch schon das halbe Ferienhausgebiet abgefahren. Hier ist einfach kein Platz!«

»Ja, das stimmt«, räumt Katie ein. »Entschuldige, vielleicht war das insgesamt keine gute Idee von mir.«

»Warum stellen wir uns nicht einfach auf den Parkplatz vom Supermarkt in Hvide Sande?«, schlägt Jan vor. »Da sind wir doch gestern dran vorbeigefahren und da war jede Menge Platz.«

»Das ist ziemlich weit zu laufen«, gibt Katie zu bedenken. »Und dort dürften wir nur eine Stunde stehen, das reicht nicht für die Strecke hin und zurück sowie ein bisschen Zeit auf dem Leuchtturm.«

»Ach, das kontrolliert doch keiner!« Jan macht eine wegwerfende Handbewegung. »Komm schon, Katie!« Doch diese seufzt. Wie soll sie Jan bloß erklären, dass die Dänen beim Falschparken ebenso wenig Spaß verstehen wie bei Geschwindigkeitsüberschreitungen? Und dass das ebenfalls ziemlich teuer werden kann? Wenn sie jetzt damit anfängt, steht sie wieder als Meckertante da, und die Dänen als unentspannt oder gar ›unhyggelig‹, mit diesem Begriff zieht Jan sie nämlich seit Kurzem gerne auf. Doch Schweigen kann in so einem Fall teuer werden. Also holt Katie tief Luft und beginnt ganz vorsichtig ...

Det skal nok gå

Eigentlich ist Parken in Dänemark kein großes Problem – es sei denn, man ignoriert ein paar grundlegende Regeln und die entsprechenden Verbotsschilder, so wie Jan. Dann kann es richtig teuer werden, ebenso wie bei Verstößen gegen die Höchstgeschwindigkeit (siehe Kapitel 4). Falsches oder zu langes Parken bzw. das ›Vergessen‹ eines Parktickets kann schon mal umgerechnet 100 Euro kosten, und diese Gebühr treiben die Dänen auch konsequent bei ausländischen Touristen ein. Zudem kann die Polizei den Wagen abschleppen und dafür eine entsprechende, ebenfalls nicht gerade niedrige Summe einfordern. Dazu kommen gegebenenfalls Verfahrenskosten.

In den Ferienhausgebieten und an den meisten Stränden ist das Parken kostenlos, nur ist zwischen den Dünen und in naturnahen

Gebieten nicht immer ausreichend Platz dafür vorgesehen. Besser, man nutzt einen der eigens ausgewiesenen Strandparkplätze oder den Parkplatz direkt am Leuchtturm, nur liegt der für Jans und Katies Vorhaben leider nicht günstig. Zudem sollte der Wagen natürlich nicht auf fremdem Privatbesitz abgestellt werden, sondern nur auf offiziell gekennzeichneten Flächen. Auf Landstraßen und Autobahnen darf nicht geparkt werden, es sei denn, es gibt extra dafür vorgesehene Haltebuchten. Ebenso sind Radwege und Fußgängerüberwege tabu.

In größeren Städten und ebenso auf Supermarktparkplätzen ist oft eine Parkzeit zu beachten und eine Parkscheibe oder sogar ein Parkticket nötig. Parktickets werden immer seltener mit Kleingeld und immer öfter mit Kreditkarte bezahlt, also ist es gut, eine dabei zu haben. Für Städte wie Kopenhagen und einige ländliche Gegenden gibt es sogar eine eigene App, über die Autobesitzer die Parkzeit buchen und verwalten können. Wenn unter dem Schild mit einem weißen ›P‹ auf blauem Grund ein weiteres mit der Angabe ›*1 time*‹ steht, bedeutet dies, dass man hier eine Stunde mit Parkscheibe parken darf. Oft sind hier auch Zeitangaben wie ›9–16‹ (Uhr) zu finden, die normalerweise unter der Woche gelten und an die sich Autofahrer tunlichst halten sollten. Eingeklammerte Zahlen bezeichnen meist Uhrzeiten am Samstag.

Auf öffentlichen Parkplätzen werden in Dänemark häufig ausländische Parkscheiben akzeptiert, bei privat betriebenen und bei manchen Supermarktparkplätzen ist das meistens anders. Zudem müssen dänische Parkscheiben viertelstündlich eingestellt werden – und nicht nur halbstündlich wie in Deutschland. Wer also sichergehen will, legt sich besser eine dänische Parkscheibe zu. Sie ist an vielen Tankstellen und Touristeninformationen erhältlich, und natürlich kann man sie vor dem Dänemarkaufenthalt auch online ordern. Die Parkscheibe ist gut sichtbar rechts vorne im Fenster zu platzieren, viele Dänen kleben sie direkt an die Windschutzscheibe. Außerdem sind in Dänemark elektronische Parkscheiben erlaubt, die sich automatisch einstellen, sobald das Fahrzeug geparkt wird.

15 EINFACH MAL DIE DEUTSCHE FLAGGE NEHMEN?

REGELN FÜRS RICHTIGE HISSEN

»Puh, für heute bin ich genug gelaufen.« Jan stöhnt ein bisschen, als sie wieder ins Auto steigen. Schön ist ihre Tour aber auf jeden Fall gewesen. Gut, dass sie sich doch noch darauf geeinigt hatten, das Auto auf den Parkplatz beim Leuchtturm zu stellen, dann einen kleinen Spaziergang durch die Dünen zu unternehmen und das berühmte Leuchtfeuer schließlich ganz am Ende zu besteigen. Die Aussicht von dort oben war einfach phänomenal, und Jan hatte ein paar coole Selfies schießen können.

Als sie jetzt über die 181 durch die herrliche Dünenlandschaft zurück zum Ferienhaus fahren, guckt Jan immer wieder nach rechts und links. »Hier in Dänemark wird wirklich viel geflaggt, oder?«, überlegt er laut. »Auf dem Gelände des Leuchtturms habe ich die dänische Flagge am Mast gesehen, dann noch einmal in Klein vor dem Leuchtturmladen, und vor vielen Ferienhäusern flackert sie auch fröhlich im Wind.« So langsam entwickelt er sich zum aufmerksamen Beobachter der dänischen Eigenheiten.

»Ja, das stimmt, die Dänen flaggen bei jeder Gelegenheit«, gibt Katie ihm recht. »Ich mag das total gern, auch am Flughafen wird man mit einem Meer dänischer Fahnen begrüßt. Die Flaggen sind oft auch auf dem Geburtstagskuchen, am Weihnachtsbaum und so.«

Jan nickt nachdenklich. »Das ist schön. In Deutschland wäre das wohl nicht möglich, ohne dass sich jemand ziemlich wundern würde. Na ja, hat ja auch Gründe.«

»Ja, die Dänen haben ein ganz anderes Verhältnis zu ihrer Flagge und ihrer Geschichte, obwohl die ja auch nicht immer unproblematisch war«, meint Katie. »Doch selbst, wenn noch nicht alles aufgearbeitet ist, ist es doch deutlich entspannter als bei uns, das stimmt schon.«

»Doch nicht etwa *hyggelig?*«, neckt Jan sie. »Ich hätte da nämlich eine Idee – wie wir unser Ferienhaus noch etwas hübscher machen können. Aber auf unsere Art!«

»Na?« Katie ist gespannt.

»Nun ja«, Jan druckst ein wenig herum, denn so etwas hat er bisher noch nie gemacht, auch in Deutschland nicht, »wir haben doch einen Fahnenmast, oder? Also vor dem Ferienhaus, meine ich?«

»Jaaaaa«, antwortet Katie gedehnt. Sie ahnt schon, was als Nächstes kommt.

»Wie wäre es, wenn wir auch mal flaggen würden?«, schlägt Jan vor. »Also mit der deutschen Flagge, die können wir uns sicher besorgen. Oder vielleicht liegt sogar eine im Schuppen, hierher kommen bestimmt oft deutsche Feriengäste.«

»Mmmh, das ist leider keine so gute Idee, *desværre.*« Katie zuckt bedauernd mit den Schultern. Armer Jan. Da greift er schon mal eine dänische Besonderheit auf und tappt dabei gleich mitten ins Fettnäpfchen. Es tut ihr total leid, doch sie muss ihm den Wind aus den Segeln nehmen: »Das darf man hier leider nicht. Im Gegenteil, es ist ausdrücklich verboten, eine ausländische Flagge zu hissen. Das gilt übrigens für alle Flaggen, nicht nur für die deutsche.«

»Oh, schade!« Jan macht ein enttäuschtes Gesicht. »Tsja, dann wohl nicht. In Deutschland habe ich allerdings schon mal dänische Flaggen am Mast gesehen, doch da sind die Regeln wohl anders.«

Det skal nok gå

Oha, das ist tatsächlich ein richtig fieser Fettnapf, in den Jan da getappt ist. So ›locker‹ die Dänen sonst auch sind – für das Flaggen gibt es strenge Vorschriften, und ja, diese unterscheiden sich von den deutschen. Es ist in Dänemark tatsächlich nicht erlaubt, eine andere Nationalflagge als die dänische alleinstehend zu hissen. Ausgenommen sind davon nur die Flaggen der skandinavischen Länder, der EU sowie der UN. Ausnahmen gibt es zudem für Botschaften und Konsulate – aber nicht für Privat- und Ferienhäuser, eine Tatsache, die die deutsche Minderheit in Dänemark übrigens des Öfteren beklagt.

DIE DEUTSCHE MINDERHEIT IN DÄNEMARK

Die deutsche Minderheit in Dänemark umfasst etwa 15.000 Menschen und besteht seit dem Jahr 1920, als mithilfe einer Volksabstimmung in den beiden Teilen Schleswigs die deutsch-dänische Staatsgrenze neu gezogen wurde. In Nordschleswig unterhält die deutsche Minderheit Kindergärten, Schulen und Bibliotheken, betreibt eine Tageszeitung und ist in der kirchlichen, sozialen sowie Vereinsarbeit aktiv. Organisiert ist die deutsche Minderheit im Bund Deutscher Nordschleswiger. Sie versteht sich selbst als Brückenbauer zwischen Deutschland und Dänemark und als Beitrag zur kulturellen und sprachlichen Vielfalt im deutsch-dänischen Grenzland.

Ihr Gegenstück ist die dänische Minderheit in Deutschland im Landesteil Südschleswig. Sie umfasst etwa 50.000 Angehörige, hat als kulturelle Hauptorganisation die Sydslesvigsk Forening (SSF) und als Partei den Südschleswigschen Wählerverband (SSW). Für die Zugehörigkeit zu einer der beiden Minderheiten ist kein nationaler oder ethnischer Nachweis nötig; es reicht, wenn jemand sich ›deutsch‹ oder ›dänisch‹ fühlt.

In dieses Klagen könnte Jan jetzt einstimmen, oder aber offiziell eine Ausnahmegenehmigung beantragen. Viel Aussicht auf Erfolg wird er jedoch nicht haben. Und selbst wenn, gibt es noch eine Menge zu beachten: In diesem Fall müsste mit der deutschen zugleich eine dänische Flagge von mindestens der gleichen Größe und an nicht minder prominenter Stelle gehisst werden. Zudem ist dafür mehr als ein Fahnenmast notwendig.

Besser, Jan lässt diesen Gedanken fallen und freut sich stattdessen an der zahlreich vertretenen dänischen Flagge, die ja auch eine lange, ehrwürdige Geschichte hat. Sie wird als die älteste Flagge der Welt bezeichnet und existiert bereits seit dem 13. Jahrhundert. Die Legende besagt, dass sie in der Schlacht um Estland im Jahr 1219 vom Himmel gefallen ist und den Dänen zum Sieg verholfen hat. Dementsprechend trägt sie den Namen *Dannebrog*, das bedeutet ›Flagge der Dänen‹.

Die dänische Flagge zeigt das skandinavische Kreuz, das sie mit den anderen Flaggen der skandinavischen Länder (Schweden, Norwegen, Island und Finnland) verbindet, in Weiß auf rotem Grund. Dieses Rot, das sogenannte *Dannebrogsrød* (RGB-Hex-Code E31836), ist übrigens aus gutem Grund auch die Umschlagfarbe des Fettnäpfchenführers Dänemark! Logos und Stickereien sind auf der dänischen Flagge streng verboten. Ausnahmen bilden hierbei die Flaggen des dänischen Königshauses sowie die Kriegsflagge.

Die dänische Flagge wird morgens bei Sonnenaufgang, jedoch nicht vor acht Uhr gehisst, und abends bei Sonnenuntergang wieder eingeholt. Nachts dürfen nur Wimpel hängen bleiben. Bei Trauerfällen steht die Flagge auf Halbmast. Natürlich darf die dänische Flagge niemals den Boden berühren, und für das Befestigen an den Seilen am Mast ist ein bestimmter Knoten vorgesehen. Wer das alles und noch viel mehr nachlesen möchte, kann sich in die über 64 Seiten lange, offizielle Anleitung zur Beflaggung in Dänemark vertiefen.

16 LAKRITZ-STREUSEL AUF DEM EIS?

GUF UND ANDERE SÜSSE VERWIRRUNGEN

»Komm, jetzt essen wir ein *softis!*« Katie zieht Jan mit sich in einen Laden am Marktplatz von Ringkøbing.

»Ein was, bitte?« Jan ist nicht ganz so begeistert, wie Katie sich das vorgestellt hat. Dennoch muss sie zugeben, dass er ihren Einkaufsbummel in der schönen Kleinstadt am Ringkøbing Fjord bislang geduldig mitgemacht hat. Nach einem kurzen Blick in die Kirche und einem längeren Spaziergang durch den Hafen, in dem sich so wunderbar viele bunte Yachten und Segelboote tummeln und an dessen Rand so malerisch die falunrot gestrichenen Fischerhütten liegen, hat Katie ihn durch diverse Bekleidungs- und Dekogeschäfte geschleppt. Und dann auch noch in den tollen Secondhandshop in der Vester Strandgade, um ein paar schöne Kindersachen für ihre Nichte zu erstehen! Nur das historische Museum am Herningvej haben sie nicht geschafft; die Ausstellung werden sie sich einfach ein andermal anschauen.

FALUNROT, DIE FARBE DER FISCHERHÜTTEN

Nicht nur die zahlreichen Fischerhütten im Hafen von Ringkøbing, sondern auch viele andere Häuser und Schuppen in Dänemark sind in einem typischen rostroten Ton gestrichen. Dabei ist das sogenannte Falunrot eigentlich eine schwedische Farbe bzw. Bezeichnung (schwed. *faluröd* oder *rödfärg*). Sie rührt von dem schwedischen Ort Falun und dessen Kupfermine her, in der einst beim Abbau als Nebenprodukt ebenjene Pigmente gewonnen wurden, die der Farbe ihr typisches Kolorit geben.

Die Farbe hat aufgrund ihrer Inhaltsstoffe eine konservierende Wirkung, insofern ist sie bei Hütten und Häusern, die stark Wind und Wetter ausgesetzt sind, eine geschickte Wahl. Sie absorbiert zudem einen großen Teil der UV-Strahlung, deshalb wirken die rot gestrichenen Häuser je nach Lichteinfall unterschiedlich; besonders schön sind sie im Licht der auf- bzw. untergehenden Sonne.

Jan hat bei dieser Shoppingtour keine Miene verzogen, und eigentlich hatte sich Katie überlegt, dass ein gewaltiges *softis* eine adäquate Belohnung für seine Geduld, all die Mühen und das Tütenschleppen wäre. Doch Jan wirkt angesichts der ganzen kulinarischen Pracht, die sich in dem Eisladen vor ihnen ausbreitet, eher verunsichert – vielleicht muss sie ihm das mit dem *softis* noch einmal erklären?

»Also, wir Deutschen würden Softeis sagen«, setzt sie an. »Komm, das kennst du doch schon irgendwie, oder? Dieses leckere, weiche Eis, das aus der Maschine gezapft wird?«

»Ach so, klar, Softeis!« Jan winkt ab. »Das ist mir natürlich bekannt, warum sagst du das nicht gleich. Du sprichst alles immer so dänisch aus!«

»Na ja, wir sind nun mal in Dänemark, da versuche ich halt, mich sprachlich anzupassen«, sagt Katie achselzuckend. Doch sie sagt es leise, denn sie merkt, dass sich Jans Laune bei ihrer Erläuterung merklich verschlechtert. Dabei will sie gar nicht als Besserwisserin dastehen. Sie hat sich bei der dänischen Artikulation schlicht nichts gedacht. Ach Mensch, irgendwie läuft das, was sie gut gemeint hat, total schief – lieber flott ein Eis bestellen!

Zum Glück wendet sich gerade eine nette junge Verkäuferin an sie, jedoch auf Dänisch. Katie schlüpft sofort wieder wie selbstverständlich in die Rolle der Dolmetscherin: »Was möchtest du denn haben, Jan? Klein, mittel, groß oder eine Mega-Portion? Welcher Geschmack? Mit *Guf*, Sahne, Soßen, Streuseln, Kakaopulver, Kokosraspeln oder anderen Toppings?«

Doch während Katie bei der Aufzählung all dieser Köstlichkeiten das Wasser im Mund zusammenläuft, scheint Jan weniger entzückt zu sein. Statt in ein erfreutes schaut sie in ein ratloses Gesicht. »Puh, Katie, das ist mir ehrlich gesagt zu kompliziert«, stöhnt er. »In Hamburg gibt es beim Softeis-Fritzen nur eine Sorte, und ich weiß gar nicht mehr, welche das ist. Was soll ich denn hier bloß bestellen?«

»Okay, verstehe.« Katie ist klar, dass jetzt eine zügige Lösung her muss. »Soll ich dir sonst einfach was Leckeres aussuchen? Etwas typisch Dänisches?«

»Ja, mach das. Ich warte dann draußen.« Jan verzieht sich.

Auweia, das lässt sich ja nicht gut an, denkt Katie. Dabei war *softis* eine der Leckereien, auf die sie sich schon die ganze Zeit gefreut hat. Das gehört für sie im Dänemarkurlaub einfach dazu. Bei Softeis zählt sie auch keine Kalorien, das hat ohnehin keinen Zweck. Fix bestellt sie zwei große Portionen, bezahlt mit ihrer Kreditkarte und gesellt sich zu Jan, der sich auf einer Bank vor dem gegenüberliegenden Rathaus von Ringkøbing niedergelassen hat.

»Hier, bitte!« Sie reicht ihm eine Waffel und fängt sogleich an, ihr hoch aufgetürmtes Eis zu schlecken, bevor es in der prallen Sonne zerlaufen kann. Beinah jedoch lässt sie es fallen, als Jan nach dem ersten Bissen einen überraschten Schrei ausstößt.

»Was ist denn?«, fragt Katie besorgt. Jan sieht aus, als hätte er in eine bittere Zitrone gebissen.

»Das würde ich gerne von dir wissen«, gibt er irritiert zurück. »Diese irre Kombination aus süß und salzig – das ist ja völlig abgedreht!«

»Na ja«, Katie ist ein bisschen verdutzt, »das ist Vanille-Softeis mit Schokosoße, Lakritzstreuseln und *Guf*, darunter noch Oreo- und Minzeis, das ist jetzt total angesagt. Gerade wegen des Kontrastes!«

Doch dafür hat Jan offenbar nichts übrig: »Lakritze? Ausgerechnet Lakritze? Auf einem Eis? Und dieser komische Schaum, so klebrig und süß! Das ist echt nicht mein Ding, tut mir leid.«

»Herrje, bitte entschuldige, ich wollte dir etwas typisch Dänisches aussuchen. Das hatten wir doch vereinbart! Du magst keinen *Guf*? Echt jetzt?« Katie versteht die Welt nicht mehr und Jan schon gar nicht.

Doch Jan ist sauer: »Nein, ich mag keinen *Guf*, was auch immer das ist. Ich muss auch nicht alles mögen, schon gar nicht alles Dänische! Ich gebe mir wirklich Mühe, Süße, aber es ist nicht unbedingt alles gut, bloß weil es aus deinem Herzensland ist. Ich weiß, du fährst auf alles ab, wo der *Dannebrog* drauf ist. Doch ich bin anders, und mir ist das alles zu viel!« Wütend dreht er sich um und stiefelt in Richtung des Parkplatzes, auf dem sie das Auto stehen gelassen haben, davon.

Katie seufzt. Oh weh, da hat sie wohl etwas übertrieben. Gut gemeint ist eben nicht gleich gut, wie ihre Freundin Beate immer zu sagen pflegt. Da muss sie schnell hinterher und Verständnis für Jan zeigen. Doch wie soll sie auch ahnen, dass er keinen *Guf* mag?

Det skal nok gå

Tsja Katie, auch wenn die meisten Dänen und viele deutsche Urlauber schon fast süchtig nach *Guf* sind, ist das tatsächlich nicht jedermanns Sache. Denn der süße, luftige Schaum, der aus Eischnee und Zucker hergestellt wird und nicht nur oben auf dem Eis, sondern auch auf zahlreichen anderen dänischen Leckereien zu finden ist, hat eine durchaus gewöhnungsbedürftige Konsistenz, die sich von Sahne & Co unterscheidet. Meist ist *Guf* weiß oder rosa, kann aber auch in anderen Farben hergestellt werden, was vor allem bei Kindern immer wieder Entzücken hervorruft.

Genauso wie das Softeis selbst, bei dem die Eismasse gleichzeitig aufgeschäumt und gefroren wird und dadurch besonders cremig schmeckt. Zwar stammt Softeis ursprünglich aus den USA, wird jedoch mittlerweile als urdänische Angelegenheit betrachtet, einfach weil die Dänen die Produktion dieser kalten Köstlichkeit bis zur Perfektion weiterentwickelt haben.

Mit den Zutaten Milch, Zucker und insbesondere Sahne ist ein Softeis die reinste Kalorienbombe – diverse Toppings tun ihr Übriges. Denn genauso, wie es möglich ist, unter das Softeis noch einige Kugeln ›normales‹ Eis zu packen, ist es nicht unüblich, dem *softis* selbst noch eine Schokohaube aufzusetzen, es mit zusätzlicher Sahne und verschiedenen Soßen zu garnieren sowie es mit reichlich Streuseln, Zimt, Krokant, Kokos, Schokoblättchen, Marshmallows, Chrunchies und sogar ganzen Schokoküssen zu verzieren. Da wird das Eis schon mal zur Hauptmahlzeit des Tages! Der neueste Hit sind Lakritzstreusel, Lakritzsoße und natürlich Lakritzeis, wie überhaupt Lakritze in allen möglichen und unmöglichen Formen bei unseren nordischen Nachbarn äußerst beliebt ist.

Bei deutschen Urlaubern ist das dänische Softeis längst Kult und gehört zum Urlaub dazu, ebenso wie die Hotdogs oder der Sonnenuntergang am Strand. Beliebte Anlaufstellen sind z. B. das Blaue Eishaus in Tversted an der dänischen Nordseeküste oder der Krølle Bølle Kiosk bei Dueodde auf Bornholm. Sowohl Softeis als auch *Guf* lassen sich natürlich auch zu Hause in Deutschland herstellen; entweder nach herkömmlichen Rezepten oder mittels Fertigmischungen. Aber ob die Leckereien im niedersächsischen Göttingen oder im bayerischen Würzburg genauso gut schmecken wie im Herzensland?

17 WARUM SIND HIER KEINE 30 GRAD?

VOM UMGANG MIT ›SCHLECHTEM‹ WETTER

»Mhh, das Wetter ist ja eher mäßig.« Nach einem Blick aus dem Fenster rümpft Jan die Nase. Katie seufzt. Jan und seine Wetterfühligkeit! Die findet sie schon zu Hause ein bisschen nervig, aber jetzt im Urlaub kann sie die wirklich nicht brauchen. Und nach dem Streit gestern in Ringkøbing wäre es echt schön, heute etwas Nettes zusammen zu unternehmen. Katie möchte gerne die Stimmung heben und Jan helfen, den Urlaub zu genießen. »Ach, so schlimm ist es nicht.« Katie versucht, ihren Freund aufzumuntern. »Okay, vorhin hat es geregnet, aber jetzt nieselt es nur noch. Dafür ist die Luft bestimmt schön frisch!«

»Frisch?« Jan grummelt. »Das Thermometer sagt etwas von 16 Grad, das ist saukalt!«

Katie lacht: »Kalt? Jan, stell dich nicht so an. Das ist der dänische Sommer! Außerdem haben wir doch wetterfeste Kleidung dabei.«

»Und der Wind? Der pfeift doch hier an der Küste richtig schlimm!« Jan macht ein bedenkliches Gesicht. Katie beißt sich auf die Lippen, um nicht loszuprusten. Wenn sie nicht so nervtötend wäre, wäre Jans Zimperlichkeit schon fast komisch.

»Ja, und? Dann lassen wir uns am Strand mal so richtig durchpusten. Das macht den Kopf frei, und die schlechte Stimmung ist wie weggeblasen!« Katie gibt sich wirklich Mühe, Jan aufzuheitern. Einen Tag Regen oder vielmehr Nieselwetter findet sie persönlich jetzt nicht so schlimm, das kommt bei ihnen zu Hause in Norddeutschland auch mal vor. Und bis jetzt haben sie hier in Dänemark echt Glück gehabt mit dem Wetter.

Doch Jan lehnt ab: »Nee, lieber nicht. Da werde ich womöglich noch krank, und das direkt vor meinem Business-Trip!«

»Du Zimperliese!« Katie weiß allmählich nicht mehr weiter. »So langsam gehen mir die Ideen aus. Alles schlägst Du ab!« Sie zählt auf: »Fürs Sandskulpturfestival in Søndervig fehlt dir der Sonnenschein, das verstehe ich ja noch. Abenteuer- oder Fußball-Golf wäre auch bei bedecktem Himmel machbar, aber das ist dir zu kindisch, Klettern im Wow-Park bei Skjern jedoch zu herausfordernd.«

»Außerdem ist das alles draußen!« wirft Jan ein.

»Meine Ausflugsideen mit Indooraktivitäten sind dir aber auch nicht recht!«, erinnert Katie ihren Freund. »Auf Shoppen hast du keine Lust mehr – in Ordnung, das verstehe ich. Doch das Fiskeriets hus in Hvide Sande findest du zu klein, obwohl die Ausstellung dort erweitert worden ist. Jyllands Akvariet in Thyborøn ist für dich zu weit weg, dabei fahren wir dorthin nur eine knappe Stunde. Die Fischauktion in Hvide Sande liegt angeblich zu früh am Morgen, aber die findet inzwischen vormittags statt. Dabei sind das alles tolle Ausflugsziele, wirklich!«

»Ich habe heute aber irgendwie keine Lust, aus dem Haus zu gehen.« Jan zuckt mit den Schultern, so als ob das die Erklärung für seine schlechte Laune wäre. »Darf ich mich nicht einfach mal entspannen?«

»Ja klar, das ist natürlich kein Problem. Ich dachte bloß, wir unternehmen noch was Schönes. Immerhin ist das unser letzter gemeinsamer Tag hier, bevor du zu deinem Projekttreffen fährst.« Katie überlegt kurz, dann lenkt sie ein: »Na gut, wir können es uns ja im Ferienhaus gemütlich machen. Wir zünden den Kamin an und machen es uns so richtig *hyggelig* ...«

Doch da unterbricht Jan sie: »Nicht schon wieder! Du immer mit deiner komischen *Hygge*!«

Perplex sieht Katie ihren Freund an: »Was hast du denn?« Sie versteht so langsam gar nichts mehr. »Du hast doch gesagt, dass du im Haus bleiben und dich entspannen möchtest. Ich will es doch nur ein bisschen gemütlich haben. Und wenn wir ein Feuer im Ofen machen, wird es auch schön warm.«

»Aber das nervt! Ach Katie, ich weiß doch auch nicht ... Dieser ganze *Hygge*- und Dänemark-Kram. Mir ist das einfach zu viel! Soll das jetzt ewig so weitergehen, womöglich jeden Urlaub oder auch zu Hause? Vielleicht ist das einfach nichts für mich. Du kannst dir ja gerne in einem fort Wollsocken anziehen, Softeis essen und durch Kurven fahren – aber ich brauche das alles nicht, um einen schönen Urlaub zu verbringen!«

»Wollsocken? Aber ich habe doch schon erklärt ...« Katie fehlen die Worte; jetzt ist sie den Tränen nahe. Was ist nur in Jan gefahren? Warum ist er auf einmal so abweisend? Und was soll die Bemerkung über zukünftige Urlaube? Zugegeben, Katie hatte gehofft, dass es Jan in ihrem Lieblingsland genauso gut gefallen würde wie ihr. Natürlich wünscht sie sich, dass sie weiterhin gemeinsam in den Urlaub fahren, und auch gerne nach Dänemark. Überhaupt hat sie in letzter Zeit in ihren Diskussionen mehr Verbindlichkeit in ihrer Beziehung eingefordert, Jan hingegen hat sich ihren Vorschlägen gegenüber eher zögerlich verhalten. Eigentlich hat Katie angenommen, dass sich die gemeinsame Zeit in Dänemark positiv auf ihre Beziehung auswirken und der Rest sich dann schon ergeben würde. Umso mehr trifft sie Jans Bemerkung.

Doch Jan scheint selbst zu merken, dass er zu weit gegangen ist. Etwas lasch sagt er: »Ach, ich bin echt müde. Vielleicht brauche ich auch einfach mal ein bisschen Zeit für mich. Jedenfalls lege ich mich jetzt ins Bett und sehe mir einen Film auf dem Laptop an.«

Mit diesen Worten verschwindet er durch die Schlafzimmertür. Katie guckt ihm betroffen hinterher. »Vielleicht ist es ganz gut, dass du morgen fährst«, sagt sie leise zu seinem Rücken.

Det skal nok gå

In Dänemark übers Wetter meckern? Ein totales No-Go, lieber Jan, und absolut zwecklos obendrein. Denn natürlich kann es auch im Sommer in Dänemark gelegentlich regnen. Das ist sogar gar nicht so selten: Im Juni, Juli und August weisen die Statistiken mit schöner Regelmäßigkeit zehn Tage mit Niederschlag aus, die Sonne hingegen zeigt sich zwischen 6,0 und 7,7 Stunden pro Tag in diesen Sommermonaten. Das bedeutet, dass es etwas über die Hälfte der Zeit bedeckt ist, in der Regel bei mäßigem Wind. Das mittlere Temperaturmaximum liegt bei 18,5 °C, das mittlere Temperaturminimum bei 11,6 °C. Zwar kennen die Dänen auch gelegentliche Hitze- und Trockenperioden wie den ›Jahrhundertsommer 2018‹, doch das ist die absolute Ausnahme.

Dänemark ist nun mal nicht Mallorca – und das ist auch gut so. Bei einer frischen Brise kommt immerhin kein Föhn auf, und drückende Schwüle gibt es in unserem Nachbarland nur ganz selten. Entsprechend ist es klug, bei einem Dänemarkurlaub seine Erwartungen an die allgemeine Wetterlage anzupassen und die Feste zu feiern, wie sie fallen, oder eben die Sonne zu genießen, wenn sie scheint. Genau das ist es nämlich, was die Dänen tun: Sie sind das ›nordische‹ Wetter gewohnt, und so ist es auch nicht erstaunlich, dass sie bereits bei wolkenfreiem Himmel und Temperaturen von 15 °C in T-Shirts und Shorts herumlaufen. Dabei betonen sie, was doch heute für ein schöner Tag sei, wie wunderbar die Sonne vom Himmel lache und was für ein Glück sie in Dänemark mit dem Wetter haben. Angesichts der ersten Sonnenstrahlen im Frühjahr werden die Stühle nach draußen vors Café und zu Hause auf die Terrasse gestellt und die Picknickkörbe für einen Ausflug ins Freie gepackt. Denn auch das ist echte *Hygge* in Dänemark!

Zudem sind unsere nordischen Nachbarn hartgesotten: Während die deutschen Gäste nicht einmal fröstelnd ihren Zeh ins Wasser halten, gehen viele Dänen bereits an Neujahr fröhlich zum Winterbaden und anschließend gerne in die Sauna.

EIN SAUNABESUCH IN DÄNEMARK

Die Dänen nutzen die Sauna wirklich häufig, viele Ferienhäuser, Hotels und auch Schwimmbäder bieten dieses Vergnügen an. Allerdings sind die Saunen meist kleiner und schmuckloser, als die Feriengäste das vielleicht aus Deutschland kennen. Ganze Saunalandschaften mit verschiedenen Arten von Saunen sind selten. Ebenso wird oft auf Ruheräume verzichtet, und ein Besuch der öffentlichen Sauna ist somit meist nach zwei Stunden vorbei.

Zudem gibt es eine Besonderheit, die deutsche Gäste beachten sollten, wenn sie sich in der Sauna nicht fehl am Platz fühlen möchten: Die Dänen behalten beim Saunieren ihre Badebekleidung an und zeigen sich eher irritiert angesichts deutscher Touristen, die textilfrei erscheinen. Deshalb ist es zumindest in öffentlichen Saunen angebracht, die Badehose oder den Bikini anzuziehen – in der privaten Ferienhaussauna hingegen kann natürlich jeder tun und lassen, was er oder sie möchte.

Regnet es im Königreich, passen sich die Dänen stoisch den Wetterverhältnissen an und klagen nicht. Pragmatisch greifen sie auf Regenjacke und Gummistiefel zurück und lassen sich auch bei starkem Gegenwind nicht davon abhalten, ihr liebstes Fortbewegungsmittel, das Fahrrad, zu benutzen. Denn das Sprichwort »Es gibt kein schlechtes Wetter, nur schlechte Kleidung« existiert auch im Dänischen *(»Der findes intet der hedder dårligt vejr, kun dårligt påklædning«)* und ist hier gelebte Realität. Wenn die Dänen jedoch eines nicht leiden können, dann ist es Meckern, Jammern und Motzen.

Denn das Wetter kann ohnehin keiner ändern – die eigene Einstellung hingegen schon.

Also, lieber Jan, nicht klagen, sondern rausgehen! Nach einem Strandspaziergang mit ordentlich Wind und Nieselregen ist es am heimischen Kamin mit einem heißen Kakao in der Hand umso gemütlicher.

18 IST EIN ABSCHIED EIN NEUER ANFANG?

GELASSENHEIT UND OPTIMISMUS ALS LEBENSPRINZIP

»Puh!« Katie atmet laut aus. Sie sieht dem alten Kombi hinterher, der mit leicht überhöhter Geschwindigkeit den Feldweg hinunter hoppelt, dann in die 181 einbiegt, wo Jan Gas gibt und verschwindet. Es ist schon hell, und der Morgenwind streicht Katie kühl übers Gesicht.

Sie fröstelt. Der Abschied eben ist doch emotionaler ausgefallen, als sie erwartet hat, jedenfalls von ihrer Seite. Ob Jan auch diesen dumpfen Schmerz empfunden hat, als er weggefahren ist? Vielleicht nicht. Wegfahren ist ja immer leichter als Zurückbleiben, sagt Katie sich. Und überhaupt ist es gut, dass sie jeder mal ein bisschen Zeit für sich haben. Der Abstand wird ihnen guttun. Das würde sie sich die nächsten Tage immer wieder vor Augen halten. Und auch nicht anrufen! Das muss er nach diesem Abgang schon tun, der Stoffel.

Katie seufzt. Warum ist das manchmal bloß so schwierig mit ihnen beiden? Eigentlich verstehen sie sich doch gut – na ja, bis auf dass sie immer wieder wegen irgendwelcher Kleinigkeiten aneinandergeraten. Wie Jan sie wegen ihrer Dänemarkliebe aufgezogen hat! Ständig hat er sich in den letzten Tagen über *softis*, *Hygge* und Co lustig gemacht. Katie fragt sich, wie Jan mit seinen dänischen Kollegen klarkommen wird. Die kann er wohl nicht so ohne Weiteres vor den Kopf stoßen. Schließlich muss er mit ihnen zusammenarbeiten, für dieses wichtige, grenzübergreifende deutsch-dänische IT-Projekt. Die meisten der Mitarbeiter im Projekt sind, soviel Katie weiß, hier ja auch zu Hause, also ›echte‹ Dänen. Ob sie Jan wohl ein bisschen mehr dänisches Lebensgefühl vermitteln können?

Vielleicht sollte sie das auch alles etwas gelassener sehen. »*Det skal nok gå!*«, würde Hanne sagen, ihre Freundin, die zwar aus Deutschland kommt, jetzt aber schon viele Jahre hier mit ihrer Familie in der Nähe von Hvide Sande lebt. Auf sie hat die dänische *Hygge* definitiv abgefärbt. Katie freut sich schon riesig, sie bald wiederzusehen. Überhaupt wird sie sich jetzt eine schöne Zeit machen und ihr Stück vom Glück in Dänemark ohne Wenn und Aber genießen, und auch ohne Jan. *Slut nu* – jetzt ist Schluss mit dem Liebeskummer!

Katie geht zurück ins Ferienhaus, nimmt sich viel Zeit, um in Ruhe zu duschen und sich fertig zu machen. Dann holt sie das Fahrrad aus dem Schuppen. Wie schön, dass sie die Räder, die zum Ferienhaus gehören, einfach mitbenutzen dürfen! Das liebt sie so an Dänemark: Alle gehen erst mal davon aus, dass man gut und pfleglich mit den Sachen umgeht, und stellen sie daher gerne zur Verfügung. Im Schuppen stehen zudem ein Bollerwagen, etwas Kinderspielzeug für draußen und ein Grill. Vielleicht können sie, wenn Jan zurück ist, ja einmal Fisch grillen? In Hvide Sande gibt es ein hervorragendes Fischgeschäft, da bekommen sie bestimmt etwas Geeignetes.

Ach nein, sie will ja nicht mehr an Jan denken! Katie steigt auf das stabile Damenrad mit dem Korb vorne am Lenker und tritt ordentlich in die Pedale. Die ersten Meter geht es bergab, der Wind pustet ihr ins Gesicht und die Haare fliegen, aber ach, tut das gut!

Det skal nok gå

Ob das typisch dänische *»Det skal nok gå!«* Katie hier weiterhelfen wird? »Das wird schon werden« bzw. »Das klappt schon« ist auf jeden Fall eine Einstellung, die zur Gelassenheit rät, die Nerven schont und einen positiv in die Zukunft blicken lässt. Und das ist sehr hilfreich im Leben!

Vielleicht hat es auch etwas von gesundem Pragmatismus an sich: Manche Dinge sind nicht zu ändern – dann kann man sie auch hinnehmen und das Beste daraus machen. Immer nur auf das Schlechte zu schauen hilft niemandem weiter, warum also nicht auch das Gute an der Sache sehen und sich darauf konzentrieren?

Zudem regen sich die Dänen nicht gerne auf; Nörgeln und Meckern ist nicht ihr Ding. Im Gespräch unterhalten sie sich lieber über die positiven Seiten des Lebens und neigen dazu, sich – wenn überhaupt – nur im Stillen zu ärgern und Konflikten aus dem Weg zu gehen. Wozu streiten? Vieles erledigt sich schließlich ohnehin von allein!

Diese Einstellung kommt auch ihrem Harmoniebedürfnis entgegen, wie Jan noch bei den wichtigen Entscheidungen, die das bilaterale Projekt betreffen, in dem er arbeitet, erfahren wird. Gerne werden in Unterhaltungen oder Diskussionen Einvernehmen und Zuversicht gesucht und geäußert. Oberstes Gebot ist es, höflich und gelassen zu bleiben, alles andere ist übrigens auch schrecklich ungesund.

»Det skal nok gå« drückt ein Grundvertrauen aus, dass sich die Widrigkeiten und Probleme des Lebens schon lösen lassen werden. Dieses Vertrauen setzt sich im Umgang mit den Mitmenschen fort: Wie Katie richtig bemerkt, gehen die Dänen grundsätzlich davon aus, dass niemand einem anderen etwas Böses will und dass mit den Dingen, die der Gemeinschaft zugutekommen, pfleglich und verantwortungsbewusst umgegangen wird. Diese Einstellung macht es ihnen unter anderem möglich, auch sehr persönlich und mit viel Liebe eingerichtete Ferienhäuser an Fremde zu vermieten und

ihnen Fahrräder, Boote und andere durchaus wertvolle Dinge anzuvertrauen.

Als Urlauber sollte man dieses Vertrauen zurückgeben und sich nicht wie die Axt im Walde aufführen – weder in der Kommunikation noch im Umgang mit dem Eigentum anderer. Statt zu denken »Ach, den sehe ich ja nie wieder« oder »Wir fahren in fünf Tagen ohnehin wieder weg«, sollte man sich geehrt fühlen, in einem Land, in dem die Welt in vielen Bereichen noch in Ordnung zu sein scheint und die Bewohner trotz aller Holprigkeiten und Herausforderungen des Lebens an das Gute im Menschen glauben wollen, zu Gast sein zu dürfen, und sich entsprechend verhalten. Das ist übrigens auch viel netter und macht mehr Spaß, als als Miesepeter durchs Leben zu laufen! Vielleicht färben die dänische Grundhaltung der Gelassenheit sowie der nordische Optimismus ja ein bisschen ab, und es wird einer der erholsamsten Auslandsaufenthalte, den Sie je hatten?

19 GUT VORANKOMMEN MIT DEM FAHRRAD?

DIE WICHTIGSTE FORTBEWEGUNGSART IN DÄNEMARK

Hui, ganz schön böig! Katie muss sich angesichts des kräftigen Windes ziemlich anstrengen, um auf dem Radweg neben der 181 Richtung Norden vorwärts zu kommen. Gut, dass sie ihre langen blonden Haare in einem Pferdeschwanz gebändigt hat, sonst wären die schon längst ein wildes Gewuschel. Das Duschen hätte sie sich jedenfalls sparen können, sie schwitzt bereits. Na ja, dann ist das hier halt ihr heutiger Sport. Und würde der Gegenwind sie nicht umso stärker kühlen, je mehr Tempo sie machte? Unwillkürlich muss Katie wieder an Jan denken: Für Radfahrer gibt es keine eigene Geschwindigkeitsbegrenzung in Dänemark, das würde ihm gefallen. Mist, wenn sie diesen Kerl nur aus ihrem Hinterkopf bekäme!

Katie strengt sich noch mehr an, um voranzukommen. Sonst ist Bewegung doch auch ihr Allheilmittel gegen Grübeleien! Nur ist es nicht gerade förderlich, dass ihre Mascara von den Tränen verschmiert, die ihr der Wind in die Augen treibt. Sie hält kurz an, zieht ein Taschentuch heraus und betreibt Schadensbegrenzung. Dann eben ein natürlicher Look, das kommt hier an der Westküste sowieso viel besser an.

Die Sonnenbrille hätte sie jedoch mitnehmen sollen, die hätte ihre Augen nicht nur vor dem Wind, sondern auch vor der starken Sonneneinstrahlung in der Nähe des Wassers geschützt. Und vielleicht eine Regenjacke? Momentan knallt zwar die Sonne vom Himmel, doch da hinten ziehen ein paar dicke Wolken auf, und der Wind kann sie schnell vorantreiben. Das Wetter wechselt in Dänemark generell sehr häufig, macht Katie sich noch einmal bewusst. Das hat jedoch auch sein Gutes, denn auf Regen folgt tatsächlich oft Sonnenschein, das durfte sie schon mehrmals erfahren. Während ihres letzten Aufenthalts in Vejers, einem kleinen Ort etwas weiter südlich an der dänischen Nordseeküste, hat Katie bei einem solch abrupten Übergang von Starkregen zu Sonnenschein einmal einen wunderschönen Regenbogen gesehen, der über den gesamten Strand hinweg bis in die Dünen reichte. Ein toller Anblick!

Puh, der Gegenwind aus Nordwest ist echt erheblich! Katie strampelt sich ganz schön einen ab und rechnet im Stillen bereits mit einem ordentlichen Muskelkater am nächsten Morgen. Manchmal kommen die Böen von der Seite, bei den heftigsten schwankt ihr Fahrrad sogar ein bisschen. Gut, dass es hier neben der Hauptstraße so einen hervorragend ausgebauten, breiten Fahrradweg gibt, das verschafft ihr ein sicheres Gefühl beim Fahren. Sogar zweispurig, mit Trennstreifen für den Gegenverkehr in der Mitte! Überhaupt ist der Fahrradweg Nr. 1 eine schöne Route, findet Katie. Theoretisch könnte sie dem Nordseeküsten-Radweg *(Vestkystruten)* bis hinauf nach Nordjütland und nach Skagen an die Spitze Dänemarks folgen.

Doch jetzt erreicht sie erst einmal ihr Ziel: Vestkystens Gårdbutik, einen Bio-Bauernhof mit angeschlossenem Hofladen und Café, in dem hausgemachtes Eis und regionale Köstlichkeiten angeboten werden.

EIN TREND IN DÄNEMARK: HANDGEMACHT, BIO UND VEGAN

Es ist ein Trend der letzten Jahre, der nicht nur Katie gefällt: In Dänemark sprießen immer mehr kleine, inhabergeführte Läden, Boutiquen, Hofcafés und Lebensmittelgeschäfte mit landestypischen Waren aus dem Boden, die ganz nah an der Produktion ihrer Erzeugnisse dran sind.

Massenware und ›Made in China‹ sind out; stattdessen besinnen sich die Dänen auf alte Familienrezepte und handwerkliche Traditionen, die jedoch mit modernen Methoden umgesetzt und im Sinne von Umweltbewusstsein, Achtsamkeit und Ressourcenschonung angewandt werden. Teils werden die Artikel selbst designed, fabriziert und mit entsprechendem Stolz präsentiert. Oft sind die Produkte regional und saisonal, bio, vegetarisch oder sogar vegan. Dabei sind es vielmals die ›jungen Wilden‹, die sich auf ursprüngliche und naturnahe Werte, Produktions- und Lebensweisen besinnen und diese so umsetzen, dass sie sie an ihre Kunden weitergeben können.

Katie muss lächeln. Jan hätte hier vielleicht die Nase kraus gezogen und ein bisschen gespöttelt, er steht mehr auf klassische Hausmannskost und Fleisch. Obwohl, im Hofladen wird auch das Qualitätsrindfleisch der hofeigenen Tiere verkauft, ebenso wie selbstgemachte Wurst. Die schmeckt so lecker! Das weiß Katie noch aus vorangegangenen Urlauben. Doch jetzt gönnt sie sich erst einmal einen Kaffee und ein Eis, das hier nach eigenem Rezept und mit Bio-Zutaten produziert wird. Nach all der Strampelei hat sie sich das mehr als verdient!

Det skal nok gå

Mit dem Fahrrad ist man in Dänemark gut unterwegs! Das gilt nicht nur für ausgedehnte Fahrradtouren im Urlaub, so wie bei Katie, oder für das sportliche Training mit dem Rennrad oder Mountainbike, sondern auch für den ganz normalen Alltag. Denn auch da ist das Fahrrad tatsächlich das wichtigste Verkehrsmittel der Dänen. Radfahren ist eine gern genutzte Möglichkeit, um zur Schule, zur Uni, zum Arbeitsplatz, zum Einkaufen und überall sonst hinzukommen, und das in den großen Städten ganz ohne Parkplatzsorgen.

Viele Großstadtbewohner und Studierende verzichten sogar ganz auf den Gebrauch von Auto, Roller & Co und legen sich stattdessen einen richtig guten Drahtesel zu. Familien mit Kindern benutzen oft ein Lastenrad bzw. einen großräumigen und hinreichend sicheren Fahrradanhänger.

Dementsprechend gibt es in Dänemark sehr gut ausgebaute Fahrradwege, in den großen Städten sogar richtige Schnellstraßen für Fahrradfahrer. Entsprechend priorisiert werden der Ausbau und der Erhalt des Radwegenetzes. Moderne und umweltfreundliche Mobilität ist ein politisch gewolltes und von einer breiten Mehrheit getragenes Ziel, das konsequent umgesetzt wird. Beispielsweise werden bei einem der seltenen Wintereinbrüche mit Schneefall in Kopenhagen zuerst die Fahrradwege geräumt. Das ist nur klug, denn der innerstädtische Verkehr würde sofort zusammenbrechen, wenn alle Fahrradfahrer plötzlich auf das Auto umsteigen müssten.

Wichtig ist, sich im Radverkehr in Dänemark an die grundlegenden Verkehrsregeln zu halten – denn die gelten auch für Radfahrer. So ist das Telefonieren mit dem Handy während der Fahrt verboten. Und obwohl es keine Geschwindigkeitsbegrenzung gibt, wie Katie ganz richtig feststellt, ist es dennoch ratsam, sein Fahrverhalten den örtlichen und wettertechnischen Gegebenheiten anzupassen und nur so schnell zu fahren, dass eine Bremsung im Notfall jederzeit möglich ist.

Bei Dunkelheit und schlechten Wetter- bzw. Sichtverhältnissen muss das Licht am Fahrrad angeschaltet werden. Dieses muss natürlich funktionstüchtig sein, ebenso wie die Bremsen, was tatsächlich gelegentlich von der Kopenhagener Polizei aus Gründen kontrolliert wird. Radwege müssen benutzt werden, wenn vorhanden, und zwar nur in der richtigen Richtung. Die Fußwege sind für Fahrradfahrer prinzipiell tabu, es sei denn, sie sind anders gekennzeichnet.

Die Dänen verwenden beim Radfahren klare Handzeichen, und Gäste im kleinen Königreich sollten dies ebenfalls tun, um Kollisionen und Unfälle zu vermeiden. Wer anhalten möchte oder die Fahrt deutlich verlangsamt, signalisiert dies durch eine senkrecht hochgehaltene Hand. Auch das Abbiegen nach links oder rechts wird deutlich angezeigt. Aber Achtung, direktes Linksabbiegen ist, anders als in Deutschland, verboten. Stattdessen fahren Radfahrer auf der rechten Seite geradeaus über die Kreuzung, halten an der gegenüberliegenden Ecke an, lassen den Geradeausverkehr passieren und setzen dann ihren Weg über die Kreuzung in die neue Richtung fort.

Faxen auf dem Fahrrad oder ernsthafte Verstöße gegen die genannten Regeln ziehen hohe Bußgelder nach sich, die denen für Autofahrer kaum nachstehen (siehe Kapitel 4). Also lieber rücksichtsvoll radeln – das macht auch mehr Spaß!

20 WIE GEHE ICH MIT DEN BUNKERN UM?

ZEUGNISSE DEUTSCH-DÄNISCHER GESCHICHTE

Wie schön das hier ist! Nachdem Katie in dem zauberhaften Hofladen ausgiebig gestöbert und ein paar Mitbringsel für die Daheimgebliebenen eingekauft hat, tritt sie wieder hinaus in die pralle Sonne. Der Wind ist abgeflaut, das Licht flimmert über den Dünen und Katie hat plötzlich Lust, nicht gleich weiter zu radeln, sondern zuerst noch einmal zum Strand zu laufen. Das Fahrrad lässt sie bei Vestkystens Gårdbutik stehen. Sie hat zwar kein Schloss dabei, doch das Rad würde hier schon keiner klauen. Durch den auffälligen Korb am Lenker kann man das Fahrrad zudem nicht so leicht verwechseln, und sie ist schließlich in Dänemark!

Der Spaziergang durch die weitläufige Dünenlandschaft ist nach der Fahrradtour eine willkommene Abwechslung. Hier ist es etwas einsamer als bei ihnen im Ferienhausgebiet. Die Häuser sind etwas dünner gesät und stehen weiter auseinander. Sie sind in ganz unterschiedlichen Farben gestrichen, und Katie genießt es, im Vorbeigehen zu gucken und zu überlegen, in welchem Haus sie gerne wohnen würde. Das hat sie schon als kleines Kind, als sie mit ihren

Eltern nach Dänemark gereist ist, gerne gemacht! Zwar weiß man nie, wie es von innen aussieht, doch die bunten, individuell gestalteten Häuschen laden einfach zum Träumen ein.

Je näher Katie dem Strand kommt, desto öfter sieht sie Bunker oder Teile von ihnen aus den Dünen hervor lugen. Manchmal ist ein Grundstück deswegen abgesperrt, gelegentlich warnt auch ein Schild vor dem Betreten, oft jedoch sind keine Begrenzungen oder Zugangssperren zu sehen. Auch wenn Katie ein bisschen neugierig ist, wie es im Innern der Bunkeranlagen aussieht, hält sie sich lieber zurück und versucht nicht, hineinzuklettern. Sie hat keine große Lust, unverhofft ins Leere zu treten oder sich gar den Knöchel zu verknacksen, denn völlig gefahrlos sehen die teils bröckelnden Bunker und ihre rostigen Stahlteile nicht aus. Also folgt sie den Pfaden, die um die Betonklötze herum führen, und kommt so bald zum Strand.

Am Wasser angekommen, sieht Katie sich um. Diese Weite! Der wunderschöne breite Sandstrand scheint sich rechts und links von ihr bis in die Unendlichkeit zu erstrecken. Sie ist immer wieder begeistert davon; ganz egal, wie oft sie in Dänemark am Meer ist. Auch hier im nördlichen Teil von Houvig ist kaum ein Mensch zu sehen, obwohl ja jetzt Urlaubssaison ist. Nur die Bunker stören ein bisschen, findet Katie. Ein paar stehen am Strand, einige am oder im Wasser, und andere nahe der Dünenkette.

Doch ›verschandeln‹ sie die einzigartige Landschaft wirklich, wie manche der Touristen sagen? Einige der Bunker sind mit gesprayten Illustrationen und Tags überzogen und zeichnen sich als bunte Farbkleckse vor dem Blau des Meeres und der hellen Strandlandschaft ab. Andere zeugen grau und rostig von den düsteren Tagen der deutsch-dänischen Geschichte.

Katie wird nachdenklich. Eine Freundin hat ihr einmal erzählt, dass sie die Bunker am Strand von Dänemark lange Zeit als hässlich und störend empfunden hat und ihr erst beim Betrachten der sogenannten Maultier-Bunker am Strand von Blåvand klar geworden ist, dass man sie auch als Mahnmale und Kunstwerke sehen kann. Diese Sichtweise ist eine Überlegung wert, findet Katie.

MAULTIERE ALS ZEUGEN DER GESCHICHTE UND AUSDRUCK NEUER HOFFNUNG

Sie sind einen Besuch wert: die Bunker am Strand von Blåvand, die an dem Abschnitt zwischen Skippervej und Lille Strandvej liegen. Zwar sind sie noch als Bunker erkennbar, jedoch hat sie der Künstler Bill Woodrow auf wundersame Weise verwandelt: Er stattete sie mit Metallköpfen und -schweifen aus, die alsbald von einer rotbraunen Rostschicht überzogen waren. So stehen sie dort seit 1995, als sich die Befreiung Dänemarks zum 50. Mal jährte. Von Weitem wirken sie wie Esel oder Maultiere; letztere Wahrnehmung entspricht der Intention des Künstlers.

Denn die transformierten Betonklötze sollen zum einen als Zeugen des Zweiten Weltkriegs an die Schrecken der Geschichte erinnern und davor warnen, dass diese sich jederzeit wiederholen könne. Als Maultiere und somit Angehörige einer Gattung, die sich nicht fortpflanzen kann, drücken sie aber auch zugleich die Hoffnung aus, dass solche Zeiten vorbei sind und die Menschen heutzutage zuversichtlich in die Zukunft blicken. Diese liegt offensichtlich im Meer, dem die Köpfe der Skulpturen zugewandt sind.

Natürlich sieht das nicht jeder so. Manche Urlauber nutzen die Bunker auch ganz pragmatisch als Schattenspender oder Windschutz. Andere Dänemarkreisende unternehmen richtige Erkundungs- und Klettertouren darin und darauf. Katie weiß zudem, dass in der Gegend um Houvig Bunkerführungen angeboten werden, bei denen historisch fundiert Auskunft zum Bau und zur Nutzung der Festungsanlagen während des Zweiten Weltkriegs gegeben wird. Daran will sie gerne in Zukunft einmal teilnehmen, denn eine Auseinandersetzung mit diesem Teil der deutsch-dänischen Geschichte empfindet sie als wichtig.

Schön, dass hier im Urlaubsgebiet, in das jedes Jahr Tausende von Touristen strömen, etwas für die Aufarbeitung der deutsch-dänischen

Vergangenheit getan wird, denkt sie. Etwas weiter südlich ist zudem vor Kurzem das Tirpitz Museum neu eröffnet worden. Katie hat in der Zeitung gelesen, dass unter Einbezug einer alten Bunkeranlage mit einer futuristischen Konstruktion aus Glas, Metall und Beton ein wahres architektonisches Meisterwerk erschaffen wurde. Da muss sie noch mal mit Jan hin – ach nein, sie will ja nicht mehr an den Kerl denken, jedenfalls eine Weile nicht.

Doch jetzt Schluss mit den Grübeleien! Katie streift die Schuhe ab. Sie möchte zumindest noch mal mit den Füßen ins Wasser, bevor sie sich auf den Rückweg zum Hofladen macht und ihre Fahrradtour fortsetzt.

Det skal nok gå

Die Bunker, auf die Katie bei Houvig stößt, sind an der dänischen Nordseeküste keine Seltenheit. Von Blåvand in Süddänemark bis hoch in den Norden bei Thyborøn bildeten sie einen Teil des sogenannten Atlantikwalls, der während des Zweiten Weltkriegs erbaut wurde und als Verteidigungslinie das von den Deutschen besetzte Dänemark gegen eine Invasion der Alliierten sichern sollte.

15.000 Bunker hatte Adolf Hitler angeblich geplant, ca. 7.000 Stück wurden von der Wehrmacht errichtet, unter anderem mithilfe dänischer Arbeitskräfte, und etwa 6.000 existieren noch. Teils stehen sie am Strand und teils in den Dünen. Einige wurden von den Fluten unterspült oder befinden sich inzwischen sogar unter Wasser, weshalb man an Stellen, an denen ein gelbes Kreuz am Strand eine Gefahrenstelle kennzeichnet, lieber nicht baden gehen sollte.

Die Entstehung dieser Befestigungsanlagen sowie die deutsch-dänische Geschichte während des Zweiten Weltkriegs werden, wie Katie richtig anmerkt, im 2017 neu eröffneten Tirpitz Museum bei Blåvand aufgearbeitet. Dort wurde die ehemalige Tirpitz-Stellung in einen futuristisch anmutenden und architektonisch hochgelobten Museumsbau integriert. Die Ausstellung ist darauf angelegt, die Besucher auf eine Zeitreise mit in die Vergangenheit zu nehmen, damit sie sich intensiv mit den damaligen Geschehnissen auseinandersetzen können. Ein Besuch ist jedem Gast im dänischen Königreich zu empfehlen, da diese Geschichte bis heute nachwirkt und über Generationen hinweg einen intensiven Aufarbeitungsprozess zur Folge hat, der noch lange nicht abgeschlossen ist.

Stoßen Spaziergänger am Strand, in den Dünen oder seltener im Hinterland in Dänemark auf Bunker, sollten sie sie auf keinen Fall betreten. Denn hier lauert zum einen das Fettnäpfchen der Eigentumsverletzung bzw. des unbefugten Betretens eines Privatgrundstücks. Tatsächlich sind die Bunkeranlagen in Dänemark Eigentum derjenigen, denen das jeweilige Stück Land gehört, und dürfen nur mit entsprechender Führung oder aber im Rahmen des Besuchs einer offiziellen Bunkerausstellung, wie es sie z. B. bei Hirtshals gibt, begangen werden. Zum anderen besteht eine hohe Verletzungsgefahr in den oft dunklen und von rostigen Metallteilen durchzogenen Befestigungsanlagen. Und wer will schon seinen Dänemarkaufenthalt im Krankenhaus verbringen?

21 WAS BEDEUTET *KRYDSENDE* CYKLISTER?

KREUZENDE RADFAHRER UND EIN APFELKUCHEN, DER KEINER IST

Katie steigt auf ihr Fahrrad, das tatsächlich noch genau da steht, wo sie es zurückgelassen hat. Jetzt ist es Zeit für den Rückweg! Doch auch, wenn sie ihre Beine deutlich spürt, hat sie nach dem kleinen Strandausflug schon wieder Lust aufs Radeln.

Deshalb macht sie auch noch einen Extra-Schlenker über den kleinen Ort Kloster, der etwas im Landesinneren liegt, auch wenn sie ahnt, dass der morgige Muskelkater dadurch nicht unbedingt geringer ausfallen wird. Doch dort gibt es so einen schönen Laden, in dem tolle dänische Dekoartikel angeboten werden und man Kerzen ziehen kann. Jetzt, wo Jan nicht dabei ist, kann sie wenigstens mal in Ruhe stöbern, ohne sich seine spöttischen Bemerkungen anhören zu müssen. Das wird sie nutzen!

Vielleicht ist es ja doch ganz gut, dass sie noch nicht zusammenwohnen, denkt Katie, sie haben schließlich einen ganz unterschiedlichen Geschmack. Während Jan es eher pragmatisch und minimalistisch hält – er kann auch monatelang mit einer nackten Glühbirne an der Decke leben, Katie hat es selbst gesehen –, mag sie es lieber üppig dekoriert und verspielt.

Dafür ist sie in der *butik* (Boutique) in Kloster genau richtig! Ganz in Ruhe betritt sie das wunderschön ausgestattete Geschäft, in dessen hinterem Teil die großen Fässer mit heißem Kerzenwachs auf die Besucher warten. Sie schlendert gemütlich durch die Reihen mit Glaskunst und Keramik und schaut sich gründlich um. Nachdem sie im Hofladen vorhin bereits einiges eingekauft hat, hält sie sich hier zwar zurück, doch einige Kerzen und ein Holzkranz, den man je nach Jahreszeit und Gelegenheit mit verschiedenen Dekoelementen bestücken kann, müssen dennoch mit. Und ein *øllefant*, Dänemarks bekanntester – und niedlichster, wie Katie findet – Bieröffner, in dem sich die Begriffe *øl* (Bier) und *elefant* (Elefant) zu einem großartigen, funktionalen Designerstück verbinden. Natürlich nicht für Jan – Katie verbietet sich wieder jeglichen Gedanken an ihn –, sondern für ihren besten Studienkumpel Matze, mit dem sie eine Zeit lang in einer Kieler Studenten-WG zusammengewohnt hat.

Jetzt noch einen leckeren, warmen Apfelkuchen! Für die hausgemachte Spezialität ist Charly's Café, das direkt neben dem Ladengeschäft liegt, berühmt, auch wenn es hier nicht den typisch dänischen *æblekage* gibt, sondern eine anders geartete Variante, die nach einem alten Familienrezept gebacken wird.

Mit dem *æblekage* im Original hat Katie übrigens mal eine lustige Geschichte erlebt: Als sie in einem *hyggeligen* kleinen Café an Bornholms Nordküste bei Gudhjem gerade mit dem Essen fertig geworden war, setzte sich eine deutsche Familie an den Nachbartisch und bestellte *æblekage*, was wörtlich übersetzt ja ›Apfelkuchen‹ heißt. Doch als die dänische Leckerei nicht auf Tellern, sondern in Gläsern an den Tisch kam, gab es erstaunte Gesichter. »Das ist ja gar kein Kuchen!«, bemerkte der Familienvater, der bereits hungrig die Gabel gezückt hatte, überrascht. Erwartet hatte er wohl einen ›richtigen‹ Kuchen mit gebackenem Teig und Äpfeln obendrauf; stattdessen bekam er eine Art Schichtdessert. Das jedoch äußerst schmackhaft ist, wie Katie weiß, und was auch durch die begeisterten »Aaahs«, die den überraschten »Ooohs« am Nebentisch folgten, bestätigt wurde.

Der Apfelkuchen in Charly's Café mundet Katie ebenfalls hervorragend, und sie verlässt Kloster satt und zufrieden. Jetzt noch auf dem Rückweg die angefutterten Kalorien wieder abstrampeln! Da Katie diesmal Rückenwind hat, kommt sie gut voran und genießt den Ausblick auf die ländliche Umgebung.

Diesmal nimmt sie ganz bewusst die kleineren Wege und Straßen. Wie immer, wenn sie in Dänemark mit dem Rad unterwegs ist, liest sie im Vorbeifahren die Straßen- und Verkehrsschilder. Deren Bedeutung ist zwar auch ohne Dänischkenntnisse einigermaßen leicht zu erraten, unterscheidet sich aber dennoch um einiges von den deutschen. Am liebsten mag sie das Schild, auf dem ›*Krydsende cyklister*‹ steht, das klingt schon so süß. Viel schöner als ›Achtung, Radfahrer!‹, wie man in Deutschland wohl zu den ›kreuzenden Radfahrern‹ sagen würde. Doch das hört sich in Katies Ohren viel zu nüchtern an, wohingegen die dänische Bezeichnung die schwer berechenbaren Bewegungen der Radler viel anschaulicher zum Ausdruck bringt.

MAGERITENROUTE

Ein äußerst sympathisches Schild am Straßenrand begegnet Katie sicher auch in der Nähe von Kloster: eine weiße Blume mit gelbem Mittelpunkt auf braunem Grund. Es weist auf die Mageritenroute hin, die sich jenseits der Hauptverkehrsstraßen durch das dänische Königreich schlängelt. Sie kennzeichnet besonders schöne Strecken und solche mit vielen Sehenswürdigkeiten sowie Naturerlebnissen und bietet sich deshalb als Ausflugsroute an. Man kann die gesamte Strecke jedoch auch in einem Rutsch durchfahren. Oft verläuft die insgesamt über 3.500 Kilometer lange Margeritenroute auf kleinen Nebenstrecken, auf denen das Fahrerlebnis noch *hyggeliger* ausfällt als ohnehin schon. Wer sich in Dänemark treiben lassen und das Land entdecken will, ist auf dieser Route auf jeden Fall richtig.

Ach ja, denkt Katie, vieles ist in Dänemark so viel einfacher als zu Hause. Pragmatisch und trotzdem liebevoll werden hier die Dinge geregelt; sie mag einfach die gesamte Mentalität. Oder liegt das nur daran, dass sie stets als Feriengast nach Dänemark reist? Wie es wohl sein würde, hier zu leben? Doch diesen Gedanken verschiebt sie, wie so oft, auf später. Ihre Karriere im deutschen Schulsystem hat gerade erst begonnen, da liegt Auswandern nicht gerade auf der Hand. Außerdem ist sie sich nicht sicher, was Jan von dieser Idee halten würde.

Doch bevor sie diesen Gedanken vertiefen kann, ist sie auch schon wieder am Ferienhaus angekommen. Katie stellt erstaunt fest, dass sie ganz schön lange unterwegs gewesen ist. Bei all den spannenden Erlebnissen hat sie die Zeit vergessen. Die Sonne steht schon tief am Horizont, und bald würde es Abend werden. Ob sie es sich auch allein so *hyggelig* machen kann wie mit Jan? Bestimmt! *Hygge* ist schließlich mehr als Pärchenzeit, findet sie. Und das bedeutet auch, dass man sich einfach mit einem schönen Roman gemütlich in den Sessel kuscheln kann. Genau das würde sie auf jeden Fall gleich tun. Vielleicht wird es sogar noch netter als zu zweit, denkt Katie munter, und zündet die erste Kerze an.

Det skal nok gå

Es stimmt: Die Dänen regeln viele Angelegenheiten des Alltags mit einer großen Portion Pragmatismus und gesundem Menschenverstand, ohne jedoch die Schönheit und den Liebreiz der Dinge aus den Augen zu verlieren. Dieses Phänomen kann man gut an den dänischen Straßenschildern und Verkehrszeichen ablesen.

Ein gutes Beispiel hierfür ist ›*Pas på mig!*‹. Das ›Pass auf mich auf!‹-Schild zeigt ein spielendes Kind mit einem roten Ball oder Luftballon und wird oft in Wohn- und Ferienhausgebieten eingesetzt, um die Autofahrer zum Verringern der Geschwindigkeit und zur erhöhten Achtsamkeit gegenüber spielenden Kindern aufzufordern. Auch ›*Knallertkørsel forbudt*‹ ist solch ein Beispiel und schon allein lautmalerisch viel ausdrucksstärker als das deutsche ›Mopeds verboten‹.

Es gibt jedoch auch Schilder, die auf deutsche Feriengäste verwirrend wirken können, wie etwas das Schild mit dem Hinweis ›*rabatten er blød*‹. Das bedeutet keineswegs, dass der Rabatt, also die Preisreduzierung in einem nahestehenden Supermarkt, ›blöd‹ ist, sondern warnt davor, dass der Seitenstreifen ›weich‹, also unbefestigt und deshalb nicht befahrbar ist.

Vor allen Schildern mit dem Wort ›*advarsel*‹« (Warnung) sollten Dänemarkreisende gehörigen Respekt haben, besonders wenn im Text auch noch ›*livsfarlig*‹« (lebensgefährlich) auftaucht. Meist wird die drohende Gefahr zudem durch realitätsnahe Illustrationen dargestellt, wie etwa bei dem Auto, das über die Hafenkante ins Wasser kippt. Solche Schilder stellen die Dänen nur auf, wenn wirklich eine Gefahr droht.

Überhaupt ist das Schilderaufkommen an dänischen Straßen gegenüber dem deutschen ›Schilderwald‹ deutlich reduziert. Ebenso wie beim Design und beim minimalistischen Einrichtungsstil ist man der Meinung, dass man Überflüssiges auch weglassen kann, statt seine Mitmenschen unnötig zu verwirren. Zudem gilt hier wie überall in Dänemark die Annahme, dass die Fahrer schon ihren gesunden Menschenverstand benutzen werden. Deshalb werden Verkehrsteilnehmer nur vor wirklich scharfen Kurven Warnhinweise finden – und beileibe nicht vor jeder.

Wer mehr über besondere und teils äußerst kuriose dänische Straßenschilder erfahren möchte, der findet unter www.kapidaenin.de/category/schilder-dk fachkundige Erläuterungen – Spaßfaktor garantiert!

22 NICHTS ALS ALTES ZEUGS?

AUF ZUM DÄNISCHEN *LOPPEMARKED*

»Komm schon, Katie, Du musst mal aufhören zu grübeln! Nachdenken ist ja schön und gut, doch irgendwann ist Schluss!« Janne ist ziemlich energisch geworden, was sich auch in ihrer Lautstärke ausdrückt. Katie hält ihr Handy ein bisschen weiter weg vom Ohr. Doch eigentlich hat ihre dänische Freundin, die sonst so lieb und harmoniebedürftig ist, recht. Katie kennt Janne schon lange, daher weiß sie, dass Janne nur so deutlich wird, wenn es um ihre Familie oder ihre Freunde geht. Und Katie ist glücklich, sich zu Letzteren zählen zu dürfen! Sie hat Janne von ihrem Kummer mit Jan erzählt, und auch, dass sie sich nach der Fahrradtour gestern Abend im Ferienhaus doch etwas einsam gefühlt hat. Manchmal tut es einfach gut, findet sie, sich bei einer Freundin ausheulen zu können. Doch jetzt gibt sich Katie einen Ruck: »Okay, *ikke længere længsel* – Schluss mit der Sehnsucht! Ein Tag als Einzelgängerin in Dänemark reicht, auch wenn es gestern zumindest tagsüber echt schön war. Wollen wir heute etwas zusammen unternehmen?«

»*Åh ja!*« Janne ist gleich Feuer und Flamme. »Wo du schon mal hier bist! Heute findet der *loppemarked*, der Flohmarkt in Tarm statt, das ist der größte und beste der Region! Da stöbern wir, trinken einen Kaffee und bringen dich auf andere Gedanken. Was hältst du davon?«

»Einverstanden!« Katie willigt ein. »Doch wie komme ich dahin? Jan hat ja den Wagen zu seinem Projekttreffen mitgenommen. Und Tarm liegt auf der anderen Seite des Ringkøbing Fjords, oder? Mit dem Fahrrad ist das ganz schön weit.«

Janne hat einen Vorschlag: »Du könntest die Route über Bagges Dæmning nehmen. Weißt du, das ist dieser Weg auf dem neu geschaffenen Damm über den Ringkøbing Fjord. Der kürzt ein gutes Stück ab und ist eine echt schöne Strecke.«

Katie zögert, wie erwartet hat sie ziemlichen Muskelkater von gestern. Glücklicherweise wird sie schnell von Janne erlöst: »Aber ich kann dich auch mit dem Auto abholen, dann können wir uns während der Fahrt unterhalten und haben mehr Zeit zusammen!«

Katie stimmt gerne zu und freut sich auf ihre dänische Freundin. Sie hat Janne während des Studiums im Rahmen eines grenzübergreifenden EU-Projekts kennengelernt und schnell gemerkt, dass sie auf einer Wellenlänge liegen. Die beiden jungen Frauen studierten damals nahezu das Gleiche, nur mit geringen Unterschieden: Katie strebte mit den Fächern Deutsch und Geschichte sowie dem Nebenfach Skandinavistik den Lehramtsabschluss in Schleswig-Holstein an, während Janne an der Syddansk Universitet in Sønderborg ebenfalls Deutsch und Dänisch an Bord hatte, allerdings im Verbund mit Kommunikationswissenschaften. Die beiden Freundinnen waren zwar Geisteswissenschaftlerinnen, arbeiteten jedoch mit einem äußerst pragmatischen Ansatz und kamen im Projekt flott voran. Die Leiterin hatte sowohl ihre Zielorientiertheit als auch ihr gutes Auskommen miteinander bemerkt und darüber geschmunzelt, dass sie so ›typisch dänisch‹ miteinander umgingen.

DEUTSCH-DÄNISCHE GRENZÜBERGREIFENDE PROJEKTE

Bereits seit 1990 fördert die Europäische Union grenzübergreifende Projekte zwischen Deutschland und Dänemark. Mit der Förderinitiative Interreg, die über die Jahre hinweg in unterschiedlichen Versionen immer wieder neu aufgelegt wurde, wird die Zusammenarbeit von benachbarten Regionen innerhalb der EU unterstützt. Mit zahlreichen Projekten zu den unterschiedlichsten Themengebieten sollen die Bürger beiderseits der Grenze näher zueinander gebracht werden und von den jeweiligen Kompetenzen des anderen sowie dem Wissensaustausch profitieren, um gemeinsame Ziele zu erreichen.

Insbesondere, wenn an den Projekten Hochschulen und Universitäten beteiligt sind, können auch deutsche und dänische Studierende im aktuellen Interreg 5a Programm mitwirken, je nach Thema jedoch auch alle anderen Ausbildungs- und Berufsgruppen, denn das Programm wurde für die gesamte Bevölkerung ins Leben gerufen.

Na ja, Katie muss bei dieser Erinnerung jetzt selbst lachen. Denn sie hatten während des Projekts nicht nur produktiv gearbeitet, sondern auch viel über ihre Familien, Freunde, Geburtstage und ihre Wochenenderlebnisse geschnackt. Doch das ist ja nichts Schlimmes, findet Katie. Sie hatten sich eben auf Anhieb gut verstanden und waren auch gut vorangekommen: Ihr Teilprojekt war eines der ersten, die abgeschlossen wurden. Das kommt eben dabei heraus, wenn es auch auf der persönlichen Ebene stimmt!

Warum erinnert sie Jannes Name bloß so sehr an ihren Freund? Das ist schon gemein. Irgendwie heißen viele ihrer Bekannten ähnlich, das war wohl die J-Schwemme bei den Vornamen ihres Geburtsjahrgangs: Janne, Joanne, Jona und eben Jan. Katie schluckt den Kloß in ihrem Hals schnell hinunter und schiebt – mal wieder – alle J-Gedanken in die hinterste Ecke ihres Bewusstseins. In ein paar Tagen ist er ja zurück, ermahnt sie sich, und bis dahin genießt sie eben die Freundinnenzeit!

Det skal nok gå

Ein Besuch auf *loppemarked*, dem Flohmarkt, gehört zu jedem Dänemarkaufenthalt dazu und ist für alle, die gerne stöbern und einkaufen, ein wahrer Genuss. Zudem kann man auf dem *loppe*, wie er lax genannt wird, oft das eine oder andere Schnäppchen machen; vorausgesetzt, man weiß, was man will, und hat Lust, ein bisschen zu suchen, zu schnacken und zu verhandeln.

Denn viele der Gebraucht- und manchmal sogar Antikwaren werden relativ preiswert verkauft. Gelegentlich, besonders gegen Ende des Flohmarkts, gibt es sogar ganze Tische oder Kisten mit Sachen für nur zehn Kronen. Selbst so kleine Beträge lassen sich übrigens an einigen Ständen via MobilePay bezahlen; ansonsten ist es gut, etwas dänisches Kleingeld dabeizuhaben. Handgemachtes verkaufen die Dänen ebenfalls gern auf Flohmärkten, das allerdings meist zum Festpreis. Doch auch hier gibt es oft gute ›3 für 2‹-Angebote oder ähnliche Möglichkeiten für einen relativ günstigen Einkauf. Auch, um Mitbringsel für die Daheimgebliebenen und Souvenirs zu erstehen, ist man auf Flohmärkten mit echter dänischer *brugskunst* (Handwerkskunst) genau richtig.

Etwas Zeit sollten die Besucher allerdings mitbringen, denn auf dem *loppe* geht es ebenso entspannt und *hyggelig* zu wie im Rest von Dänemark. Ein bisschen Feilschen bei den einzelnen Sachen ist angebracht, aber bitte nicht bis zum Exzess. Meist kommt man sich auf halbem Wege entgegen, so dass beide Parteien zufrieden sind. Ein Lächeln und ein freundliches Wort helfen hier ganz viel, denn für die Dänen ist das Kaufen und Verkaufen auf dem Flohmarkt auch eine soziale Angelegenheit. Es dient nicht nur dazu, seine alten Sachen loszuwerden, sondern bietet zudem die Gelegenheit, mit den Standnachbarn, den Käufern und der Erzieherin aus dem Kindergarten einen freundlichen Schnack zu halten.

Ein *loppe* oder *loppemarked* kann ganz unterschiedliche Größen annehmen, es gibt welche mit nur zehn, aber auch solche mit weit über 100 Ständen. Eine Besonderheit ist der meist etwas kleinere *bagagerumsmarked* (Kofferraum-Markt), bei dem – oft auf einem Parkplatz – direkt aus den Kofferräumen und von den Ladeflächen der Autobesitzer herunter verkauft wird. Auch finden Urlauber in Dänemark besonders in ländlichen Gegenden öfter ein Schild am Straßenrand, das ihnen den Weg zum *loppemarked* weist. Dabei handelt es sich dann allerdings meist um einen privaten Flohmarkt, der oft einfach aus einem Trödelstand am Straßenrand oder einer kleinen Scheune mit Verkaufsgegenständen besteht. Das gleiche gilt, wenn auf dem Schild ›*antik*‹ zu lesen ist. Mit etwas Glück kann man dann echte Antiquitäten ergattern, vielleicht aber auch ›nur‹ ein paar rare Comic-Ausgaben oder Omas altes Porzellan. Doch das Glück ist mit den Jägern und Sammlern, und allein die Freude am Stöbern ist den kleinen Umweg wert.

Katie kennt die Flohmarktregeln in Dänemark und wird deshalb viel Spaß auf dem *loppe* in Tarm haben. Die Termine für diesen sowie für weitere größere Flohmärkte kann man übrigens gut auf www.markedskalenderen.dk einsehen. Auch ohne Dänischkenntnisse lassen sich hier die wichtigsten Infos wie Datum, Uhrzeit und Adresse herausfinden.

23 WARUM VERSTEHEN SICH DIE SKANDINAVIER NICHT?

DIE DÄNEN SIND KEINE SCHWEDEN

»*Her er vi* – da sind wir!« Frohgemut schnappt sich Katie ihre bunte Tasche und einen großen Korb aus dem Kofferraum, hakt Janne unter, und gemeinsam gehen sie in Richtung der großen Grünfläche, auf der in der Hauptsaison immer mittwochs der *loppemarked* von Tarm stattfindet.

Katies Herz geht auf, als sie die vielen Stände sieht, die in Reihen angeordnet die gesamte Wiese vor ihr sowie noch eine weitere und ein paar Anliegerstraßen nach rechts und links füllen. Hach, was würde sie hier stöbern können – ein richtiges Flohmarktparadies! Gut, dass sie Janne dabei hat, die ihre Krimskrams- und Shopping-Leidenschaft teilt. Jan hingegen hätte hier garantiert die Krise gekriegt.

Langsam schlendern die beiden Freundinnen durch die Reihen, nicht ohne ständig stehen zu bleiben, um die angebotenen Schätze unter die Lupe zu nehmen. Was es nicht alles gibt! Klassisches dänisches Geschirr, jede Menge Tassen und auch die wunderschönen blauen Gießkannen, die sich so gut als Deko machen. Hippe Klamotten und altmodische Tischdecken, Brettspiele und Kindersachen, Teddybären und Kerzen, Mützen, Anker, Schaukelstühle, Spiegel, Hirschgeweihe und Matchbox-Autos: Es gibt wirklich nichts, was nicht angeboten wird. Meist sind die Flohmarktsachen auf Tischen oder Decken sorgfältig ausgebreitet und liebevoll präsentiert, manchmal bilden sie aber auch einen wilden Haufen oder befinden sich in Kisten, durch die sich Katie und Janne durchwühlen müssen.

Bei einer kleinen weißen Kommode und einem dazu passenden Tellerregal im Shabby-Chic-Stil kommt Katie arg in Versuchung, lässt jedoch mit Rücksicht auf den Transport nach Deutschland die Finger davon. Auch im *Genbrug* in Ringkøbing hat sie vom Kauf von größeren Gegenständen Abstand genommen, obwohl es dort so einiges gab, was gut in ihre Wohnung zu Hause gepasst hätte. Dabei ist es nicht nur die Diskussion mit Jan – die sie vielleicht sogar gewinnen würde –, die sie davon abhält. Im Kofferraum des alten Kombis ist schlicht kein Platz mehr, selbst wenn sie auf jeglichen Extra-Proviant verzichtet. Wie schade!

GENBRUG: ALTES UND SCHÖNES

Eine weitere, flohmarktähnliche Form des Verkaufs von gebrauchten Gegenständen, altem Trödel und echten Schätzen findet in Dänemark unter dem Stichwort *Genbrug*, was schlicht ›gebraucht‹ bedeutet, statt.

Die *Genbrug*-Boutiquen funktionieren wie Secondhandläden, nur dass die meisten gemeinnütziger bzw. karitativer Natur sind. Betrieben werden sie häufig von Organisationen wie Røde Kors (Rotes Kreuz) und mit der Unterstützung von Freiwilligen. Wer also den

Flohmarkttermin verpasst hat, kann hier gut fündig werden und hat zudem das gute Gefühl, dass sein Geld an einen guten Zweck geht. Die liebenswerten alten Damen und Herren, die im Ladeninneren auf Kunden warten, können zudem oft ein bisschen Deutsch und haben spannende Geschichten zu erzählen.

Janne hingegen hat dieses Problem nicht. Offensichtlich hat sie sich in ein paar schön geschwungene Fotorahmen verliebt und verhandelt eifrig am Nachbarstand. Katie versteht nur einen Teil der Konversation. Klar, Janne redet ja auch in rasantem Tempo und verfällt noch dazu in ihren südjütischen Akzent. Das findet Katie immer echt süß, aber auch schwierig zu verstehen. Doch fast noch schlimmer ist es bei Jannes Verhandlungspartnerin, einer groß gewachsenen blonden Frau mit wasserblauen Augen. Da kapiert Katie kaum etwas – so ein Mist! Eigentlich kommt sie immer wieder gut ins Dänische hinein, sobald sie nur ein paar Tage im Land ist, vor allem, wenn sie zwischendurch nicht so viel Deutsch spricht, so wie jetzt, seitdem Jan abgefahren ist.

Da fällt ihr Blick plötzlich auf die kleine Flagge, die am Tisch der Verkäuferin befestigt ist: ein gelbes Kreuz auf blauem Grund. *Naturligtvis* (natürlich), oder, wie die Dänen sagen würden, *selvfølgelig* (selbstverständlich), hier nimmt eine Schwedin am Flohmarktgeschehen teil! Das erklärt natürlich, weshalb Katie der Unterhaltung nicht richtig folgen kann. Denn auch, wenn die skandinavischen Sprachen einander ähneln, ist es dennoch nicht so, dass man alle automatisch versteht, nur weil man eine von ihnen spricht. Auch Janne und die Schwedin scheinen ein paar Schwierigkeiten zu haben und verständigen sich teils mit Händen und Füßen. Doch schließlich kommen sie zum Abschluss und Geld sowie Bilderrahmen wechseln die Besitzerin.

Janne strahlt zufrieden: »*Hvad hyggelig* – wie nett! So ein guter Preis! Und die Verkäuferin ist wirklich sympathisch, da macht das Verhandeln echt Spaß! Aber wusstest du, dass *rolig* im Schwedischen gar nicht ›ruhig‹ heißt, wie bei uns, sondern ›lustig‹? Beinahe hätten wir uns ganz schön missverstanden!«

Det skal nok gå

Wie erwartet genießt Katie den Besuch des *loppe*. Sprachlich jedoch wäre sie beinahe in einen typischen Fettnapf getappt, dem nicht nur die Deutschen, sondern gelegentlich auch die Bewohner der Nordländer selbst zum Opfer fallen: Dem Mythos, dass die Skandinavier sich aufgrund der durchaus vorhandenen Ähnlichkeiten der festlandskandinavischen Sprachen Dänisch, Schwedisch und Norwegisch mühelos untereinander verständigen können.

Wer dies einmal probiert, wird schnell herausfinden, dass dem nicht so ist. Zwar haben sich die Sprachen im Laufe der Jahrhunderte immer wieder beeinflusst und teilweise angeglichen – aber eben nicht ganz. Schriftlich ist es um einiges leichter, weil man hier ja in Ruhe lesen und die kritischen Stellen im Wörterbuch nachschlagen kann.

Mündlich hingegen sind es zum einen die teilweise doch sehr unterschiedlichen Aussprachen sowie Dialekte und regionalen Besonderheiten der einzelnen Sprachen, die bei der interskandinavischen Verständigung Probleme bereiten. Zum anderen bieten die sogenannten ›falschen Freunde‹ reichlich Raum für Missverständnisse und Platscher ins Fettnäpfchen. Janne berichtet sogar von einem – allerdings relativ harmlosen – Lapsus während ihrer Unterhaltung mit der schwedischen Verkäuferin. Ein weiterer, ähnlich gelagerter *false friend*, der für Verwirrung sorgen kann, diesmal zwischen Dänen und Norwegern, ist das kleine Wörtchen *rar*. Während es im Dänischen ›freundlich‹ bzw. ›nett‹ bedeutet, steht das Adjektiv im Norwegischen für ›merkwürdig‹ oder ›seltsam‹. Aus dem ›netten Bekannten‹ wird somit schnell ein ›merkwürdiger Typ‹, und das ist ja schade. Ein ›falscher Freund‹ zwischen Dänen und Deutschen ist übrigens das Wort *fast*. Im Dänischen bedeutet es ›fest‹, im Deutschen hingegen ›beinahe‹. Also immer genau hinhören und erst mal überlegen – dann funktionieren auch die interskandinavischen Gespräche.

24 ZUR *FROKOST* ERST MITTAGS KOMMEN?

VON MAHL- UND ESSENZEITEN

Ein schöner Morgen! Katie hat gut und lange geschlafen. Jetzt stößt sie das Schlafzimmerfenster des Ferienhauses weit auf und atmet tief die frische und noch etwas kühle Morgenluft ein, die ihr entgegenkommt. Sogar das Meer kann sie von hier aus riechen und es in der Ferne rauschen hören. Oder ist das der Wind, der durch die Dünen streicht? Nachdem ihr der Tag mit Janne gestern so gutgetan hat, hat Katie heute gleich wieder etwas Schönes vor: Sie ist bei ihrer Freundin Hanne und deren Mann Frederik zu einer dänischen *frokost* eingeladen, darauf freut sie sich schon sehr.

Hanne ist eine langjährige Freundin von Katie. Sie und ihr Mann Frederik haben während des Studiums im gleichen Wohnheimkomplex wie Katie gewohnt und waren bekannt für ihre legendären Koch- und Spieleabende, die sie einmal im Monat in der Gemeinschaftsküche veranstalteten. Oft haben sie auch etwas Dänisches oder Skandinavisches zusammen gekocht und dabei von ihrem Herzensland geschwärmt. Und davon geträumt, eines Tages dorthin auszuwandern – wer hätte gedacht, dass dies für die beiden einmal Wirklichkeit werden würde?

Hanne und Frederik gehörten damals jedoch zu den ›fortgeschrittenen Semestern‹, waren viel früher als Katie mit dem Studium fertig und zogen zunächst nach Berlin, um dort ganz normalen Jobs nachzugehen. Doch dann bekamen sie ein tolles Angebot aus Hvide Sande: Hanne als Marketing-Expertin und Frederik als Informatiker. Nach ein bisschen Hin und Her sagten sie zu und wagten den Umzug nach Dänemark. Mittlerweile leben sie glücklich an der Westküste, zusammen mit ihren zwei Kindern, die sie in der Zwischenzeit bekommen haben und die den dänischen Kindergarten besuchen.

Katie findet es toll, dass sie sich nach so langer Zeit wiedersehen würden. Und die dänische *frokost*, zu der die beiden sie eingeladen haben, wird sicher ein Genuss! Da isst sie hier im Ferienhaus besser nichts mehr vorher. Sie muss ja auch gar nicht mehr so lange darauf warten, es ist schon bald Mittag. Vielleicht kann sie etwas früher losradeln und in Hvide Sande noch ein bisschen bummeln? Oder am Tyskerhavn vorbeischauen, dem kleinen Hafen auf der Fjordseite, den im Gegensatz zum Fischerhafen an der Nordseeküste nicht jeder kennt?

Katie entscheidet sich für beides, macht sich noch ein bisschen schick und holt dann das Fahrrad aus dem Schuppen. Heute fällt ihr das Radeln leichter als vorgestern; sie hat auch nicht so viel Gegenwind. Nach einem kurzen Aufenthalt im Tyskerhavn, dessen Name an die deutschen Fischer erinnert, die hier einst lebten, und einem kleinen Abstecher zum Fiskeriets Hus, dem lokalen Fischereimuseum, lässt sie ihr Fahrrad am Beginn der kleinen Fußgängerzone von Hvide Sande stehen.

Gut, dass sie kein Gastgeschenk mehr braucht. Das hat sie nämlich schon in Deutschland besorgt, obwohl Jan sich natürlich über das weitere Gepäckstück lustig gemacht hatte. Aber der neckt sie ja gerne einfach mal so, wird Katie klar. Vielleicht sollte sie ihm das nicht mehr krumm nehmen? Katie beschließt, sich heute nicht über Jan zu ärgern. Im Gegenteil, sie muss fast schmunzeln. Huch, denkt sie, ist das etwa die Distanz, die Jan plötzlich in einem besseren Licht dastehen lässt? Immerhin ist er jetzt bereits ein paar Tage fort. Und mit etwas Abstand sieht man manche Dinge ja entspannter, das ist Katie bewusst. Oder eben dänischer?

Egal, jetzt will Katie noch einmal die Gelegenheit zum ungestörten Bummeln nutzen. An vielen Schaufenstern der Geschäfte von Hvide Sande sieht sie Schilder mit dem Wort ›*Udsalg*‹, also ›Ausverkauf‹. Und das mitten im Sommer! Katie lächelt still vor sich hin. Nein, darauf springt sie nicht an. Sie kann es den Geschäftsleuten zwar nicht verübeln, jetzt in der Hauptsaison auch genug für die ›maue‹ Jahreszeit verdienen zu wollen, doch der wahre Ausverkauf findet eher gegen Ferienende oder im Herbst statt. Katie betritt statt der Geschäfte mit den großen Schaufenstern lieber eine kleine, unauffällige *butik* in einer der Nebenstraßen. Hier wird sie bestimmt etwas *Hyggeliges* finden, einfach mal so und für sich selbst!

VORSICHT, SCHNÄPPCHENFALLE!

Ein *udsalg* ist in Dänemark eigentlich das, was der Ausdruck vermuten lässt, nämlich ein ›Ausverkauf‹ oder auch ›Schlussverkauf‹. Ebenso wie in Deutschland wurde diese Angebotsmöglichkeit lange Zeit von Fachgeschäften genutzt, um zum Saisonende hochwertige Ware noch an den Mann und die Frau zu bringen, und zwar zu günstigen Preisen. Doch mittlerweile scheinen einige Geschäfte in Touristengegenden auch mitten in der Hochsaison im *udsalg* zu stecken.

Dann gilt es, die Augen offen zu halten, um eigens für solche Aktionen in den Laden geräumte Billigware von echten dänischen Markenprodukten zu unterscheiden! Denn in *udsalg* steckt etymologisch der allseits bekannte ›Sale‹, der werbewirksam genutzt wird, um die Käufer anzulocken, und der in diesem Fall keine besonders günstige Gelegenheit, sondern eher eine Schnäppchenfalle darstellt.

Doch als Katie kurze Zeit später zufrieden und mit einer kleinen Papiertüte in der Hand zurück auf die Straße tritt, schaut sie erschrocken auf die Uhr. Schon so spät! Jetzt aber schnell – zur *frokost* darf sie auf keinen Fall zu spät kommen.

Det skal nok gå

Das hat Katie richtig erfasst, zur dänischen *frokost* kommt man – jedenfalls, wenn es sich um eine eigens zubereitete Mahlzeit unter Freunden, Kollegen oder der Familie handelt – ebenso wie zu allen anderen Einladungen besser pünktlich. Sich ein bisschen schick zu machen kann ebenfalls nicht schaden, denn damit zeigen die Gäste ihren Gastgebern, dass sie ihre Gastfreundschaft zu schätzen wissen. Nicht übertreiben bitte – der Einreiher und das kleine Schwarze dürfen ruhig im Schrank bleiben. Doch etwas gehobene, modisch ansprechende Kleidung ist durchaus üblich und trägt zur allgemein festlichen Stimmung und zur *hyggeligen* Atmosphäre während des Essens bei.

Ein kleines Gastgeschenk ist ebenfalls angebracht, z. B. Blumen, eine besondere Schokolade oder etwas Typisches aus dem Heimatland. Ganz besonders wichtig ist, dass sich die Eingeladenen bedanken, und zwar häufig, wie es in Dänemark auch sonst weit verbreitet ist. Bereits beim Erhalt der Einladung sollte man danke sagen (*»tak for invitationen«* – »Danke für die Einladung«), ebenso bei der Ankunft, nach dem Essen (*»tak for mad«* – »Danke für das Essen«), beim Abschied (*»tak for i dag/i aften«* – »Danke für heute/heute Abend«) sowie am Tag danach (*»tak for sidst«* – »Danke für neulich«), wozu man auch gerne die Gastgeber noch einmal extra kontaktieren darf.

DANKE SAGEN IN DÄNEMARK

Eines der wichtigsten Wörter in Dänemark ist ein ganz schlichtes: *Tak* bedeutet ›danke‹ und steht zugleich für eine Kultur der gegenseitigen Achtung und Wertschätzung. Sobald man es einmal gelernt hat, fällt einem auf, dass die Dänen sich bei jeder Gelegenheit und in vielen Variationen bzw. Abstufungen bedanken. In einen ganzen Satz eingebunden (und besonders höflich) heißt es: *»Tak skal du have«* (»Dank sollst du haben«); kurz bzw. salopp sagt man *»Takker!«* (»Ich danke!«). Sehr gebräuchlich sind auch *»mange tak«* (»vielen Dank«) und das verstärkende *»tusind tak«* (»tausend Dank«).

Diese Kultur des Dankesagens dürfen Dänemarkreisende gerne übernehmen und – ebenso wie Katie – bei konkreten Anlässen anwenden. Das gilt nicht nur bei Einladungen, sondern z. B. auch beim Verlassen eines Geschäftes, wenn man sich dort einfach nur umgeschaut hat (*»tak for kigget«* – »Danke fürs Gucken«), einen Kaffee serviert bekommen hat (*»tak for kaffe«* – »Danke für den Kaffee«) oder einen ausgeliehenen Gegenstand beim Ferienhausanbieter zurückgibt (*»tak for lånet«* – »Danke fürs Ausleihen«).

Für Ausländer ein bisschen verwirrend ist, dass *tak* neben ›danke‹ auch ›bitte‹ bedeuten kann, etwa wenn man im Café etwas bestellt: *»En kop kaffe, tak!«* (»Eine Tasse Kaffee, bitte!«). Vermeiden sollten Dänemarkreisende hingegen möglichst *»tak for alt«* (»Danke für alles«): Das ist zwar auch eine nette Geste, steht jedoch für gewöhnlich auf Grabsteinen.

Die Sache mit der Pünktlichkeit und dem Gastgeschenk hat Katie richtig gemacht, ebenso, wie sie weiß, dass man zur *frokost* erst mittags erscheinen darf, auch wenn das dänische Wort sehr an das deutsche ›Frühstück‹ erinnert. Das hingegen ist in Dänemark das *morgenmad*. Es wird relativ früh am Morgen verzehrt und ist im Alltag – wenn alle zur Arbeit, zum Kindergarten und in die Schule aufbrechen müssen – meist eine schnelle Angelegenheit. Am Wochenende fällt das *morgenmad* hingegen üppiger aus: Mit Milchprodukten wie Joghurt und *ymer* (siehe Kapitel 13), *rundstykker* (Brötchen), *tebirkes* (süße Mohn-Blätterteig-Stücke), Butter, Käse, Marmelade, Fruchtsaft und Ei. Und natürlich darf Kaffee nicht fehlen, der in Dänemark bei nahezu jeder Gelegenheit getrunken wird; entsprechend hoch ist der Pro-Kopf-Verbrauch.

Die *frokost* bezeichnet die unter der Woche meist kalte Mittagsmahlzeit der Dänen. Handelt es sich hingegen um ein mittägliches Essen am Wochenende oder an einem besonderen Tag, zu dem extra eingeladen wird, dürfen die Gäste mehr erwarten und gerne so wie Katie ordentlich Appetit mitbringen: Dann werden Krabbensalat, Roastbeef, geräucherte Fischfilets, eingelegter Hering, Eier in Mayonnaise, Leberpastete, Frikadellen, Bacon, Käse und Gemüsehäppchen aufgetischt. Überhaupt sind Fischgerichte in Dänemark traditionell sehr beliebt; die Teilnehmer einer *frokost* können sich gut durch regionale Köstlichkeiten probieren. Ebenfalls angeboten wird oft das beliebte *smørrebrød*, das viel mehr als ein einfaches ›Butterbrot‹ ist (siehe Kapitel 31). Manchmal gibt es zum Abschluss der *frokost* einen herben Schnaps oder Magenbitter. Wenn man den nicht mag, kann man ihn auch, z. B. mit Verweis auf das Autofahren, höflich ablehnen.

An Mahlzeiten erwartet einen in Dänemark nach der *frokost* übrigens noch der *eftermiddagskaffe*, also Kaffee (und auch gerne ein Stück Kuchen) am Nachmittag. Die Hauptmahlzeit des Tages ist hingegen das (warme) Abendessen, das dann verwirrenderweise *middag* oder *middagsmad* heißt. Es wird in der Regel zwischen 18 und 20 Uhr eingenommen; zu besonderen Anlässen gehen die Dänen dafür auch ins Restaurant.

25 SIND NAMEN SCHALL UND RAUCH?

WARUM MAN IN DÄNEMARK MEHRERE NAMEN TRAGEN KANN

War das köstlich! Katie lehnt sich zurück und zupft unauffällig am Gummizug ihres Rocks, der nach der reichhaltigen Mahlzeit zugegebenermaßen etwas drückt. Doch das nimmt sie gerne in Kauf. Der Tisch bei der *frokost* war mit leckeren dänischen Gerichten überladen, genau so, wie sie sich das erhofft hat, und sie hat sich einmal quer durch sämtliche Spezialitäten der Westküste gefuttert. Man lebt schließlich nur einmal! Außerdem würde sie sich das alles bei ihrer Rücktour auf dem Fahrrad dank des zu erwartenden Gegenwinds wieder abstrampeln. Und überhaupt kann sie sich ein paar Kalorien mehr leisten, so viel Bewegung wie sie hier in Dänemark hat.

Auch die kleinen Wirbelwinde Liva und Mats, die beiden Kinder von Hanne und Frederik, hatten während des Essens für Stimmung gesorgt und waren ständig in Bewegung gewesen. Die Lütten hatten in Rekordgeschwindigkeit nahezu alle Fischfrikadellen, die eingelegten Gürkchen sowie die dänischen Schokoküsse in sich hineingestopft, dabei *æblejuice* (Apfelsaft) getrunken und ohne Unterlass geredet. Natürlich waren sie als Erste mit dem Essen fertig. Seitdem rennen sie um den Esstisch und im gesamten Wohnzimmer herum. Doch das scheint ihre Eltern nicht zu stören, genauso wenig wie die süßen Schokomünder und die verschmierten Kleider.

Wenn Katie da an ihre eigene Kindheit denkt! Damals war alles noch strenger gewesen – oder geht man in Dänemark einfach nur entspannter mit Kindern um? Hanne und Frederik jedenfalls bleiben trotz des Getobes ganz gelassen. Einmal hat Hanne schnell den vom Umfallen bedrohten Wasserkrug festgehalten, und Frederik hat Mats sanft die Gabel aus der Hand genommen, als dieser damit das festliche Tischtuch attackierte. Doch es fällt kein böses Wort, keine Ermahnung – und so langsam beruhigen sich die Kids auch von selbst und vertiefen sich in ein großes Puzzle, das Liva neulich zum Geburtstag bekommen hat.

»Wie seid ihr eigentlich auf die Namen gekommen?«, fragt Katie neugierig. Denn Namen findet sie immer spannend und die dänischen klingen so schön! »Ach, wir haben schon ein bisschen gebraucht, um uns zu entscheiden.« Hanne lächelt ihren Mann an. »Liva war zuerst eine Ada. Und dann haben wir Ida ausprobiert. Doch das war es irgendwie nicht, und letztendlich sind wir auf Liva gekommen.«

»Ja, und bei Mats hatten wir eigentlich vor der Geburt einen ganz anderen Namen im Sinn«, verrät Frederik augenzwinkernd. »Er sollte Jonas heißen, davon waren wir felsenfest überzeugt und uns auch ausnahmsweise mal einig.« Er legt den Arm um seine Frau und sieht liebevoll zu ihrem Sohn herüber, der gerade damit beschäftigt ist, zahlreiche Teile des Puzzles hinters Sofa zu schieben.

Das findet Katie zwar ein bisschen befremdlich – wer soll bloß all die Teile wieder hervorkramen? –, doch sie ist viel zu neugierig, wie die Namensgeschichte weitergeht, um hier vom Thema abzuschweifen. Außerdem, was versteht sie schon von Kindern? Momentan sehen alle glücklich aus, da sollen die Puzzleteile doch ruhig in der Ritze zwischen Sofa und Wand verschwinden. »Tsja«, fährt Frederik fort, »jedenfalls kam er auf die Welt und sah so gar nicht wie ein Jonas aus. Das war auch nach fünf Monaten noch so, und deshalb beschlossen wir, auf Mats umzusteigen. Das passt so viel besser zu ihm!«

»Was?« Katie ist jetzt echt verdutzt. »Ihr habt einfach so den Namen eures Kindes geändert? Ja, geht das denn überhaupt?«

Hanne lacht: »Gar kein Problem! Es war ja auch keine richtige Namensänderung, wir hatten ihn ja noch nicht mal angemeldet. Und selbst wenn: Hier in Dänemark ist das mit den Namen alles viel entspannter. Nach unserer Hochzeit habe ich hier auch meinen Namen abgewandelt, ich heiße jetzt Hanne Alding Jensen. Das finde ich viel schöner!« Nun ist Katie total perplex: Das Kind monatelang nicht mit einem offiziellen Namen anmelden? Und den eigenen Namen einfach ändern? Wo gibt es denn so was? Na, offensichtlich im Staate Dänemark. »Ich glaube, das müsst ihr mir erklären«, bittet Katie und macht sich darauf gefasst, auch als ›alter Hase‹ noch etwas völlig Neues über ihr Lieblingsland zu lernen.

Det skal nok gå

In Deutschland nahezu ein Ding der Unmöglichkeit oder jedenfalls mit erheblichem Aufwand verbunden – in Dänemark eine Kleinigkeit: Mal eben schnell den Namen ändern. So waren fast 4.800 Dänen im Jahr 2016 ihren Vornamen leid, und etwa zehnmal so viele legten sich im selben Jahr einen neuen Nachnamen zu. Dänische Namen bestehen außerdem oft aus drei Namen: dem Vornamen, dem sogenannten ›Mittel-‹ oder ›Zwischennamen‹ und dem Nachnamen. Für den Mittelnamen gibt es gleich mehrere Optionen: Er kann ein zweiter Vorname sein, aber auch ein weiterer Nachname, der in der Familiengeschichte nachweisbar ist. Viele Dänen kürzen ihren Mittelnamen zudem ab oder verwenden nur die Initialen, was ziemlich im Trend liegt. Auch eine mehrfache Namensänderung im Laufe des Lebens ist in Dänemark möglich. Nur wenn man solche Namensspiele als in Dänemark lebender Deutscher vornimmt, kann es sein, dass man bei der Rückkehr ins Heimatland seinen neuen Namen nicht mitnehmen kann, weil er in Deutschland nicht so ohne Weiteres anerkannt wird.

Ein ähnlich lockerer Umgang mit der Namensgebung ist in Dänemark üblich, wenn Eltern entscheiden, wie ihr Nachwuchs heißt. Während deutsche Eltern diesen Namen meist schon Monate oder zumindest kurz vor der Geburt parat haben und er mit das Erste ist, was wenige Minuten nach dem großen Ereignis von Hebammen und Ärztinnen in die Formblätter eingetragen wird, können sich die Dänen dafür volle sechs Monate Zeit nehmen. Und das tun sie oft auch. Es ist also keine Seltenheit, wenn man beim Eltern-Baby-Singen auf Kinder trifft, die erst einmal mit ›kleiner Junge‹ oder gar jede Woche mit einem anderen Namen angeredet werden. Denn oft probieren junge Eltern in den ersten Monaten mehrere ihrer Wunschnamen am frisch geborenen Objekt aus. Der Name soll ja schließlich zum Kind passen, und man möchte sicher sein, dass man eine Lina und keine Hanna im Arm hält – oder vielleicht doch eine Marie?

Aber keine Sorge, trotz der Flexibilität bei der Namensgebung besteht keine Verwechselungsgefahr, trägt doch jeder Däne ab der Geburt eine zehnstellige CPR-Nummer. Diese persönliche Identifikationsnummer ist gesetzlich vorgeschrieben und begleitet die Bewohner Dänemarks ein Leben lang. Da kann man das mit dem Namen auch locker sehen – meinen die Dänen zumindest.

DIE CPR-NUMMER – EINE FÜR ALLES

CPR ist die Abkürzung für *Det Centrale Personregister*, also das Zentrale Personenregister. Das Register umfasst die in Dänemark lebenden Personen, u. a. mit Anschrift, Familienstand, Staatsangehörigkeit und natürlich CPR-Nummer. Die CPR-Nummer ist eine persönliche Identifikationsnummer und besteht immer aus zehn Ziffern. Die ersten sechs Ziffern sind das Geburtsdatum, die letzten vier Ziffern dienen der unverwechselbaren Identifikation. An der letzten Ziffer lässt sich ablesen, welches Geschlecht die Person hat: Ist die Ziffer gerade, ist sie weiblich, ist sie ungerade, männlich.

Die CPR-Nummer erhält man bei der Anmeldung im Personenregister, also nach der Geburt, aber auch bei einem vorübergehenden oder dauerhaften Aufenthalt in Dänemark, wie z. B. dem Studium. Man braucht sie nicht nur für die Kommunikation mit staatlichen Behörden, sondern auch für alltägliche Dinge wie den Bibliotheksausweis, den Abschluss einer Versicherung, für den Telefon- und Stromanschluss, den Hauskauf und den Zugang zur öffentlichen Gesundheitsfürsorge, also nahezu für alles.

Genau wie die Kindererziehung übrigens: Den dänischen Erziehungsberechtigten liegt vor allem am Herzen, dass ihre Kinder zu eigenständigen, verantwortungsbewussten, sozial und frei denkenden Individuen heranwachsen. Darauf wird nicht nur im Elternhaus, sondern auch in Kindergarten und Schule großer Wert gelegt. Allerdings im gleichen Modus wie bei fast allem: ganz entspannt.

Dinge wie gute Manieren, angemessenes Verhalten bei Tisch und saubere Kleidung finden die Dänen zwar schön; sie sind allerdings der Ansicht, dass sich das mit der Zeit schon ergibt, wenn der Rest der Erziehung und vor allem die Beziehung zu Eltern und Geschwistern stimmt. Kinder sollen spielen und sich entfalten können, und dafür nehmen dänische Eltern schon mal Schokomünder und Unordnung in Kauf. Nicht ohne Grund stammt der bekannte Pädagoge Jesper Jul aus unserem Nachbarland; seine These des ›kompetenten Kindes‹ und seine zahlreichen Ratgeber sind auch außerhalb Dänemarks vielen Eltern ein Begriff.

Die dänische Gesellschaft ist zudem insgesamt sehr kinderfreundlich: Die lieben Kleinen sind überall willkommen und werden als essenzieller Bestandteil des Lebens betrachtet. Gute Betreuung, das Recht auf Bildung, Kultur und ein familienfreundliches Umfeld werden in Dänemark als unabdingbar angesehen, und das merkt man in allen Bereichen, wie auch im nächsten Kapitel noch deutlich werden wird.

26 BERUF UND FAMILIE – EIN KINDERSPIEL?

VEREINBARKEIT UND KINDERFREUNDLICHKEIT

»Eins würde ich gerne noch wissen!« Nachdem die Unterhaltung unter den Erwachsenen eine Zeit lang freundlich dahingeplätschert ist, möchte Katie auf ein Thema zurückkommen, das sie umtreibt. »Wie macht ihr das mit den Kindern und dem Beruf? Also, ihr arbeitet doch beide Vollzeit, oder?«

»Ja klar!« Hanne nickt energisch. »Ich bin ja im Marketing und Frederik im Bereich IT tätig. Das sind gefragte Arbeitsfelder hier, und wir arbeiten beide Vollzeit. In Dänemark ist das auch kein Problem. Die Kinderbetreuung ist wirklich gut und zeitlich ist fast alles möglich. Wir können Liva und Mats morgens in den Kindergarten bringen und gleich weiter zur Arbeit fahren. Nachmittags holen wir sie dann ab, das geht jederzeit, auch wenn einer von uns mal früher Feierabend machen kann oder aber etwas länger arbeiten muss. Letzteres kommt jedoch wirklich selten vor. Die Vergabe von Kindergartenplätzen läuft ganz unkompliziert über die Kommune. Und der Betreuungsschlüssel ist viel besser als in Deutschland.«

»Und wenn doch mal etwas ist? Ich meine, wenn die Kinder krank werden, ihr einen Termin habt oder so?« Katie hat von einer Freundin in Deutschland gehört, dass das oft die Knackpunkte in Sachen Vereinbarkeit sind. Der Alltag ist organisiert und funktioniert – aber wehe, irgendetwas kommt dazwischen. »Dann haben hier alle Verständnis.« Hanne lächelt. »Die Familie steht an erster Stelle, das wissen auch unsere Arbeitgeber. Das ist echt gut und erleichtert vieles.«

»Und ich werde als Vater ernst genommen«, wirft Frederik ein. »Auch von mir werden keine endlosen Überstunden in der Firma erwartet. Ich setze mich zwar oft abends, wenn Mats und Liva schlafen, noch mal kurz an den Rechner. Doch die Nachmittage habe ich mit meinen Kindern, das ist schön. Ich möchte mich ja auch richtig um sie kümmern und nicht nur der abwesende Versorger sein, so wie mein Vater damals.«

»Auch sonst ist es schön, mit den Kindern unterwegs zu sein«, ergänzt Hanne. »Das ist hier ganz unkompliziert. Beispielsweise hat eigentlich jede Bibliothek neben zahlreichen Kinderbüchern auch eine Kinderecke, in der die Kleinen spielen können. Das ist eine gute Alternative bei Regenwetter. Da beschwert sich niemand, wenn sie herumlaufen und mal laut sind. Genauso wie im Restaurant oder im Museum. Auch dort gibt es häufig Spielbereiche, ebenso wie es draußen viele Spielplätze gibt. Kinder sind überall gerne gesehen, das ist total entspannt.«

Ja, denkt Katie, das ist ihr auch schon aufgefallen. Die Dänen gehen gelassen mit ihrem sowie dem Nachwuchs anderer um, und eigentlich überall sind Kinder mit dabei. Sie selbst erinnert sich noch an die Hüpfkissen vor den Einkaufsläden in den Dänemarkurlauben ihrer Kindheit. Sie und ihr Bruder haben immer die Schuhe von den Füßen gerissen, sobald eines in Sicht war, und sock- oder barfuß drauflosgetobt. Schade, dass man da als Erwachsene nicht mehr drauf darf, findet Katie, jedenfalls nicht ohne eigene Kinder.

Ob sie und Jan jemals ...? Doch das steht in den Sternen. Erst einmal muss sie überhaupt schauen, wie das wird, wenn Jan demnächst zurückkommt. Oh, das ist ja schon morgen, fällt es Katie siedend heiß ein. So bald! Gut, dass ihr das jetzt bewusst wird. Merkwürdig, am ersten Tag während seiner Abwesenheit hat sie Jan tierisch vermisst. Doch heute hat Katie kaum noch an ihn gedacht; auch beim Treffen mit Hanne und Frederik ist er kein Thema gewesen. Während es ihr in der ersten Nacht schwergefallen ist, ohne ihn einzuschlafen, hat sie sich zuletzt eher frei und unabhängig gefühlt. Und ja, es ist auch schön, Unternehmungen eigenständig durchzuführen! Wenn sie jetzt so zurückschaut, ist Katie eigentlich ganz zufrieden mit den Tagen in Dänemark, die sie allein verbracht hat. Sie hat tolle Dinge erlebt und noch mal neue Fakten über ihre zweite Heimat gelernt.

ALLEIN VERREISEN IN DÄNEMARK

Katie kommt gut alleine in Dänemark klar und ist damit kein Einzelfall. Dänemark eignet sich als sicheres und kulturell aufgeschlossenes Reiseland nämlich gut für Alleinreisende.

Dabei zieht es Singles einerseits in die großen Städte wie das kosmopolitische Kopenhagen oder das märchenhafte Odense. Andererseits gönnen sich aber auch Menschen ohne festen Partner oder Familie gelegentlich ein Ferienhaus nur für sich und genießen ihre Ferien an Strand und Meer. Durch die hohe Servicedichte und die geringen Kommunikationsbarrieren fühlen sie sich sicher aufgehoben und finden auf Wunsch schnell Anschluss. Und wer weiß, vielleicht wird ja aus dem Urlaubsflirt mit dem einen oder der anderen Dänemarkverrückten einmal mehr? Eine Gemeinsamkeit gibt es ja schon.

Wie es wohl werden würde, wenn Jan zurückkommt? Jedenfalls möchte Katie nicht, dass das Streiten wieder losgeht. Und sie ist auch nicht bereit, sich noch mal endlose Lästereien über ihr geliebtes

Dänemark anzuhören, so viel steht fest. Wenn Jan sich hier nicht wohlfühlt, dann eben nicht. Sie jedenfalls wird aufhören, ständig Überzeugungsarbeit zu leisten. Das ist nur anstrengend und bringt ohnehin nichts, zu der Erkenntnis ist Katie mittlerweile gekommen. Wenn Jan nicht will, dann will er nicht, und daran wird sie sich in Zukunft nicht mehr abarbeiten. Pah, soll er doch woanders seine Ferien und überhaupt seine Zeit verbringen! Katie braucht für den richtigen Dänemarkgenuss und ein bisschen *Hygge* jedenfalls keinen Mann. Und wenn doch, dann vielleicht einen dänischen? Ha, das wäre überhaupt mal eine Idee!

Katie muss schmunzeln. Sie hat sich da ordentlich in Rage geredet oder vielmehr gedacht. Jan hat natürlich auch seine guten Seiten, sonst hätte sie sich ja nicht in ihn verliebt. Und wenn sie an seine Augen denkt, die beim Spötteln immer so funkeln, und sein verschmitztes Lächeln ... Vielleicht muss sie seine provokanten Sprüche auch einfach etwas cooler nehmen. Entspannt eben, à la *nå, det skal nok gå*.

Det skal nok gå

Das, was Hanne und Frederik schildern, ist in unserem nördlichen Nachbarland nicht nur der Traum aller gestressten Eltern, sondern gelebte Realität. Dänemark nennt sich nicht nur kinder- und familienfreundlich, es ist es auch. Und das ganz ohne große Aufregung, sondern wie selbstverständlich: Kinder und Familie haben in Dänemark insgesamt einen hohen Stellenwert. Kinder sind nahezu überall mit dabei und auf ganz unkomplizierte Art und Weise willkommen. Entsprechend hat Dänemark eine der höchsten Geburtenraten Europas – der Trend geht zum Drittkind.

Jedes Kind bekommt einen Krippen-, Kindergarten- und Hortplatz. Die Vergabe verläuft so unkompliziert wie geschildert. Das hat zur Folge, dass bei ca. 30 Prozent aller Dänen beide Elternteile Vollzeit arbeiten, in Deutschland hingegen sind es noch nicht einmal 2 Prozent. Ein Betreuungsplatz steht den neuen Erdenbürgern ab dem Alter von 26 Wochen zu, was zur Folge hat, dass die meisten Mütter ab diesem Zeitpunkt oder kurz danach wieder arbeiten gehen. In der *vuggestue*, der Krippe, werden die Kinder bis zum Alter von drei Jahren in kleinen Gruppen betreut, danach wechseln sie in den Kindergarten.

Die qualitativ hochwertige und zeitlich flexible Betreuung, die Hanne für den Kindergarten beschreibt, setzt sich anschließend in der Schule bzw. im Hort fort. Wenn im Januar des neuen Jahres der elektronische Bescheid zur Einschreibung in die *børnehaveklasse* (Kindergartenklasse) kommt, melden die Eltern ihre Kinder an einer kostenlosen *folkeskole* (Volksschule) ihrer Wahl oder optional auch an einer *friskole* (freie Schule) oder *privatskole* (Privatschule) an. Diese Klasse 0 bzw. Vorschulklasse für Kinder ab fünf Jahren stellt quasi den Übergang zwischen Kindergarten und Schule dar. Es werden nur die Fächer Dänisch und Mathematik unterrichtet, vor allem aber viel Wert auf Spielen und Selbsterfahrung gelegt.

Die Anmeldung für die Schule geschieht ebenfalls elektronisch, ein persönliches Erscheinen bei Schulleitung und Co ist nicht nötig. Auch müssen die Eltern in Dänemark keine Material- oder Einkaufslisten vor der Einschulung abarbeiten und viel Geld für Hefte, bestimmte Stifte, Schnellhefter, Knete, Lineale und Kleber ausgeben. Das alles bekommen die Kinder in der Schule, denn den Dänen ist es sehr wichtig, dass alle Kinder den gleichen Zugang und die gleichen Chancen in Bezug auf Bildung und Ausbildung haben, unabhängig vom Einkommen und der finanziellen Situation im Elternhaus.

Ein kleiner Wehmutstropfen an einer an sich guten Einstellung: Die Tradition der Schultüte existiert nicht, denn die könnte ja je nach finanzieller Lage der Eltern ganz unterschiedlich aussehen und gefüllt sein.

Auch in der Schule werden die Kinder bis in den Nachmittag hinein betreut, so dass die Eltern ihrer geregelten Arbeit nachgehen können. Sommer- und sonstige Schließzeiten sind selten.

Stattdessen machen die Kinder in den Ferien mit dem Hort tolle Ausflüge ins Schwimmbad oder auch mal ins Museum.

Die Familienfreundlichkeit in Dänemark zeigt sich aber auch daran, dass die Arbeitszeiten etwas anders wahrgenommen werden als in Deutschland. Die meisten Dänen stehen früh auf, fahren ihre Kinder (oft mit dem Lastenrad oder mit Fahrradanhänger) in die Betreuung, tauchen früh an ihrem Arbeitsplatz auf und machen auch entsprechend zeitig Feierabend. Nachmittags gehört die Zeit der Familie. Dafür werden abends, sobald die Kinder schlafen, unter Umständen der Laptop noch mal aufgeklappt und die Mails gecheckt, jedoch nicht bis Mitternacht. Überhaupt gehen die Dänen davon aus, dass man als guter Arbeitnehmer die Arbeit in der Arbeitszeit schafft; wer (zu) viele Überstunden macht, wird eher komisch angesehen.

27 IST HIER DENN KEINER?

GERADE NOCH GUT GEGANGEN

Puh, Katie ist beim Radeln ganz schön warm geworden. Es ist auch so ein schöner Tag! Na gut, zumindest lugt die Sonne zwischen den Wolken hervor, auch wenn der Wind wie so häufig nicht gerade wenig bläst. Ausnahmsweise mal ablandig, doch das ist eine angenehme Abwechslung beim Fahrradfahren, findet sie. Am Strand ist es jetzt garantiert schön leer.

Das ist überhaupt die Idee, denkt Katie: Einmal kurz in die Fluten springen! Eine Abkühlung kann sie echt gut brauchen, ihre Wangen brennen vom Radeln und von dem Gammel Dansk, den Hanne zum Abschied noch ausgeschenkt hat. Einen Schnaps kann man sich ja mal genehmigen, und er hilft echt beim Verdauen der reichlichen *frokost*. Wenn sie jetzt ins Wasser steigt, wird sie unter Garantie wieder nüchtern, hofft Katie. Sie biegt hinter Hvide Sande zum Strand ab. Ihren Bikini hat sie zum Glück dabei, und ein Handtuch ebenso. Na ja, es wäre auch ohne gegangen, hier sieht sie ohnehin niemand. Der Turm der Rettungsschwimmer am Südstrand von Hvide Sande ist ein ganzes Stück entfernt; dort halten sich auch die meisten Badenden auf. Und Jan, der nicht so für textilfreies Baden ist und vielleicht gegrummelt hätte, ist glücklicherweise nicht dabei.

GANZ ENTSPANNT FKK AM STRAND

Um das textilfreie Baden bzw. Sonnen machen die Dänen, wie bei so vielen Dingen, kein großes Gewese, auch wenn sie selbst eher angezogen ins Wasser gehen. Nur an einigen, von Touristen stärker frequentierten Stränden sind eigene FKK-Bereiche ausgewiesen. Die Sauna betreten die Dänen hingegen auf jeden Fall *mit* Badebekleidung (siehe Kapitel 16); als Gast in Dänemark sollte man beim öffentlichen Saunieren also ebenfalls an Badeanzug oder Badehose denken.

Jetzt ist es an der Zeit, die positiven Seiten des Urlaubs als Teilzeitsingle zu feiern! Flugs zieht Katie sich um und läuft ins Wasser, das in Strandnähe noch relativ flach ist. Hui, ziemlich kalt! Egal: Mit einem energischen Kopfsprung stürzt Katie sich in tiefere Gefilde und schwimmt mit kräftigen Zügen hinaus. Ach, ist das schön! Katie krault eifrig, bis sie so langsam außer Atem gerät. Jetzt reicht es aber!

Sie tritt Wasser und sieht sich um. Da ist sie doch ganz schön weit hinausgeschwommen! Der Strand schimmert nur noch in der Entfernung, sie kehrt mal lieber um. Doch das ist so anstrengend! Sobald Katie Richtung Küste schwimmt, hat sie plötzlich das Gefühl, keinen Meter mehr voranzukommen. Im Gegenteil, es ist, als ziehe das Meer sie immer weiter hinaus. Was ist da los? So langsam bekommt sie es mit der Angst zu tun. Ist denn niemand am Strand, der sie sieht und helfen kann?

Doch da erinnert Katie sich an eine Grafik, die sie früher einmal gesehen hat, und glücklicherweise auch an die Erläuterungen dazu: Das hier muss ein Brandungsrückstrom sein! Und das heißt: Wenn es so einen Sog hinaus aufs Meer gibt, muss man erst mal aus diesem herausschwimmen, also zur Seite weg, und nicht dagegen ankämpfen. Und bloß nicht in Panik geraten, sondern Kräfte sparen!

Katie zwingt sich, einen kühlen Kopf zu bewahren, und schwimmt mit langsamen Zügen parallel zur Küste, bis die Strömung nicht mehr so stark ist. Zum Glück ist sie eine erfahrene Schwimmerin und hat noch etwas Reserven. Aber leicht ist es nicht, wieder an den Strand zu gelangen, und als sie es geschafft hat, sitzt sie ein paar Minuten atemlos im seichten Wasser.

Außerdem ist sie richtig weit von ihrem Ausgangspunkt, an dem ihre Klamotten liegen, entfernt. Na gut, es nützt ja nichts. Eigentlich ist sie selbst schuld und hat noch Glück im Unglück gehabt. Mühsam rappelt Katie sich auf und läuft am Strand entlang zurück zu ihrem Kleiderhaufen. Alles liegt unberührt da, so wie sie es hat liegen lassen. Noch immer ist meilenweit keine Menschenseele zu sehen. Sie trocknet sich ab und schlüpft in ihre Klamotten. Mit zittrigen Fingern rückt sie ihren Rock zurecht. Uff, das ist gerade noch mal gut gegangen.

Ihre Beine fühlen sich etwas wackelig an, doch so langsam geht es ihr besser. Katie steigt auf ihr Fahrrad, das hinter der Düne am Strandzugang auf sie wartet, und fährt durchs Ferienhausgebiet Richtung Houvig. So langsam kehrt das Blut in ihre Fingerspitzen zurück und sie fühlt sich wieder wohler.

Ja, sogar ihr Magen meldet sich. Was will sie eigentlich zu Abend essen? Die voll ausgestattete Küche des Ferienhauses lässt alle Möglichkeiten zu. Vielleicht etwas Leichtes, Vegetarisches? Da Jan, der gerne Fleisch mag, ja nicht da ist, ist das kein Problem. Katie lächelt zufrieden und freut sich schon jetzt auf ein gesundes Abendessen.

Soll sie noch zum Supermarkt fahren? Doch eigentlich braucht Katie nur etwas frisches Gemüse, und hier in der Nähe gibt es doch diesen tollen Straßenstand, den sie neulich schon aus dem Autofenster heraus gesichtet hat. Da ist er schon! Das Schild obendrüber sagt zwar etwas von ›*Nye kartofler*‹, also ›neuen Kartoffeln‹, doch liegen in dem kleinen, bunt angemalten Holzverschlag nicht nur Säcke mit Erdäpfeln, sondern alle möglichen Sorten von Obst und Gemüse.

Wie schön, jetzt ist ja auch die passende Saison dafür! Katie bekommt richtig Appetit und packt die dänischen Kartoffeln, von denen sie bereits weiß, dass sie ihr besonders gut schmecken werden, und außerdem ein paar Tomaten, Zucchini, eine Gurke, Äpfel und zwei rote Zwiebeln in ihren Fahrradkorb. Ach, noch ein Schälchen Erdbeeren, die sehen so lecker aus. Und eine Marmelade, als Dankeschön für ihre Nachbarin Sandra, die zu Hause die Pflanzen gießt. So, jetzt reicht es aber! Katie rechnet schnell die Summe ihrer Einkäufe aus und steckt die abgezählten Kronen in den Schlitz der kleinen Kasse, die in einer Ecke des Standes platziert ist. Zufrieden radelt sie gen Ferienhaus.

DIE DÄNISCHEN STRASSENSTÄNDE

Eine gute Möglichkeit, in Dänemark frisches, regionales, saisonales und meist auch noch preiswertes Obst und Gemüse einzukaufen, sind die Straßenstände am Rande größerer und kleinerer Landstraßen, die man nahezu überall im Land findet. Dort bieten nicht nur Bauern, sondern auch Privatleute mit Garten an, was gerade reif ist.

Die Bezahlung funktioniert nach dem Prinzip ›Vertrauen gegen Vertrauen‹, das absolut typisch für die dänische Mentalität ist: Die Käufer legen das Geld zum Bezahlen in eine kleine Kasse oder bereitstehende Spardose und nehmen natürlich auch nur bezahlte Güter mit. Bis auf wenige Ausnahmen funktioniert das sehr gut, und es ist ein Einkaufserlebnis der besonderen Art. Auch Feuerholz, frische Eier, lecker Eingekochtes, schöne handgemachte Dekogegenstände und Mitbringsel für die Daheimgebliebenen kann man auf diese Art und Weise günstig erwerben.

Det skal nok gå

Der Fettnapf, in den Katie geplatscht ist, ist nicht nur nass, sondern auch gefährlich: Das Meer mit all seiner Kraft zu unterschätzen ist ein Fehler, der sich als fatal erweisen kann. Das gilt sowohl für die dänische Nordsee- als auch für die Ostseeküste, auch wenn an Letzterer mit nicht ganz so heftigem Wellengang zu rechnen ist. Dafür aber mit teils starken Strömungen! Und Katie, eigentlich eine erfahrene Dänemark- und Nordseeliebhaberin, begeht beim Baden gleich mehrere Kardinalfehler.

Zum einen ist Baden nach Alkoholgenuss ein absolutes No-Go. Mit vollem Magen ins Wasser zu gehen ist ebenfalls keine gute Idee. Wenn dann noch das Unterschätzen der Wind-, Wetter- und vor allem Strömungsverhältnisse dazukommt, kann es lebensgefährlich werden.

Denn gerade, wenn es flach ins Wasser geht und die Wellen sich an Sandbänken brechen, bevor sie auf den Strand auflaufen, entstehen leicht sogenannte Brandungsrückströme. Diese bilden sich ausgerechnet an den Lücken zwischen den Sandbänken, dort, wo weniger Brandung herrscht und das Wasser vermeintlich ruhiger ist. An diesen Stellen kommt es häufig zu einer vermehrten Rückströmung des Wassers vom Land weg, durch die die Badenden aufs offene Meer hinausgezogen werden können. Geraten Schwimmer in einen Brandungsrückstrom, ist es wichtig, dass sie nicht in Panik verfallen. Dagegen anzuschwimmen ist meist vergeblich und verbraucht nur wertvolle Kräfte. Stattdessen sollten sie Ruhe bewahren und zur Seite weg bzw. parallel zum Strand aus dem Brandungsrückstrom herausschwimmen, um dann ein Stück abseits ans Ufer zu gelangen.

Ablandiger Wind ist eine zusätzliche Gefahr, da dieser einen schnell aufs offene Meer hinaustreibt, besonders, wenn Luftmatratzen und Co im Spiel sind. Diese sollten ohnehin eher im Ferienhaus bleiben, auf dem offenen Meer stellen sie nur eine Gefahrenquelle dar. Vor allem aber ist eins wichtig: nie alleine bzw. an einem menschenleeren Strand in die Fluten zu springen – dann ist nämlich keiner da, wenn man Hilfe braucht. Mensch Katie, das hättest du eigentlich wissen müssen!

Dabei kann sicheres Baden so einfach sein, nämlich in der Nähe der dänischen Rettungsschwimmer von TrygFonden, die besonders in der Hauptsaison an zahlreichen Stränden mit ihren gelb-roten

Rettungstürmen stationiert sind, die ihnen auch bei viel Betrieb einen guten Überblick gewährleisten. Der von ihnen überwachte Strandabschnitt, an dem unter Aufsicht gebadet werden kann, ist durch zwei ebenfalls gelb-rote Fahnen abgesteckt. Eine Fahne auf dem Turm signalisiert, wenn Gefahr droht: Gelb warnt, z. B. vor tückischen Strömungen, bei Rot besteht Lebensgefahr, das Baden ist verboten.

BADEREGELN

Die von TrygFondens Kystlivredning, der dänischen Wasserwacht herausgegebenen Baderegeln lauten:

1. Lerne schwimmen.
2. Gehe niemals allein ins Wasser.
3. Beachte Wind und Wasser.
4. Mache dich mit dem Strand vertraut.
5. Behalte immer die Kinder im Auge.

28 WARUM MUSS ICH SO FRÜH LOS?

PÜNKTLICHKEIT IST EINE ZIER

Jan winkt noch einmal nach hinten und gibt dann Gas. Als er die Hauptstraße erreicht, ist Katie aus dem Rückspiegel verschwunden – und Jan atmet aus. Die letzten Tage sind, nun ja, anstrengend gewesen, muss er sich eingestehen. Auch schön, klar, aber doch sehr intensiv. So viel zusammen verbrachte Zeit, so viele neue Dinge in einem neuen Land, und so viel Katie. Manchmal ist es einfach ein bisschen heftig gewesen.

Während er die 181 hinunter fährt, denkt Jan nach: Liegen die Holprigkeiten der letzten Tage wirklich an Dänemark, das für ihn zugegebenermaßen unbekanntes Terrain ist? Oder daran, dass Katie und er plötzlich 24/7 aufeinandersitzen, obwohl es in letzter Zeit ohnehin schwierig war, auch weil sie noch lange nicht alle der sich über Wochen und Monate aufgestauten Probleme gelöst haben? Oder ist es einfach Katie? Sie ist nun mal wie sie ist – Jan muss unwillkürlich lächeln –, doch in Dänemark, so scheint es ihm, in einer intensiveren oder vielleicht potenzierten Version ihrer selbst. So viel Begeisterung, so viel Enthusiasmus, so viel Ortskenntnis und Wissen um die dänischen Verhältnisse! Aber auch so viel Enttäuschung, wenn er, Jan, etwas nicht mitbekommt, so belehrend, wenn er etwas nicht checkt, und so voller Trauer, wenn er nicht ebenso empfindet wie sie.

Jan seufzt. Eigentlich liebt er seine Katie. Sie ist klug, neugierig, witzig, voller Lebensfreude und echt attraktiv. Wenn da nicht diese nervigen Streitereien wären, die sich vor allem in den vergangenen sechs Monaten immer wieder um Verpflichtungen, Bindung und eine gemeinsame Zukunft drehten. Tsja, denkt Jan, an und für sich hat er nichts dagegen und eigentlich mag er den Gedanken, für immer mit Katie zusammen zu sein – andererseits ist das dann doch eine ziemliche Verpflichtung. Also wenn man zusammenzieht, so wie Katie sich das wünscht, und sich eine gemeinsame Zukunft aufbaut, wie sie das nennt. Das klingt so, ja, spießig. Da ist der Bausparvertrag fast zum Greifen nahe, und dann der ganze Rest. Will er das wirklich? Kann er das überhaupt? Jan weiß es nicht.

Na ja, Grübeln bringt eh nichts, sagt Jan sich und verscheucht alle Gedanken an Katie aus seinem Kopf. Dann gibt er mal besser Gas! Ach nein, das soll er ja nicht, das kann hier in Dänemark teuer werden. Doch wenn er pünktlich kommen will ... Obwohl, das Projekttreffen beginnt ohnehin mit *kaffe og boller*, wie es oben auf der Agenda heißt. Also Kaffee und Brötchen – wozu eigentlich? Sein Frühstück hat Jan schließlich bereits gehabt und zunehmen will er auch nicht. Diesen Punkt kann er sich wohl sparen. Lieber auf die wichtigen Themen konzentrieren, die den Tag über anstehen! Denn da das Projekt gerade erst gestartet ist, gilt es, bei dem Meeting noch einige inhaltliche Unstimmigkeiten zu klären und die Projektziele etwas detaillierter zu definieren.

Von ihm aus hätten sie das alles auch gleich in die Tagesordnung schreiben können, so mit Unterpunkten und Feingliederung, findet Jan. Dann hätten sie jedenfalls schon mal alles beisammen und Ordnung in die Sache gebracht. Doch der dänische Projektleiter mag es wohl lieber kurz und knapp, jedenfalls ist so die Agenda ausgefallen. Gut, sie würden sich schon zusammenraufen. Die Mails hatten bislang jedenfalls immer freundlich geklungen, auch wenn sie gelegentlich irritierend kurz verfasst waren. Doch vielleicht macht man das in Dänemark so im Business? Schade, denkt Jan, dass er Katie das gerade nicht fragen kann, aber sie ist nun mal nicht dabei. Und ein bisschen Freiraum und ein Ortswechsel sind jetzt genau das Richtige – für ihn jedenfalls, aber wahrscheinlich für sie beide. Jan würde sich ganz auf das bevorstehende Meeting konzentrieren. Und abends wollen sie in Kolding mit den dänischen Projektpartnern zusammen weggehen, das wird sicher nett. Jan nimmt sich vor, das anstehende Projekttreffen auf jeden Fall für sein berufliches Fortkommen zu nutzen und darüber hinaus eine gute Zeit zu haben.

Det skal nok gå

Pünktlichkeit ist eine rein deutsche Tugend? Weit gefehlt! Gleich zu Beginn seines Businesstrips ist Jan leider kurz davor, einen Kardinalfehler zu begehen: Zuspätkommen wird in Dänemark gar nicht gerne gesehen. Obwohl das Erscheinen mit dem Glockenschlag gemeinhin als urpreußische Tugend deklariert wird, ist sie den Dänen mindestens genauso wichtig wie ihren deutschen Nachbarn, und zwar im Geschäftsleben ebenso wie im Privaten. Denn die Dänen gehen grundsätzlich davon aus, dass die Zeit ihres Gegenübers wertvoll ist, genauso wie ihre eigene. Entsprechend handeln sie und erwarten den gleichen Respekt auch von ihren Partnern. Wer sich verspätet, wird in Dänemark zwar nicht öffentlich gerügt – wenn möglich wird ein Konflikt eher vermieden. Doch der Verspätete gilt dann auch nicht unbedingt als verlässlicher Geschäftspartner. Das ist schade, denn gerade Verlässlichkeit und gegenseitiges Vertrauen sind den Dänen bei langfristigen Kooperationen besonders wichtig. Wenn man absehen kann, dass man später kommt, sollte man also gerne vorher telefonisch Bescheid geben und zudem einen guten Grund für die Unpünktlichkeit haben.

Außerdem unterschätzt Jan grundlegend den ersten, nur scheinbar informellen Punkt auf der Agenda des Treffens zwischen den deutschen und dänischen Projektpartnern. *Kaffe og boller*, das klingt so nett und harmlos – doch ein Kaffee und ein paar Brötchen oder Gebäckstücke machen tatsächlich einen Unterschied im Land des Miteinanders auf Augenhöhe aus. Relevant ist nämlich bei diesem vermeintlich lockeren Beginn, dass die Partner einander faktisch in die Augen sehen, sich kennenlernen und miteinander vertraut werden.

Denn die Dänen brauchen vor dem eigentlichen Gespräch oder gar harten Verhandlungen eine Warmlaufphase, in der sie sich auf ihre Gesprächspartner einstimmen. Was würde sich da besser eignen als ein dortzulande sehr geschätztes Heißgetränk und eine Kleinigkeit zu essen? Dann kommt gleich ein bisschen *Hygge* auf, und man versteht sich sofort viel besser. Und kann den Gegenüber vorsichtig abchecken, ohne sich gleich in Konflikte zu begeben.

Bei dem Gespräch vor dem Gespräch wollen die Dänen vor allem den Menschen kennenlernen, mit dem sie es in Zukunft zu tun haben. Vertrauenswürdigkeit und gegenseitiger Respekt spielen eine ganz wichtige Rolle in Geschäftsbeziehungen jeglicher Art. Deshalb ist auch ein persönliches Kennenlernen so wichtig, möglichst vor dem eigentlichen Beginn der Zusammenarbeit. Jan und seine deutschen Kollegen sind gut beraten, wenn sie sich dafür Zeit nehmen, denn dann werden das Projekt und die Kommunikation drum herum deutlich besser und leichter laufen. Erscheinen sie hingegen erst, wenn der letzte Kaffee getrunken und das letzte Brötchen verspeist sind, haben sie einen wesentlichen Teil des ›Business‹ aus dänischer Sicht bereits verpasst, womöglich ohne es zu merken.

Was hingegen gerne kurz und bündig ausfallen darf, ist die Agenda. Zwar wird es in Dänemark für die meisten Treffen eine geben, weil die Dänen gerne strukturiert und zügig arbeiten. Doch eine ausufernde deutsche Tagesordnung mit zahllosen Punkten und Unterpunkten ist nicht ihr Ding. Sie mögen es kurz, dazu gehört auch, dass wichtige Entscheidungen bei Businessmeetings zwar schriftlich festgehalten werden, aber bitte mit möglichst wenig Papierarbeit.

Das bedeutet zum einen, dass bei Geschäftsterminen eher ein Ergebnis- als ein Verlaufsprotokoll erstellt wird. Zum anderen darf dieses gerne digital ausfallen und online verbreitet oder bereitgestellt werden, denn viele Unternehmen und Behörden in Dänemark arbeiten bereits nach dem Grundsatz des ›papierlosen Büros‹ oder streben dies zumindest an. Jan wird nach seinem Businesstrip also hoffentlich nur eine überschaubare Menge an Papierwust haben, dafür jedoch alle relevanten Informationen auf einen Blick erhalten. Diese gehen ebenso selbstverständlich an alle ins Projekt eingebundenen Kollegen, damit jeder gleichermaßen informiert ist.

GÜNSTIGE ZEITPUNKTE FÜR GESCHÄFTSTERMINE IN DÄNEMARK

Die meisten Dänen stehen früh auf, versorgen ihre Kinder und beginnen zeitig mit der Arbeit. Das hat zur Folge, dass der dänische Arbeitstag oft früher beginnt als der deutsche und auch entsprechend früher endet. Klug beraten ist deshalb derjenige, der Geschäftstermine in den (frühen) Vormittag legt, jedenfalls wenn er genug Zeit zur Verfügung haben möchte. Denn um 11.30 Uhr steht meist schon wieder die *frokost*, d. h. der Mittagssnack und damit die Mittagspause an (siehe Kapitel 24).

Außerdem sollte bedacht werden, dass die Dänen, und zwar Väter und Mütter gleichermaßen, nachmittags die Kinder aus der Betreuung abholen. Es wird also kaum ein Meeting geben, das über 16 Uhr hinausgeht. Hierfür ist Verständnis und kein Naserümpfen angebracht, denn in Dänemark hat die Familie einen hohen Stellenwert. Und seine Businesstermine mit Kürze und Würze hinter sich zu bringen, hat ja auch etwas für sich!

29 DU ODER SIE?

VON DUZ-FREUNDEN UND CHEFINNEN

Jetzt ist Jan bald da. Er ist doch ganz flott durchgekommen, obwohl ihm die Strecke bis nach Kolding trotz der nur knapp 140 Kilometer lang erschienen ist. Beginnt er etwa, das dänische Gefühl für vermeintlich ›lange‹ Distanzen zu übernehmen? Nein, das kann gar nicht sein. Das passt nicht zu ihm.

Schnell denkt Jan an etwas anderes. Wie wohl die erste Begegnung mit den dänischen Projektpartnern ablaufen wird? Hoffentlich ist er nicht zu schlecht angezogen, also zu underdressed. Da macht Jan sich schon ein bisschen Sorgen. Die entspannte Haltung der letzten Woche hat offenbar auf seinen Kleidungsstil abgefärbt. An sich kein Problem, er kleidet sich gerne etwas lässiger und hat es nicht so mit den steifen Kragen. Doch ob das beim Business Meeting so angebracht ist? Die Hose ist zwar schick und das Hemd ebenfalls, doch eine Krawatte trägt er nicht. Gut, dass wenigstens sein Sakko auf der Rückbank liegt. Aber der alte Kombi, mit dem er gleich vorfahren wird, macht echt nicht viel her.

Na ja, sei's drum. *Det skal nok gå* ... Mist! Das ist doch eine von Katies Redewendungen, also eigentlich ja eine dänische. Zu oft gehört, denkt Jan sich, doch das wird sich jetzt ja schnell wieder geben. Nicht, dass ihm das noch in Fleisch und Blut übergeht!

Und da ist er schon. Energisch parkt Jan vor dem Gebäude, in dem das deutsch-dänische Projekttreffen stattfindet, steigt aus und geht zielstrebig auf den Eingang zu. Wo muss er überhaupt hin? Ah, im Eingangsbereich befindet sich ein großer Bildschirm, auf dem die verschiedenen Projekte und ihre Meetings samt Räumen angezeigt werden. Wie praktisch! Überhaupt macht der gesamte Gebäudekomplex einen äußerst funktionalen Eindruck. Und beeindruckend, was hier alles stattfindet!

Schnell springt Jan die Treppe hinauf und findet auf Anhieb den richtigen Raum. Mit Erleichterung stellt er fest, dass alle anderen zwar schon da sind, jedoch noch locker mit Kaffeebechern in den Händen zusammenstehen. Und von den unbekannten Gesichtern stecken zwar die meisten im Hemdkragen, aber kaum jemand hat eine Krawatte um, ganz im Gegensatz zu seinen deutschen Kollegen. Bei den Dänen haben drei oder vier sogar Jeans an.

»Jan, da bist du ja!« Ein sportlich aussehender, hagerer Typ begrüßt ihn, und Jan freut sich: »*Hej* Philipp, wie schön, lange nicht gesehen! Cool, dass du auch bei dem Projekt dabei bist. Läufst du immer noch so viel?«

»Na klar!« Sie schütteln sich die Hände und Philipp grinst seinen Kumpel von früher an. »Du weißt doch, ich kann nicht ohne.«

»Ah, da kennen sich ja schon zwei!« Plötzlich steht Jans Chef neben ihnen. War klar, der will immer über alles Bescheid wissen. Schnell berappelt sich Jan: »Guten Morgen, Herr Zimmer. Ja, wir kennen uns tatsächlich, und zwar aus dem Studium. Darf ich vorstellen: Herr Zimmer – Herr Rasmussen. Herr Rasmussen war mit mir gemeinsam in einem studentischen Gremium. Wir haben damals schon ein Projekt zusammen durchgezogen.«

»Ja«, bestätigt Philipp, »später bin ich nach Dänemark gegangen, habe hier weiter studiert und danach einen Job in Kolding angenommen. Als ich im Projektplan gesehen habe, dass Jan mit dabei ist, habe ich mich natürlich gefreut.«

Jans Chef nickt zufrieden, und Jan weiß, dass sein ›lockerer‹ Einstieg damit abgesegnet ist. Herr Zimmer ist immer glücklich, wenn er die Leute einordnen kann und während der Arbeit nicht allzu viel über Privates geredet wird. Schade eigentlich, denkt Jan, denn Sport ist an sich ein harmloses Thema, und schließlich zählt im Job ja der ganze Mensch. Nun gut, für Herrn Zimmer steht stets das Geschäftliche an erster Stelle, und dann kommt lange nichts. Auf keinen Fall wird Jan ihm auf die Nase binden, dass seine ›Projektarbeit‹ mit Philipp eher politischer Natur war und sie zusammen eine Demo gegen die Arbeitsbedingungen am Klinikum ihrer Stadt organisiert hatten. So etwas hört sein Chef bestimmt nicht gern.

Egal, das liegt ja auch in der Vergangenheit. Bei Gelegenheit wird Jan Philipp mal fragen, unter welchen Bedingungen hier in Dänemark grundsätzlich so gearbeitet wird, doch jetzt gilt es zunächst, die anderen Projektteilnehmer und vor allem den dänischen Chef kennenzulernen. Jan ist froh, dass Philipp ihn weiter zu einer größeren Gruppe lotst und seinen dänischen Kollegen vorstellt. Sie scheinen alle sehr nett zu sein. Philipp muss ihnen auch schon einiges über Jan erzählt haben, jedenfalls duzen sie ihn gleich. Na ja, das kann ja nicht schaden. Doch wo ist jetzt der dänische Vorgesetzte?

Als er Philipp vorsichtig danach fragt, schmunzelt dieser und nickt unauffällig zu einer lebhaften, schlanken Frau mit kurzen Haaren und schönen braunen Augen hinüber, die sich blendend mit den anderen zu verstehen scheint. »Na, Tine ist unsere Chefin, die habe ich dir doch bereits vorgestellt. Ihr müsstet auch schon Mails miteinander ausgetauscht haben.«

Ah, dann ist das also Frau Claussen! Die hat Jan sich nach den eher knappen und äußerst korrekt verfassten Mails ganz anders vorgestellt. So kann man sich irren! Aber hat nicht in ihrer Signatur etwas von *teamleder* gestanden, also Teamleiterin? Das heißt dann also in Wirklichkeit Chefin! Die Bezeichnungen für Leitungspositionen sind in Dänemark wohl etwas andere als in Deutschland, das wird Jan gerade bewusst. Doch eigentlich findet er das ganz angenehm, er fühlt sich eher ebenbürtig. So freut er sich auf das Projekt noch mehr als ohnehin schon.

Det skal nok gå

Gut, dass Jan doch noch halbwegs pünktlich kommt. Und er fügt sich auch im Handumdrehen in die Gruppe ein, nicht zuletzt aufgrund seiner aus deutscher Sicht eher legeren Kleidung. Doch wer beim ersten Zusammentreffen mit dänischen Geschäftspartnern punkten will, zieht eben nicht den schwarzen Anzug mit weißem Hemd und Krawatte an, sondern kleidet sich stilvoll, aber nicht zu förmlich. Wenn die Dänen sich richtig schick machen, dann eher für eine Feier im privaten Bereich.

Jans Sorgen in Bezug auf seine Kleidung sind also unnötig, ebenso wie die mit Blick auf sein altes Auto. Im Gegenteil! Denn in Dänemark sollte man eher nicht mit dem neuen Mercedes vorfahren, das wirkt in einem Land, in dem Pkw mit einer Luxussteuer von 120–180 Prozent belegt werden, protzig und unangebracht. Klug beraten ist hingegen, wer in großen Städten wie Kopenhagen die öffentlichen Verkehrsmittel oder gar das Fahrrad nutzt, um zu seinem Business Meeting zu gelangen. Ihre Fahrzeuge fahren die Dänen wegen der hohen Neuanschaffungskosten so lange wie möglich; insofern sieht man öfter ältere Pkw auf den Straßen. Jan passt hier gut ins Bild.

Vor allem aber hilft ihm die Bekanntschaft zu Philipp bei einem guten ersten Eindruck bei den dänischen Geschäftspartnern. Was auf Jans deutschen Chef eher befremdlich wirkt – die Vertrautheit mit Philipp und der kurze Austausch über Sport und Hobbys – ist für die Dänen eine Möglichkeit, die Person hinter dem Projektpartner kennenzulernen, und das ist das, was sie zuerst interessiert. Die persönliche Bekanntschaft ist die Basis für einen Vertrauensaufbau und damit die Grundlage für das Geschäftliche. Philipp, der schon eine Weile in Dänemark lebt und arbeitet, weiß das natürlich und stellt Jan deshalb auch persönlich seinen Kollegen vor.

Diese duzen Jan jedoch nicht deswegen – es ist im Land des *Janteloven*, des unausgesprochenen ›Gleichheitsgesetzes‹ (siehe Kapitel 6) einfach die übliche Anrede. Während Jan seinen Chef ebenso selbstverständlich siezt wie dieser ihn, wird die förmliche

Ansprache mit ›Sie‹ in Dänemark nur der Königin zuteil. Das ›Du‹ ist jedoch keineswegs respektlos zu verstehen, es reduziert lediglich die Distanz zwischen den Anwesenden und stellt klar, dass sie alle auf einer Stufe stehen und prinzipiell gleichberechtigt miteinander agieren und kommunizieren.

Überhaupt bewegen sich die Dänen untereinander gern auf Augenhöhe. Alle sind gleich wichtig und die Arbeit eines jeden Einzelnen ist wertvoll, sei er nun Geschäftsführer oder Hausmeister; das ist eine Grundeinstellung in Dänemark. Auch der ›Chef‹ einer Projektgruppe versteht sich eher als Leiter eines Teams, in dem jeder einen relevanten Part hat und gehört wird, und nicht als ein von oben herab regierender Gebieter. Das bedeutet nicht, dass es in Dänemark keine Hierarchien gibt, sie werden jedoch anders gelebt und nicht offensiv nach außen getragen. Entsprechend braucht Jan etwas, um herauszufinden, dass Tine die dänische Projektgruppe leitet. Überhaupt sind Frauen in Führungspositionen in Dänemark keine Seltenheit.

30 PLANEN ODER MACHEN?

DEUTSCHE ALPHATIERE UND DÄNISCHE DEESKALATION

»Ja, und im Arbeitspaket 4 haben wir schon einige kleine Tests mit der Software durchgeführt, die sind ganz gut verlaufen«, schließt Steffen, der im dänischen Teil des Projekts für die Simulationsumgebung zuständig ist, seine Ausführungen ab. Tine, die dänische Teamleiterin, nickt ihm zufrieden zu und richtet ihren Blick dann auf die deutschen Projektpartner. Jetzt wäre eigentlich die deutsche Seite dran, um von ihrer Sicht auf das in Frage stehende Arbeitspaket zu berichten. Doch auf der rechten Seite der in Hufeisenform aufgestellten Tischformation herrscht verdutztes Schweigen.

Jan ist zugegebenermaßen auch etwas verwirrt. Er hat gedacht, dass es heute um die Feinabstimmung der Planung sowie der einzelnen Arbeitspakete gehen würde, die Details der Projektziele und die Definitionen im Projekthandbuch, bevor sie dann gemeinsam richtig loslegen. Doch die Dänen sind offenbar bereits am Machen!

»Sie, äh, ihr habt schon angefangen?« Jans Chef sieht ziemlich entgeistert aus. Steffen, der dänische Mitarbeiter, guckt verunsichert, versucht aber, noch einmal zu erläutern: »*Nå,* wir haben lediglich ausprobiert, ob sich das CBM-Programm für die Testumgebung eignet. Wenn das der Fall ist, können wir es gegebenenfalls auch in Arbeitspaket 3 einsetzen.«

»In Arbeitspaket 3?« Herr Zimmer scheint nicht beruhigt, im Gegenteil. Seine Stimme kiekst verdächtig: »Für das dritte Arbeitspaket sind doch Frau Thebet und Herr Kutz zuständig und nicht Sie!« Herr Zimmer ist ganz rot im Gesicht geworden. Jan weiß, dass das kein gutes Zeichen ist. Soll er etwas sagen? Doch da poltert sein Chef auch schon los: »Ich verstehe gar nicht, was das soll! Zu Beginn des Projekts gleich die Kompetenzen und Verantwortlichkeiten umzuverteilen ist höchst bedenklich! Dann weiß man ja gar nicht mehr, wer berechtigt ist, was zu machen. Außerdem dachte ich, dass das unser gemeinsames Projekt ist und wir es zusammen umsetzen und planen! Ihr habt einfach ohne uns begonnen – so geht das nicht!«

ABSAGE VON MEETINGS UND UNGEEIGNETE ZEITPUNKTE

Auch in Dänemark ist es möglich, dass Meetings und Geschäftstreffen kurzfristig abgesagt werden. Das ist nicht angenehm, geschieht aber immer aus guten Gründen. Darunter sind jedoch auch solche, die deutsche Geschäftsleute manchmal schwer nachvollziehen können. So wird auch ein CEO das Meeting absagen, falls sein Kind krank ist und betreut werden muss, wenn seine Lebenspartnerin zeitgleich wichtige Termine wahrnimmt. Es können auch ein dringender Banktermin, der Hauskauf oder einfach das Abholen der Kinder aus dem Kindergarten der Grund dafür sein, dass Termine pünktlich um oder auch vor 16 Uhr enden bzw. abgebrochen werden müssen.

Das sagt etwas über die Lebenseinstellung der Dänen aus: Zum einen, welch hohe Priorität die Familie genießt, und zum anderen, dass sie arbeiten, um zu leben – und nicht umgekehrt; etwas, das manche Deutsche erst nach dem Burnout oder dem Hörsturz begreifen. Als deutscher Geschäftspartner sollte man für solche Absagen, die im Übrigen auch ganz offen kommuniziert werden, Verständnis zeigen, jedenfalls wenn man langfristig mit seinem dänischen Gegenüber zusammenarbeiten will.

Darüber hinaus sollte berücksichtigt werden, dass sich manche Zeiten von vornherein nicht für geschäftliche Terminvereinbarungen eignen. So ist regelmäßig in der Kalenderwoche 7/8 schulfrei, und nahezu alle Dänen befinden sich im Winterurlaub. Ähnliches gilt für die dänischen Sommerferien, die normalerweise von Ende Juni bis Anfang August dauern, und die Herbstferien in Kalenderwoche 42.

Selten hat Jan seinen Chef in der Öffentlichkeit so erzürnt erlebt. Das sieht gar nicht gut aus, besonders nicht mit Blick auf die zukünftige Zusammenarbeit – dabei ist das hier das erste Meeting! Soll Jan eingreifen? Doch dann kann es sein, dass er die schlechte Laune seines Vorgesetzten zu spüren bekommt, und das will Jan auf keinen Fall. Da ergreift Tine das Wort, zum Glück ganz ruhig: »Hans, *det var ikke ment sådan* – das war gar nicht so gemeint.« Sie lächelt Herrn Zimmer an, als wäre nichts Besonderes passiert und es außerdem völlig normal, ihn in so einer Situation gelassen anzusprechen. Und das auch noch mit seinem Vornamen! Tine erläutert: »Wir wollten nur wissen, ob die Methode funktioniert, bevor wir weiter planen. Das waren nichts als ein paar kleine Vorversuche. Natürlich wollen wir hier mit euch abstimmen, wie wir weitermachen und ob wir die Applikation in der Testumgebung sicher einsetzen können.«

»Mmmh«, brummelt Hans Zimmer, schon etwas beherrschter, »und warum der Bezug auf die Sicherheitskomponente? Das steht auch nicht im Projektantrag!«

»Ja«, stimmt jetzt Philipp zu, der neben Tine sitzt, »das ist richtig. Das ist jedoch ein Punkt, der in unserer Marketingstrategie verankert ist und deshalb Priorität hat. Wir denken, dass wir darauf vielleicht bei der ersten Publikumspräsentation eingehen können, jedenfalls wenn unsere Ergebnisse stimmen.«

»Na gut. Diese Strategie ist mir zwar noch nicht bekannt, doch sie scheint wiederum gut zur Ausrichtung unseres deutschen Firmenprofils zu passen.« Herr Zimmer ist offensichtlich noch nicht ganz zufrieden, jedoch schon wieder etwas ruhiger gestimmt. »Aber die weiteren Tests und die abschließende Auswahl der Software nehmen wir zusammen vor! Es soll ja schließlich keiner abgehängt werden bei so einem gemeinsamen Projekt.«

Det skal nok gå

Oha, das ist ja richtig schön schiefgegangen. Das erste Projektgespräch der neuen deutsch-dänischen Partner scheint mit Fettnäpfchen gepflastert zu sein – oder vielmehr mit echten kulturellen Unterschieden, die zu leichten Reibereien führen. Denn wo die Deutschen noch planen, sind die Dänen schon am Machen. Das hat – nicht nur in diesem Fall – gar nichts damit zu tun, dass die dänischen Projektpartner ihre deutschen Kollegen abhängen, außen vor lassen oder gar überflügeln wollen. Sie begreifen nur den Prozess des Planens anders, nämlich als einen, der das erste Ausprobieren und anfängliche Entwicklungsschritte schon enthält. Ihr ›Plan‹ entwickelt sich im Tun, im Rückkoppeln von Versuch, Irrtum und Ergebnisanpassung. Man könnte auch sagen, dass die Dänen tendenziell in ihrer Arbeitsweise dem Prinzip der Agilität folgen, wie es so schön in moderner Projektmanagementsprache heißt.

Dieses Vorgehen missversteht jedoch Herr Zimmer, Jans Vorgesetzter. Er fühlt sich ausgebootet und verhält sich daraufhin wie ein typisches deutsches Alphatier. In dieser Stresssituation glaubt er, seine Interessen verteidigen zu müssen, und rutscht sogar wieder ins ›Sie‹ zurück. Denn sein eher herkömmliches Verständnis von Projektplanung beruht auf der Annahme, dass die Partner zuerst bis ins kleinste Detail den sogenannten ›Plan‹ ausarbeiten und zuteilen, wer was wann macht, und dann erst mit der eigentlichen Arbeit beginnen. Dass die Dänen schon loslegen, ruft in ihm die Angst wach, dass sie ihm bereits einen Schritt voraus sind. Und zwar ohne sich mit ihm, dem deutschen Projektleiter, abgestimmt zu haben! Für die zukünftige Zusammenarbeit befürchtet er, dass sie ihn auch im Folgenden hinter sich zurücklassen. Dabei ist das gar nicht die Intention der Dänen.

Weil Herr Zimmer so stark darauf schaut, wer berechtigt ist, welchen Teil des Projekts durchzuführen, begreift er auch Steffens Vorschlag, die gewählte Methode bei Erfolg von einem Arbeitspaket auf ein anderes zu übertragen, als Überschreitung von (relativ eng gesetzten) Zuständigkeitsgrenzen. Das wiederum entspricht jedoch nicht der Auffassung vom kompetenten und eigenverantwortlichen Handeln, die dänischen Mitarbeitern in der Regel zu eigen ist. Sie lernen oft schon in Schule & Co, nicht penibel auf Zuständigkeiten zu gucken, sondern einfach ihren Teil zu leisten, um das große Ganze voranzubringen.

Als Maßstab für ein angebrachtes Vorgehen gelten dabei die allgemeinen Unternehmensziele und der gesunde Menschenverstand. Gibt es differenziertere Arbeits- und Verhaltensregeln, werden diese in Dänemark zumeist nicht an die große Glocke gehängt, sondern offenbaren sich im Verlauf des Arbeitsprozesses. Entsprechend werden auch Mitarbeiter selten und schon gar nicht öffentlich gerügt, sollten sie tatsächlich einmal ihre Grenzen überschritten haben. Die Dänen erweisen sich in den meisten Fällen als harmoniebedürftig bzw. konfliktscheu.

Deshalb fällt Herr Zimmer mit seinem aggressiven Verhalten auch so sehr aus dem Rahmen. Glücklicherweise weiß Tine, die dänische Projektleiterin, wie sie Hans auf der gleichen Hierarchieebene – von Chef zu Chef – begegnen kann. Sie schafft es, sich geschickt vor ihren Mitarbeiter zu stellen und die Situation zu deeskalieren, indem sie Hans ihr Vorgehen erläutert und deutlich macht, dass er selbstverständlich in den immerwährenden Abstimmungsprozess zwischen den Projektpartnern eingebunden ist und das auch so bleiben wird.

Das bedeutet nicht, dass sie Hans' Ausfälligkeiten nicht als solche wahrgenommen hat oder diese Szene keine Folgen für das weitere Projekt haben wird; es heißt nur, dass Tine diesen Konflikt nicht offen und schon gar nicht vor Publikum ausgetragen sehen möchte. Ihre Position weiß sie anders zu festigen als Hans, nämlich nicht durch dominantes Auftreten und Gepolter, sondern durch Verhandlungsgeschick und gute Kommunikation.

Die unausgesprochenen Vorgehensweisen und Kodexe eines dänischen Unternehmens sind für Außenseiter oft schwer zu durchschauen. Sie erschließen sich einem meist nach und nach oder durch das vorsichtige Nachfragen bei der einen oder anderen erfahrenen Kollegin. Worauf man sich jedoch immer verlassen kann, ist die strategische Ausrichtung einer Firma. Diese lässt sich gut an den jeweiligen Prioritäten ablesen. Im Setzen derselben sowie im Aufstellen von Unternehmensstrategien sind die Dänen wirklich gut. Herr Zimmer tut also klug daran, sich vor dem nächsten Treffen mit seinen Projektpartnern in deren Strategiepapiere zu vertiefen. Das klingt aufwendig, kann sich jedoch langfristig lohnen, weil er so viel über die Hintergründe und Motive von Handlungen und Geschäftsentscheidungen erfährt. Denn wenn die Dänen sich erst einmal für eine strategische Linie bzw. bestimmte Prioritäten entschieden haben, ziehen sie diese bis ins kleinste Detail hinein durch.

31 WARUM IST EIN *SMØRREBRØD* KEIN BUTTERBROT?

PROBIEREN GEHT ÜBER STUDIEREN

Endlich Mittagspause! Jan scheint es, als sei er nicht der Einzige, der erleichtert aufatmet, als sie sich von ihren Stühlen erheben. Der Vormittag ist mit all dem Kennenlernen, der Diskussion der verschiedenen Arbeitspakete und dem sprachlichen Mix aus Dänisch, Deutsch und Englisch doch recht anstrengend gewesen. Jetzt freut Jan sich auf eine kleine Auszeit – und etwas zu essen.

Sie strömen alle gemeinsam in den Nebenraum, wo bereits ein kleines Buffet am Rand sowie Teller, Becher und große Krüge mit Wasser auf den Tischen auf sie warten. Tine spricht ein paar einladende Worte und berichtet, dass sie sich so gut wie jeden Tag mit den Kollegen der anderen Projektteams vom gleichen Flur mittags zusammensetzen und gemeinsam essen. »Jeder bringt seine *frokost* mit, und wir können uns untereinander austauschen«, erläutert sie. »So lernen wir, woran die anderen arbeiten und wie sie Probleme lösen, das ist sehr produktiv.«

»Und es ist eine gute Gelegenheit, nette Kolleginnen zu treffen«, scherzt Philipp, der sich neben Jan gestellt hat, allerdings so leise, dass nur dieser ihn hören kann.

»Danke, kein Bedarf«, gibt Jan zurück, »ich hab ja Katie. Ist zwar nicht immer einfach – aber wenn man auf Dauer zusammen ist, ist es das wohl nie.«

»Tsja, irgendwann muss man sich entscheiden, mit allem Drum und Dran«, meint Philipp und spricht damit das aus, was Jan gerade denkt. »Doch das wirst du selber wissen. Ich jedenfalls bin nicht an diesem Punkt – noch nicht. Du weißt ja, ich sehe das eher locker, zumindest bis ich die oder den Richtigen gefunden habe.«

»Ach was, Löwe«, zieht Jan ihn auf, indem er Philipps alten Spitznamen aus Studienzeiten benutzt. In ihrer gemeinsamen Zeit an der Uni hat Philipp nämlich keine Party ausgelassen. »Noch keine hübsche Dänin kennengelernt?«

»Nee, eine Freundin habe ich nicht, falls du das meinst.« Philipp grinst Jan offen an. »Und zurzeit auch keinen Freund. Aber man weiß ja nie, wen man überraschend trifft, oder?« Kumpelhaft boxt er Jan in die Seite, und dieser muss lachen. Philipp ist schon immer ein Freund unverblümter Worte gewesen und hat nie ein Hehl aus seiner Bisexualität gemacht. Und auch nie eins daraus, dass er Jan mehr als mag; doch dieser ist nun mal vergeben.

EIN TOLERANTES LAND

Dänemark ist tolerant! Zumindest weitestgehend, und damit für Lesben, Gays, Bisexuelle und Transgender ein attraktives Land zum Reisen und Leben. Auf dem Gay Travel Index rangiert das kleine Königreich seit einigen Jahren kontinuierlich auf den vorderen Plätzen (zuletzt Platz 4 in 2019). Bereits seit Jahrzehnten engagieren sich dort mehrere Initiativen für die Rechte von LGBTs und gehen gegen Diskriminierung vor.

In vielen Fällen nimmt Dänemark eine Vorreiterrolle ein. So war es weltweit das erste Land, das gleichgeschlechtlichen Paaren eine eingetragene Partnerschaft ermöglichte. Heiraten können sie seit

1989 standesamtlich, jedoch erst seit 2012 auch kirchlich. Die Adoption eines Kindes ist hingegen seit 2009 erlaubt. Eine ausgeprägte LGBT-Szene mit eigenen Treffpunkten, Clubs und Bars gibt es in Dänemark vor allem in den größeren Städten wie Kopenhagen, Aarhus und Aalborg.

Philipp nimmt das allerdings nicht schwer – wie kaum etwas im Leben. Er zwinkert Jan zu: »Lass uns mal etwas futtern, bevor das *frokostbord* total abgeräumt ist. Angeblich leben die Dänen ja fürs Essen. Und wenn ich diese Köstlichkeiten hier sehe, bezeichne ich mich gerne als Bewohner dieses Landes. Hast du überhaupt schon mal *smørrebrød* probiert?«

Jan schüttelt den Kopf. »Ich kenne nur diesen komischen Spruch«, meint er, »und natürlich, was Katie mir über *smørrebrød* erzählt hat. Aber gegessen habe ich es noch nie.« Jan weiß, dass Katie das dänische *smørrebrød* liebt; oft genug hat sie ihm davon vorgeschwärmt. Sie wäre sicher entzückt, wenn sie die großen Platten mit den kunstvoll belegten Broten hier sehen könnte. Zwar sehen die zubereiteten Häppchen teils schon ziemlich exotisch aus, findet Jan, doch er ist neugierig, wie die dänische Spezialität schmeckt.

Philipp reißt ihn aus seinen Gedanken: »Welchen Spruch?« Doch da tönt es bereits hinter ihnen: »*Smørrebrød, smørrebrød, røm, pøm, pøm, pøm.*« Einer von Jans Kollegen hat sich unbemerkt angeschlichen und grinst sie an, den Teller schon in der Hand. »Das ist aus der Muppet Show!« Ulf kennt immer alle Songs und Filmtitel auswendig. Er ist eine wandelnde Mediathek, auch für Kinderfilme und Serien, obwohl er schon deutlich über 50 Lenze zählt. Was Ulf an Humor zu viel hat, hat er an Haupthaar zu wenig, doch das tut seinem selbstbewussten Auftreten keinen Abbruch.

»Ach, der dänische Koch!« Jetzt fällt der Groschen bei Philipp, doch er verzieht gleich den Mund. »Ist der nicht in Wirklichkeit schwedisch? Jedenfalls hat das, was der veranstaltet, wenig mit dem wirklichen *smørrebrød* zu tun.«

»Was, ist *smørrebrød* tatsächlich mehr als ein Butterbrot?«, nimmt Ulf Philipp auf den Arm. »Na, dann muss ich es wohl probieren.« Spricht es, lädt sich den Teller voll und verschwindet, wobei er sich bereits den ersten Happen in den Mund schiebt. »Tut mir leid«, Jan sieht dem mampfenden Kollegen mit der reduzierten Haarpracht kopfschüttelnd hinterher und wendet sich dann wieder Philipp zu, »er veräppelt uns auch immer. Ulf ist zwar ein herzensguter Typ, doch leider ohne Manieren.«

»Kein Problem.« Philipp nimmt die kleine Frotzelei nicht krumm. »Ich habe inzwischen gelernt, mit dem dänischen Humor zu leben; da verkrafte ich das erst recht.«

Det skal nok gå

Tsja, der dänische Humor kann schon ganz schön bissig oder auch mal sarkastisch daherkommen. Dagegen ist Ulfs Geplänkel relativ harmlos – aber dennoch unangebracht. Denn auch, wenn die Dänen sich selbst gern auf die Schippe nehmen, dürfen das Ausländer nicht so ohne Weiteres. Gerade wenn man als Deutscher in Dänemark neue Geschäftsbeziehungen knüpfen möchte, sollte man sich mit spöttischen Bemerkungen zurückhalten und schon gar nicht auf Klischees oder dänischen Besonderheiten herumhacken. Und beliebte dänische Nationalgerichte sind für Scherze total tabu!

Außerdem ist das *smørrebrød* tatsächlich mehr als ein Butterbrot. Zwar besteht die Basis aus Brot, wobei es sich meist um dunkles Vollkorn- bzw. Roggenbrot handelt. Das wird mit dänischer, sprich gesalzener Butter bestrichen. Auf dieser Grundlage türmen sich dann jedoch kunstvoll arrangierte Aufschnitte, Fleisch- und Fisch-Spezialitäten sowie Ei, Kresse, Gurken, Tomaten, Krabben, Dill, Fruchthäppchen, Röstzwiebeln, Remoulade, Leberpastete, Zitronenscheiben, Petersilie, ja sogar Kaviar.

Natürlich nicht alles auf einmal, sondern in ausgewählten Zusammensetzungen, auf jeden Fall aber immer viel. Denn das klassische *smørrebrød* wird dick und vor allem hoch belegt, es eignet sich also im Gegensatz zu seinem deutschen Pendant nicht zum Zusammenklappen und Mitnehmen. Selbstredend gibt es neben den traditionellen fleisch- und fischhaltigen Versionen inzwischen auch vegetarische und vegane Varianten, die eher der modernen, leichten skandinavischen Küche, wie sie in den letzten Jahren z. B. in Kopenhagen im Aufschwung ist, entsprechen.

Auf jeden Fall ist die Zubereitung eines *smørrebrød* eine richtige Kunst. In Dänemark ist es sogar möglich, eine drei Jahre dauernde Ausbildung zur *smørrebrødsjomfru* oder zum *smørrebrødschef* zu machen – und das sagt einiges über den Status des vermeintlichen ›Butterbrotes‹ aus.

LEBEN, UM ZU ESSEN?

Es gibt ein geflügeltes Wort in Skandinavien: Die Dänen leben, um zu essen, die Norweger essen, um zu leben, und die Schweden leben, um zu trinken. Wie an allen Redensarten ist daran zumindest ein Quäntchen Wahrheit: Die Dänen essen sehr gerne und genießen ihre Mahlzeiten, die mit *morgenmad, frokost, eftermiddagskaffe* und *middag* fest in den Tagesablauf integriert sind (siehe Kapitel 24).

Möchte man in Dänemark Fuß fassen, ist es klug, diesem Schema zu folgen und das Zusammensein beim Essen zugleich für soziale Kontakte und den Austausch über interessante Themen zu nutzen. Gemeinsame Mahlzeiten und Gespräche unter Kollegen sind in Dänemark oft Teil der Firmenkultur des Unternehmens, in dem man arbeitet. Denn die Dänen haben erkannt, wie produktiv der in Deutschland eher verpönte ›Kaffeeplausch‹ sein kann. Das geht teilweise so weit, dass Mahlzeiten, die in der Kantine eingenommen werden, oder das gemeinsame *morgenmad* am Vormittag nicht als Pausen- sondern als Arbeitszeiten angerechnet werden.

32 WIE SPRECHE ICH DAS RICHTIG AUS?

›D‹, ›L‹ ODER DOCH ›Ð‹

»Das ist wirklich lecker!« Mittlerweile kaut Jan zufrieden und kann mehr als nachvollziehen, wieso Katie so ein Fan des dänischen *smørrebrød* ist. Er und Philipp stehen mit ein paar deutschen und dänischen Kollegen zusammen, die mit ihnen in naher Zukunft eine Testreihe für das Projekt durchführen werden, und lassen es sich schmecken. Auch die Unterhaltung dreht sich ums Essen – aber nicht nur. »Wie spreche ich das eigentlich aus? [Smöhrebröht]?« Anne, eine muntere ältere Mitarbeiterin aus Jans Firma, versucht eine lang gezogene Aussprache und sieht die Dänen im Kreis fragend an. Jan interessiert das auch. Er nimmt zwar an, dass er sich bei Katie bereits einige der dänischen Ausspracheprinzipien abgelauscht hat, doch es gibt Wörter, die sind einfach schwierig. Philipp schmunzelt: »*Nej*, eher [smörebröð]. Mit einem weichen ›ð‹ hinten, das man wie [dh] ausspricht.«

Anne versucht es wieder: »[Smörebröl]? Ich habe gehört, dass das ›d‹ oft wie ein [l] ausgesprochen wird.«

»So ähnlich, aber nicht ganz.« Philipp lächelt Anne an und wüsste Jan es nicht besser, würde er vermuten, dass die beiden sich nicht ganz unsympathisch sind. Philipp erklärt noch einmal ganz geduldig: »Wenn du das ›l‹ aussprichst, befindet sich deine Zunge hinter den oberen Schneidezähnen, beim ›ð‹ hingegen hinter den unteren. Du kannst zum Üben auch den Zeigefinger vor den Mund nehmen und die Zunge leicht dagegen stoßen lassen. Probier es doch noch mal!«

»Klasse, Sprachunterricht!« Anne freut sich und tut ihr Bestes.

»Nimm einfach eine heiße Kartoffel in den Mund«, ulkt Ulf, der sich wieder zu ihnen gesellt hat.

»An manchen Stellen würde das tatsächlich helfen«, gibt Philipp ihm freundlich recht, ohne sich auch nur im Geringsten provozieren zu lassen. »Weil sich beim [ð] die Mitte der Zunge nach oben zum Gaumen wölbt, klingt es in der Tat manchmal nach einem vollen Mund. In einigen Fällen wird das ›d‹ aber auch wie ein [d] gesprochen, nämlich am Wortanfang, so wie in ›Dänemark‹. Und hinter ›l‹, ›n‹ und ›r‹ fällt das ›d‹ als Laut weg, d. h. es bleibt stumm, genauso wie vor ›s‹ und ›t‹, wie in *plads*, das heißt auf Deutsch ›Platz‹.«

»Puh, gar nicht so leicht!« Anne ist offensichtlich zugleich beeindruckt und verwirrt von der Komplexität der dänischen Sprache sowie dem Ausmaß von Philipps Wissen. Jan geht es ähnlich. Wahnsinn, wie gut sich Philipp im Dänischen auskennt und wie sicher er in sprachlicher Hinsicht agiert. So ewig lange lebt er doch noch gar nicht in Dänemark? Oder hat er das von seiner dänischen Tante gelernt?

WIE EINWANDERER DÄNISCH LERNEN

Bis Juli 2018 konnten Einwanderer in Dänemark kostenlos Sprachkurse besuchen; dies ist der Grund, warum viele schnell und gut Dänisch lernten. Die Sprachkurse wurden von den Kommunen bezahlt, die die Gebühren vom Staat erstattet bekamen. Durch eine Gesetzesänderung müssen die Zugezogenen die Sprachschule mittlerweile selbst bezahlen. Das hat zu einem starken Rückgang der Teilnehmerzahlen geführt, da die Gebühren teils erheblich sind.

Ein Modul kostet ca. 2.000 Kronen, das sind umgerechnet ca. 268 Euro. Für die sechs Module, deren Abschluss Voraussetzung für das Erwerben der dänischen Staatsbürgerschaft ist, zahlen die Einwanderer also ca. 12.000 Kronen. Von dieser Regelung ausgenommen sind nur offiziell anerkannte Flüchtlinge, deren Zahl jedoch in den letzten Jahren erheblich gesunken ist. Betroffen sind besonders Gaststudenten und Arbeitnehmer aus dem Ausland, die Dänemark jedoch eigentlich dringend als wertvolle Facharbeitskräfte anwerben möchte.

»Ach was, einfach üben!«, muntert Philipp Anne und die anderen Deutschen auf. »Hier in Dänemark freut sich jeder, wenn ihr zumindest ein bisschen was von der Sprache könnt, und Fehler nimmt keiner krumm. Es gibt ein paar Besonderheiten und dann natürlich die Buchstaben ›ø‹, ›æ‹ und ›å‹. Die haben wir im Deutschen nicht. Sie werden gesprochen wie [ö], [ä] und [ǫ], also ein offenes ›o‹.«

»So wie in *rød grød med fløde?*« Das ist wieder Ulf, der es offensichtlich nicht lassen kann.

»Ach, der bekannte Zungenbrecher!« Philipp hat anscheinend beschlossen, Ulf ganz ruhig auflaufen zu lassen. Jan bewundert ihn dafür, er wäre bei so viel Provokation schon längst an die Decke gegangen. »Ich würde das aber eher [röð gröð með flöðe] aussprechen. Und ihr habt Glück, wir haben die rote Grütze mit Sahne tatsächlich extra für euch als Nachtisch vorgesehen. Die ist total lecker. Da steht sie schon!« Philipp zeigt auf einen kleinen Tisch am Ende des Buffets, auf dem die dänische Leckerei zu sehen ist. Ein allgemeines, international verständliches »Ah!« ertönt und die Kollegen strömen dem Dessert entgegen. »Gut herausslaviert!« Jan klopft seinem Kumpel auf die Schulter. »Das mit dem Essen funktioniert immer, auch bei uns Deutschen.«

Det skal nok gå

Das, was Philipp den deutschen Kollegen als Rat mit auf den Weg gibt, stimmt: Die Dänen freuen sich über jeden, der ihre Sprache spricht, auch wenn es sich nur um eine Begrüßung oder den Versuch einer solchen handelt. Zwar kommt man in dem kleinen Königreich gut mit Englisch und in den Touristengebieten auch mit Deutsch über die Runden, doch ein paar dänische Wörter öffnen gleich ganz andere Türen. Allerdings nicht, wenn man wie Ulf nur die Zungenbrecher zitiert und sich über die Sprache des Gastlandes lustig macht. Dies sollten Ausländer natürlich vermeiden.

Erste Vokabeln kann man sich vor seinem Businesstrip oder dem Sommerurlaub gut zu Hause selbst aneignen, so findet man einen leichten Einstieg z. B. beim sogenannten Sprachmittwoch des Dänemarkblogs Kapidaenin (www.kapidaenin.de/category/sprachmittwoch) sowie bei andern Blogs und Podcasts.

Doch wer Dänisch ›richtig‹ lernen möchte, weil er z. B. länger im Land bleibt oder eine dauerhafte deutsch-dänische Zusammenarbeit etablieren möchte, sollte professionellen Sprachunterricht nehmen. Und viel üben, denn das hilft beim Sprachenlernen am meisten! Dazu wird er in Dänemark selbst meist auf willige Gesprächspartner treffen, die diejenigen ernst nehmen, die sich in der Landessprache versuchen.

Viele der Ausspracheprinzipien im Dänischen hat Philipp bereits richtig wiedergegeben. Das Alphabet gleicht im Grunde dem deutschen, eine Besonderheit sind lediglich die Buchstaben ›ø‹, ›æ‹ und ›å‹. Wichtig für Dänischlerner: Diese Buchstaben stehen hinten im Alphabet! Das muss man wissen, sonst sucht man sie bzw. Wörter mit ihnen vergeblich im Wörterbuch, wenn man dort einmal nachschlägt.

Zudem wird das ›y‹ anders ausgesprochen als im Deutschen, nämlich wie ein [ü]. Das ›s‹ wird immer scharf ausgesprochen und das ›v‹ wie ein [w], wenn es nicht stumm ist. Ein ›h‹ ist vor einem ›v‹ so gut wie immer stumm. Ein Sonderfall ist außerdem das ›a‹, das nur in einigen Fällen auch so ausgesprochen wird, meistens jedoch wie ein [ä].

Und dann gibt es noch etwas, das deutschen Dänischlernern oft spanisch vorkommt: der sogenannte *stød*. Der ›Stoßton‹ oder auch ›Knacklaut‹ ist ein stimmloser Kehlkopfverschlusslaut und typisch für das Dänische. Beim *stød* wird der Luftstrom durch das Schließen der Stimmbänder minimal zurückgehalten, d. h. die Aussprache eines Wortes wird kurz unterbrochen. Der *stød* kommt meist in einsilbigen Wörtern und nur in betonten Silben vor. Allerdings variiert der *stød* je nach Region und Soziolekt; es gibt kaum allgemeingültige Regeln. Insofern gehört der *stød* eher in die Sparte ›Dänisch für Profis‹. Wenn Sie es allerdings ernst meinen mit dem Erlernen der dänischen Sprache, ist es am praktischsten, den *stød* von Anbeginn an mitzulernen.

33 ALLER ANFANG IST SCHWER?

STUDIEREN IN DÄNEMARK

»Aber sag mal, wie war eigentlich dein Studium in Dänemark?«, lenkt Jan das Gespräch in einer Pause am zweiten Tag des Projekttreffens auf ein persönlicheres Thema, nachdem er sich mit Philipp von dessen dänischen Kollegen gelöst hat, mit denen sie sich eine Weile angeregt erst über ein paar neuartige Software-Anwendungen und dann über die Handballmannschaften von Kolding, Kiel und Hamburg ausgetauscht hatten. Jan hat schon einiges über die guten Studienbedingungen in Dänemark gehört, und das Thema interessiert ihn auch aus anderen Gründen: Wer weiß, vielleicht will sein kleiner Bruder mal ein Auslandssemester an einer dänischen Universität verbringen? Dann ist er für Informationen aus erster Hand bei Philipp genau richtig.

»Ja, das war echt gut. Ich habe eine Menge gelernt, und auch das Studentenleben in Sønderborg hat mir gut gefallen«, erzählt Philipp bereitwillig. »Das ist eine tolle Stadt! Zudem gibt es dort richtig innovative Studiengänge. Ich konnte Informatik und Medizintechnik kombinieren, meine zwei Interessensgebiete. Das hat dann auch zu meinem Job in meiner jetzigen Firma geführt – und zu unserem deutsch-dänischen Projekt. Nur der Start und die ersten Wochen in Dänemark waren ziemlich holprig.«

»Wie kam das denn?« will Jan wissen. »War der Wechsel so schwierig? Oder haben sie deine Studienleistungen aus Deutschland nicht anerkannt?«

»Nein, das war eigentlich kein Problem«, meint Philipp. »Ich war einfach ziemlich spät dran, habe mich nicht rechtzeitig um die Formalitäten und den Umzug gekümmert. Beinahe hätte ich auch die Bewerbungsfrist an der Uni verpasst! Die Zeit für eine vernünftige Wohnungssuche war ebenfalls viel zu knapp.«

»Typisch, immer auf den letzten Drücker.« Jan zwinkert seinem alten Kumpel scherzhaft zu. »Mir hast du ja auch erst in letzter Minute Bescheid gesagt, dass du nach Dänemark gehst, und dann warst du ruckzuck weg!«

»Ja, das ging ein bisschen holterdiepolter«, gibt Philipp zu. »Das hätte ich besser machen können. Etwas Vorlauf kann echt nicht schaden, wenn man sein ganzes Leben nach Dänemark verlegt. Hier ist so einiges anders, auch wenn es nur ein paar hundert Kilometer von Deutschland entfernt ist! Anfangs hatte ich zum Beispiel noch keine CPR-Nummer. Ohne die läuft hier nix, da bekommst du nicht mal einen Bibliotheksausweis.«

»Wie hast du denn eine Wohnung gefunden? Ist das hier schwer?«, fragt Jan. Er erinnert sich, dass es schon damals in der norddeutschen Großstadt nicht einfach war, eine akzeptable und dennoch bezahlbare Bleibe zu bekommen. Als Student hat man zudem meist ein eingeschränktes Budget. Ob das in Dänemark ähnlich ist?

»Zu Beginn habe ich einen Platz in einem Studentenwohnheim bekommen«, berichtet Philipp. »Doch das war Glück, die Plätze sind nämlich knapp und ziemlich begehrt, auch weil sich das preislich im Rahmen hält. Billig ist es allerdings ebenfalls nicht, wie Wohnraum in Dänemark generell. Besonders in großen Städten wie Kopenhagen oder Aarhus sind die Mieten hoch; in den kleineren Städten ist es etwas besser. Dazu kommt die Kaution: Man muss fast immer eine zahlen, und die kann schon mal drei Monatsmieten betragen.«

»Oha, das ist nicht wenig«, meint Jan.

»Ja, das stimmt, doch ich war froh, erst einmal etwas zu haben«, entgegnet Philipp. »Und ich habe ja eine Förderung erhalten, also war das machbar. Als ich so richtig angekommen war, habe ich dann noch einmal mit Zeit und Ruhe gesucht. Man kann dazu natürlich in die lokale Zeitung gucken, wirklich hilfreich aber waren in meinem Fall ein paar Facebook-Gruppen und persönliche Bekanntschaften. Jetzt habe ich eine tolle Wohnung, zentral gelegen und echt schick!«

DIE DÄNISCHE STUDIENFÖRDERUNG

Auch Studierende aus dem EU-Ausland können in Dänemark die dänische Studienförderung (Statens Uddannelsesstøtte, kurz: SU) beantragen. Das kann sich lohnen, denn diese beträgt aktuell ca. 800 Euro im Monat (Stand Januar 2020). Dazu müssen die Eingeschriebenen ein Vollstudium absolvieren und mehr als 11 Stunden die Woche arbeiten. Passende Stellen können Studierende nicht nur in Cafés & Co, sondern auch an der Uni selbst oder mithilfe des International Office der jeweiligen Hochschule finden. Die Förderung erfolgt unabhängig vom Einkommen der Eltern und muss nicht zurückgezahlt werden. Die dänische Studienförderung bekommt jedoch nur, wer nicht schon vonseiten des Heimatstaates gefördert wird.

»Ich glaube auch, dass es gut ist, gleich zu Anfang Leute kennenzulernen.«, äußert Jan. »Man kann sich ja gegenseitig helfen!«

»Auf jeden Fall!«, bestätigt Philipp. »Zum Glück gab es an der Uni ein paar Treffen für internationale Studierende. Und dann habe ich mir einen kleinen Job gesucht, dadurch habe ich noch mehr Kontakt zu den hiesigen Dänen bekommen. Für meine Sprachkenntnisse war das ebenfalls gut!«

Det skal nok gå

Ein Studium in Dänemark ist in den meisten Fällen eine gute Idee, denn der Bildungsstandard ist an nahezu allen Hochschulen sehr hoch. Die Ausbildung erfolgt zügig und praxisnah. Die Studiengänge werden zumeist mit dem Bachelor abgeschlossen. Darauf folgt optional der Master und weiterführend der Ph.D.-Abschluss für diejenigen, die einen Doktorgrad erwerben wollen. Studiengebühren gibt es in der Regel nicht.

Einige Studiengänge werden auch auf Englisch angeboten. Das sprachliche Niveau ist hierbei prinzipiell sehr gut, da fast alle Dänen hervorragend Englisch sprechen. Allerdings ist es wichtig, Dänisch für den Kontakt mit den anderen Studierenden und die ganz normale Alltagsbewältigung zu erlernen.

Wer in Dänemark studieren möchte, kann entweder ein Auslandssemester an einer dänischen Uni verbringen oder sich dauerhaft für ein Studium in Dänemark einschreiben. Ein Auslandssemester wird oft von den aussendenden deutschen Universitäten unterstützt. Informationen und organisatorische Hilfe bieten meist das International Center der Hochschule und die jeweiligen Institute und Fachschaften. Bei Letzteren können Interessierte auch oft Erfahrungsberichte von Studierenden einsehen, die in ihrer Wunschstadt bzw. an der Wunschuniversität waren und wertvolle Tipps parat haben. Finanzielle Unterstützung können die Studis bei Programmen wie ERASMUS, dem DAAD oder Direktaustauschprogrammen ihrer jeweiligen Uni beantragen. Auslands-BAföG kann ebenfalls eine gute Option sein; oft ist dies auch für diejenigen möglich, die kein Inlands-BAföG erhalten.

Wichtig ist, die Planung eines Studiums in Dänemark rechtzeitig in Angriff zu nehmen, d. h. mindestens ein Jahr vor dem geplanten Aufenthalt. Denn die Bewerbungsfristen an dänischen Universitäten liegen im Allgemeinen sehr früh. Auch in Sachen Unterkunft bzw. Wohnung, Versicherungen, Mobilität und Umzug nach Dänemark sind eine Menge Fragen zu klären und zahlreiche

Formalitäten zu erledigen. Bei der Finanzierung des Studiums in Dänemark sollte man bedenken, dass die Lebenshaltungskosten ein Stück weit über den deutschen liegen.

Für den reibungslosen Start in Dänemark ist neben der Aufenthaltsgenehmigung vor allem die Beantragung der CPR-Nummer wichtig (siehe Kapitel 25). Ohne sie läuft in Dänemark gar nichts, und auch Studierende aus dem Ausland brauchen sie, wie Philipp richtig bemerkt, z. B. für den Bibliotheksausweis, die Anmeldung zum Hochschulsport, den Arztbesuch und das Eröffnen eines Bankkontos. Richtig hilfreich sind zudem gute Kontakte vor Ort, zu anderen Studierenden aus Dänemark oder dem EU-Ausland, die schon ein bisschen Erfahrung und gute Tipps für die Neulinge haben, etwa bei der Wohnungssuche. Viele dänische Universitäten bieten Welcome-Treffen oder Mentoring-Programme für ausländische Studierende an, die gerade bei den ersten Schritten im fremden Land sehr nützlich sind.

34 SICHER ODER VERANTWORTUNGSLOS?

SCHLAF, KINDLEIN, SCHLAF!

»*Hej,* da seid ihr ja!« Jan hat sich diesmal extra Mühe gegeben, überpünktlich zu sein. Deshalb ist er auch etwas zu früh vor dem kleinen Restaurant angekommen, in dem sie heute Abend gemeinsam mit allen Kollegen essen gehen wollen. Es liegt in Kolding ganz zentral in der Nähe des Rathauses. Auf dem Hügel dahinter kann Jan in der Abenddämmerung das Schloss Koldinghus erahnen. Dieses sehenswerte historische Gemäuer, das zugleich ein Museum beherbergt, haben sie im Rahmen dessen, was die Dänen ›eine kulturelle Erfahrung machen‹ genannt hatten, am Nachmittag des zweiten Tages zusammen besucht. Besonders die restaurierten Flügel des Schlosses mit ihren Glaskonstruktionen haben es Jan angetan. Die Dänen haben es schon irgendwie drauf mit Architektur und Design, findet er.

SCHLOSS KOLDINGHUS: RUINE UND MODERNES MUSEUM

Schloss Koldinghus liegt auf einem grünen Hügel mitten im Herzen von Kolding. Erbaut im Jahr 1268 von König Erik Glipping, um die

Grenze des Königreichs Dänemark zum Herzogtum Schleswig zu sichern, hat die einstige Grenzfestung im Laufe der Jahrhunderte oft ihr Gesicht gewechselt. Dies ist nicht nur diversen Umbauten geschuldet, sondern auch einem verheerenden Brand im Jahr 1808. Das heutige Koldinghus ist das Ergebnis der langjährigen Renovierung des Schlosses und zugleich eine architektonische Meisterleistung.

Denn bei der Sanierung wurde der Charakter der Festung als Ruine so gut wie möglich erhalten und ihre zerfallenen Elemente in eine äußerst ungewöhnliche Architektur eingebettet, die den Gegensatz und zur gleichen Zeit das Zusammenspiel von Historie und Moderne, Alt und Neu, Licht und Schatten sowie Zerfall und Restauration zeigt. Das gelingt mit Materialien wie Holz, Glas, Stahl und modernen Mauersteinen, die sich absichtlich von dem historischen Baumaterial abheben. Damit ist Koldinghus eine Sehenswürdigkeit von Weltklasse und ein Musterbeispiel einer bestimmten dänischen bzw. nordischen Auffassung von Design, der es gelingt, das Alte zu bewahren, indem es mithilfe des Neuen in Szene gesetzt wird. Mit zahlreichen Ausstellungen in den Museumsteilen des Schlosses wird außerdem Geschichte in einem modernen Rahmen präsentiert, oft mit außergewöhnlichen Kunstwerken und Darstellungsweisen.

Doch jetzt ist Jan unruhig. Er tritt von einem Fuß auf den anderen, während sich die deutschen und dänischen Kollegen fröhlich begrüßen. Soll er etwas sagen? Doch vielleicht ist es unhöflich, so mit der Tür ins Haus zu fallen? Mischt er sich womöglich in fremde Angelegenheiten ein? Andererseits: Wenn die Kleinen zu Schaden kommen? Es ist ja schon recht kühl! Oder wenn jemand sie unbefugt entfernen würde? Hier kann ja sonst wer vorbeikommen, schließlich befinden sie sich an einem der zentralen Plätze des Ortes. Nein, sagt sich Jan, er wird es ansprechen, schließlich hat er ja zumindest eine Mitverantwortung. Doch an wen kann er sich wenden? Hilfesuchend sieht Jan sich um und begegnet dem Blick einer älteren dänischen Projektmitarbeiterin mit kurzen weißen Haaren und einem gütigen Lächeln. Die kennt sich bestimmt aus! Vielleicht ist sie selbst auch schon Oma?

Da kommt Inge bereits auf ihn zu: »*Hej* Jan, alles in Ordnung? Ein schöner Abend, oder?«

»Ja, total!« Jan druckst ein bisschen herum. Wie soll er das jetzt zur Sprache bringen? Doch da fragt ihn Inge schon: »Du schaust so umher – suchst du vielleicht etwas? Ich kann dir gerne etwas über die historischen Hintergründe der Stadt und der Gegend erzählen, zufällig bin ich hier aufgewachsen.«

»Nein, das ist es nicht.« Jan merkt, wie seine Ohrläppchen zu glühen anfangen, ein sicheres Zeichen, dass er verlegen ist. »Es ist nur ... die Kinderwagen! Da sind doch Babys drin, oder? Meinst du, sie sind hier sicher?«

»Ach so!« Inge lächelt Jan an. »Klar sind sie hier gut aufgehoben, wir sind doch mitten in der Stadt.«

»Ja, aber meinst du nicht, dass da jemand ...«, Jan zögert. »Also, es laufen doch ständig fremde Leute vorbei!«

»Alles gut, Jan!« Inge klopft Jan freundschaftlich auf den Arm. »Den Babys passiert hier nichts. Das ist eine dänische Kleinstadt, was soll da groß geschehen?«

»Na ja ...« Jan weiß nicht so recht, wie er seine Bedenken formulieren soll. »Es ist doch jetzt abends, und es wird ganz schön kalt. Die Babys stehen hier draußen ganz alleine! Wo sind eigentlich ihre Eltern?!«

»Die sind genau dort, wo wir gleich hingehen.« Inge scheint kein Stück beunruhigt zu sein. »Im Restaurant! Die Kinderwagen mit den Babys stehen ja direkt vor der Fensterscheibe. Da können die Eltern sie sehen, und wenn etwas ist, kommen sie bestimmt sofort hinaus. Weißt du, hier in Dänemark geht man auch als Eltern gerne mal aus, das ist kein Problem.«

»Aha.« Jan wird nachdenklich. »Na ja, warum eigentlich nicht. Aber gehören die Kleinen nicht ins Bett?«

Jetzt schmunzelt Inge: »Ach Jan, sie schlafen doch! Guck dich um, sie schlummern alle ganz ruhig. Das machen wir in Dänemark so! Die Kinder werden warm eingepackt und dann schlafen sie im Kinderwagen. Normalerweise ist das beim Mittagsschlaf der Fall, aber eben auch mal abends, wenn die Eltern ins Restaurant gehen. Das sind sie gewohnt und das ist gut für sie, das wirst du in ganz Dänemark sehen!«

»In Ordnung.« Jan kratzt sich den Kopf. »Dann ist das einfach nur anders als bei uns.«

»Ja«, bestätigt Inge, »und jetzt lass uns hineingehen, ich habe Hunger!«

Det skal nok gå

Jan muss sich in der Tat keine Sorgen machen: Natürlich schlafen dänische Babys und Kleinkinder auch in ihren Betten, und zwar jede Nacht. Doch den Mittagsschlaf verbringen sie, wie Inge richtig erläutert, regelmäßig im Freien, warm in ihren Kinderwagen eingepackt. Das hat Tradition und wird seit vielen Jahrzehnten so praktiziert. Denn die Dänen glauben, dass das Schlafen im Freien sowie die frische Luft das Immunsystem der Kinder stärken und die Kleinen zudem tiefer und ruhiger schlafen.

Übrigens auch bei Wind und Wetter, Kälte und Schnee! Denn dafür gibt es warme Kleidung und spezielle Schlafsäcke, die die Kleinkinder warmhalten. Natürlich ist auch ein Babyphone mit an Bord, so dass die Eltern reagieren können, wenn ihre Kinder einmal unruhig werden. Das gleiche Verfahren wird auch in den Krippen und Kindertagesstätten Dänemarks angewandt; dort halten die kleineren Kinder ihren Mittagsschlaf ebenfalls draußen im Kinderwagen oder in eigens dafür errichteten Anbauten mit Freiluftzufuhr.

Und noch etwas ist besonders im Staate Dänemark: Die Kinderwagen, die teils nahezu doppelt so groß bzw. lang sind wie die deutschen. Das hat seinen Grund: Sie bieten nicht nur ausreichend Platz für Babys, sondern auch für Kleinkinder. Diese passen ausgestreckt und ganz bequem dort hinein, bis sie ca. drei bis vier Jahre alt sind. Somit können sie bis zu diesem Alter auch im Wagen ihr Nickerchen halten. Dafür sieht man in Dänemark deutlich weniger Buggys. Stattdessen fahren die Kinder, auch wenn sie schon sitzen können, in ihrem Kinderwagen spazieren. Oft sind sie im Sitzen mit einem Brustgurt gesichert, damit sie nicht herausfallen oder ungewollt aus dem Kinderwagen aussteigen können.

Der Mittagsschlaf draußen wird überall auf diese besondere Art und Weise praktiziert, sowohl zu Hause – vor der Haustür, im Garten oder auf dem Balkon – als auch vor Geschäften und Restaurants, wenn für die Babys zwar Schlafenszeit ist, die Eltern aber noch unterwegs sein wollen. Deshalb sind die aufgereihten Kinderwagen vor Cafés und Boutiquen kein Grund zur Beunruhigung – doch das hat Jan ja jetzt gelernt.

35 EINFACH ESSEN GEHEN?

SMILEYS UND *HYGGE* IM RESTAURANT

Na, das sieht ja gut aus! Nachdem Jan und Inge ihr Gespräch beendet haben, betreten sie mit den anderen Kollegen zusammen das Restaurant. Erst ist Jan noch etwas angespannt, doch nach und nach wird er wieder lockerer und fühlt sich in der stilvoll eingerichteten Gaststätte wohl. Er hat sich ja schon so seine Gedanken gemacht, als Tine verkündete, dass sie sich mit allen deutschen und dänischen Kollegen abends zum Essen in einem Restaurant in der Innenstadt treffen würden. Im Restaurant ist Jan in Dänemark nämlich noch nicht gewesen! Doch jetzt stellt er fest, dass es dort bis auf ein paar Kleinigkeiten gar nicht so viel anders zugeht als zu Hause.

Klar, alle sind wieder ausgesprochen höflich, und Jan fällt auf, dass die Leute sich häufig bedanken. Doch daran hat er sich mittlerweile gewöhnt und findet es eigentlich sehr angenehm. Und schön gedeckt sind die Tische auch, alles sieht sehr *hyggelig* aus. Katie hätte es auf jeden Fall gefallen, denkt Jan, auch das appetitlich angerichtete Schollenfilet auf seinem Teller hätte sie gemocht. Obwohl sie eher vegetarisch isst und Jans ausufernden Grillorgien kritisch gegenübersteht, mag sie frischen Fisch sehr gerne, das weiß er.

Er seufzt, und Philipp sieht ihn aufmerksam von der Seite an. »Na, alles nicht so einfach, oder? Vermisst du sie?« Jan nickt stumm. Er hat Philipp beim *eftermiddagskaffe*, der nachmittäglichen Kaffeepause, bei der es neben dem obligatorischen Heißgetränk leckere Kuchen und Teilchen gab, die interessanterweise den deutsch anmutenden Namen *Spandauer* trugen, von seiner Beziehungssituation erzählt. Doch darüber können sie sich gleich noch unterhalten; jetzt will Jan erst mal essen.

Sein Fisch schmeckt wirklich lecker, und die Salzkartoffeln sowie der leichte Salat, den es dazu gibt, ebenfalls. Die Kollegen scheinen auch zufrieden zu sein, ebenso wie Jans Chef. »Echt gut hier«, lobt Herr Zimmer, »kein Wunder, dass bereits am Eingang ein Smiley hängt.«

SMILEYS ALS QUALITÄTSKONTROLLE

Alle Restaurants, egal ob groß oder klein, und übrigens auch Grills, Bars, Lebensmittelgeschäfte und die beliebten Imbisse, müssen sich in Dänemark regelmäßig strengen Qualitäts- und Hygienekontrollen unterziehen. Das Ergebnis hängt gleich an der Eingangstür, so dass die Kunden sehen können, was sie erwartet. Und zwar in Form von Smileys, die am besten grün sein und breit grinsen sollten. Dann ist nämlich der Prüfbericht (*kontrolrapport*) der Lebensmittelbehörde, der ebenfalls aushängen muss, positiv bzw. unauffällig ausgefallen, und Sie können beruhigt dort essen.

Nur beim Zahlen zuckt Jan plötzlich zusammen: »Mist, ich habe ja schon wieder vergessen, Geld abzuheben.«

»Macht nichts«, beruhigt ihn Philipp, »auch im Restaurant kannst du überall mit Kreditkarte zahlen. Sogar im Imbiss oder im Eisladen! Wenn du zufrieden bist und etwas Trinkgeld geben möchtest, kannst du den Betrag einfach aufrunden, doch das stellt hier keine Verpflichtung dar.«

»In Ordnung.« Jan ist erleichtert. Das hätte er sich ja eigentlich denken können. »Wollen wir uns noch an die Bar setzen?«

Jetzt ist ein guter Zeitpunkt, Philipp unter vier Ohren mal sein Herz auszuschütten und ihn um Rat zu fragen. Nachdem Jan ihm alles erzählt hat, wiegt Jans alter Kumpel bedenklich den Kopf: »Ich kann euch beide verstehen; ehrlich gesagt aber Katie ganz besonders. Da bemüht sie sich so um einen schönen Urlaub in ihrem Herzensland, und du ziehst sie ständig auf.«

»Ja, ich glaube, das war nicht so leicht für sie«, gibt Jan zu. »Ich habe sie ständig gefoppt, dabei war sie so begeistert und hat echt viel unternommen, damit wir einen schönen Urlaub an der Westküste haben.«

»Na, dann musst du das wohl wieder graderücken, Kumpel.« Philipp sieht Jan von der Seite an. »Denn eigentlich fühlst du dich hier doch ganz wohl, oder? Das ist jedenfalls mein Eindruck; ich habe dich ja jetzt ein bisschen beobachten können.«

»Schon«, gesteht Jan. »Mir gefällt echt einiges an Dänemark, besonders die entspannte Lebenseinstellung. Ein bisschen was davon könnte auch meinem Leben auf die Dauer nicht schaden. Ich geb's ja ungern zu, aber die ganze Sache mit der *Hygge* hat was. Ich fühle mich gut hier, so angekommen – dabei bin ich doch erst knapp zehn Tage im Land!«

»Und schon hast du dich mit dem Dänemarkvirus infiziert«, witzelt Philipp. »Das geht ganz schnell, und die Symptome dauern ein Leben lang an. Das weiß ich aus eigener Erfahrung!«

»Haha«, gibt Jan zurück, »sehr lustig. Ein Leben lang ... na gut, ich könnte mir schon vorstellen, noch den einen oder anderen Urlaub hier zu verbringen.«

»Tsja, dann musst du das nur noch deiner Katie gestehen. Die würde sich doch freuen, oder?«

»Da bin ich mir inzwischen gar nicht mehr so sicher.« Jan ist ziemlich geknickt. »Am Telefon war sie vorhin total kurz angebunden. So wie gestern auch schon. Sie hatte gar keine Zeit für mich und sagte was von ›sie macht jetzt ihr Ding‹. Wir haben uns ja vor der Abfahrt auch ziemlich gestritten.«

»Oops, das heißt, sie ist auf Abstand gegangen?«

»So ungefähr. Als ich ihr an dem einen Abend sagte, dass diese *Hygge* echt kein Mensch braucht, hat sie das total getroffen. Ach Mann, hätte ich mal meine Klappe gehalten!« Jan vergräbt das Gesicht in den Händen. Philipp pfeift durch die Zähne: »Hui, das klingt übel. Sieh mal zu, dass du das wieder hinkriegst. Wie wär's, wenn du Katie sagst, dass du die Dinge jetzt anders siehst?«

»Wollte ich ja, gestern am Telefon. Hab versucht, ihr von unserem Meeting zu erzählen, doch sie hat kaum zugehört.«

»Von dem Meeting? Was Geschäftliches? Nee, mein Freund, so läuft das nicht. Du musst etwas sagen, das ihr Herz berührt. Zum Beispiel, dass du sie vermisst und jetzt öfter mit ihr nach Dänemark fahren willst.«

»Nee, lass man«, Jan winkt ab, »das würde zwar stimmen, doch das glaubt sie mir doch nie. So plötzlich? Außerdem bin ich so gar kein Süßholzraspler.«

Philipp lacht: »Stimmt, das kann ich bestätigen. Und wenn du statt Worten Taten sprechen lässt? Bring ihr doch etwas Schönes mit, wenn du wieder zurück nach Houvig fährst, etwas, das sie mag. Etwas Dänisches natürlich!«

»Hmm, gar nicht so schlecht«, meint Jan. »Und was soll das sein?«

Philipp überlegt: »Du hast doch erzählt, dass Katie dänisches Essen sehr zu schätzen weiß. Wie wäre es damit? Liebe geht schließlich durch den Magen!«

»Bei dir vielleicht!« Jan rempelt Philipp freundschaftlich an. »Aber ist das nicht zu banal?«

»Keineswegs!« Philipp ist inzwischen Feuer und Flamme für seine Idee. »Natürlich darf es nicht nur Essen sein, das ist nur der Aufhänger. Ein romantisches Picknick in den Dünen, wie wäre das? So richtig mit Delikatessen, Blick aufs Meer, *Hygge* und allem Drum und Dran?«

»Ja, das ist vielleicht eine gute Idee«, stimmt Jan zu. »Doch ich hab noch eine bessere! Und vor allem eine größere. Schließlich muss ich Katie jetzt *richtig* von mir überzeugen. Und du musst mir helfen! Hast du nicht diese dänische Tante mit dem Ferienhaus?«

Philipp zieht die Augenbrauen hoch: »Oha, dich hat es ja ganz schön erwischt, anscheinend gleich in mehrfacher Hinsicht. Was hat denn meine Tante damit zu tun? Na, dann erzähl mal!«

Det skal nok gå

Im Restaurant werden in Dänemark oft traditionelle, landestypische Gerichte angeboten, wie *flæskesteg med rødkål* (Schweinebraten mit Rotkohl, meist mit ›braunen‹, d. h. karamellisierten Kartoffeln), *torsk* (Dorsch, oft mit Senfsauce), oder auch *boller i karry* (Fleischbällchen in Curry). Gerade in den großen Städten gibt es aber auch die moderne skandinavische Küche, die meist innovativen Charakter hat. Bio-Lokale mit regionaler und saisonaler Ausrichtung haben in den letzten Jahren stark zugenommen. Besonders in Kopenhagen oder Aarhus finden auch Vegetarier und Veganer vielfach tolle Angebote auf der Speisekarte, auf dem Land hingegen ist das offerierte Essen im Restaurant oftmals eher fleischlastig.

In ganz Dänemark kann man gut Fisch essen, der meist sehr frisch auf den Teller kommt. Sushi ist in letzter Zeit immer beliebter geworden und wird auch in kleineren Städten gerne angeboten. Oft dürfen keine Hunde mit ins Restaurant genommen werden. Wer dennoch von seinem vierbeinigen Freund begleitet werden möchte, sollte vorher anfragen, ob dies möglich ist, vielleicht auch auf der Terrasse oder im Außenbereich, soweit vorhanden.

Generell ist Essengehen in Dänemark etwas teurer als in Deutschland, zumal, wenn man Alkohol zu sich nimmt. Gönnen sich die Dänen einen Restaurantbesuch, geht es vor allem um den Genuss, das Speisen in der Gemeinschaft und das soziale Miteinander. *Hygge* wird auch beim Essen im Restaurant groß geschrieben und manifestiert sich in der netten Gesellschaft, den guten Gesprächen, den ästhetisch angerichteten Speisen und der stilvollen Umgebung.

Gezahlt werden kann wie überall mit Kreditkarte. Zu einem Trinkgeld sagt keiner nein, es ist jedoch, wie Philipp richtig anmerkt, nicht verpflichtend. Nur das Bedanken sollte man, wie überall in Dänemark, nicht vergessen.

DER *KRO* AUF DEM LAND VS. DAS STERNE-RESTAURANT IN DER GROSSSTADT

Nicht immer, aber oft unterscheiden sich Restaurants auf dem Land in Dänemark von denen in den großen Städten. Während man in ländlichen Gegenden im *Kro* (Krug/Gasthof) eher traditionelle, oft deftige Gerichte auf der Speisekarte findet, verwöhnt die sogenannte neue nordische Küche in den Großstädten den Gaumen auf gehobenem Niveau mit extravaganten Kreationen.

Der Fokus beim innovativen ›Nordic Cooking‹ liegt auf frischen, regionalen und saisonalen Zutaten, die auf ungewöhnliche Art und Weise kombiniert werden. In Kopenhagen ist die Dichte der Sterneköche am höchsten (14 Restaurants fanden 2019 Eingang in den Guide Michelin), allerdings hat sich z. B. das auf der Insel Bornholm angesiedelte Kadeau seinen Stern ebenfalls redlich verdient. Insofern beginnt sich der klassische Gegensatz von Land vs. Stadt aufzulösen, sehr zur Freude all derer, die Gaumen- und Landschaftsgenuss miteinander verbinden wollen.

36 WER ENTSCHEIDET?

LASST UNS ALLE EINIG SEIN

»So langsam sollten wir eine Entscheidung treffen!« Jans Chef spricht aus, was Jan schon die ganze Zeit lang denkt. Heute ist der finale Tag des deutsch-dänischen Projekttreffens, morgen fährt Jan zurück an die Westküste. Nach langem, intensiven Austausch und viel Diskutieren müssen sie allmählich zu einem Ergebnis kommen, damit sie wissen, wer in den nächsten Wochen und Monaten welche Arbeitsschritte im Projekt auszuführen und zu verantworten hat. Es ist ja schön, über alles zu reden, und auch gut, dass jeder, wirklich jeder im Projekt gehört wird, doch Jan hat das Gefühl, dass sie so nicht wirklich weiterkommen.

Eben gerade hat Steffen, der dänische Kollege von Philipp, noch einmal ausgeführt, weshalb das CBM-Programm vorteilhaft für die ausgewählte Testumgebung sein könnte. Dabei ist das bereits am ersten Tag ihres Projekttreffens Thema gewesen! Anne, Jans ältere Kollegin von der deutschen Seite, hat zum wiederholten Male dagegengehalten und Zweifel geäußert, ob sie damit die Ergebnisse erzielen werden, die sie brauchen. Jetzt greift Tine, die dänische Teamleiterin, den Appell von Jans Chef auf: »Ja, ich glaube auch, dass wir in diesem Punkt entscheidungsreif sind. Ihr wollt aus deutscher

Sicht also sagen, dass ihr das CBM ablehnt und wir lieber noch mal auf die Suche nach einem geeigneten Ersatz gehen sollten?«

Herr Zimmer, ach nein, Hans, wie Jan ihn jetzt nennen soll – die dänischen Umgangsformen der letzten Tage haben ein bisschen auf sie alle abgefärbt – runzelt die Stirn, und Jan weiß, dass sein Vorgesetzter langsam ungeduldig wird. »Nein, Tine, das ist nicht das, was wir meinen. Wir hatten lediglich Zweifel an der Ergebnisorientiertheit des Programms, doch falls ihr diese ausräumen könnt, sind wir durchaus gewillt, es einzusetzen.«

»In Ordnung, Hans, ich verstehe.« Tine bleibt wie immer die Ruhe in Person und geht auf Hans ein: »Wir haben kein Problem damit, noch ein paar extra Tests durchzuführen, um sicherzugehen, dass auch alles klappt. Natürlich halten wir euch über die Ergebnisse auf dem Laufenden.«

EIN DÄNISCHES NEIN

In einer Debatte mit Dänen wird man selten ein direktes oder gar konfrontatives »Nein!« zu hören bekommen. Vielmehr kann es sein, dass die dänischen Gesprächspartner immer wieder neue Gründe anführen, warum die eine oder andere Sache leider nicht möglich ist oder nicht wie vorgeschlagen realisiert werden kann. Das ist ein deutliches Zeichen für ein ›dänisches Nein‹, also eine eher indirekte Ablehnung, bei der der Gesprächspartner nicht zustimmen kann, aber dennoch den Konflikt vermeiden und sein Gegenüber nicht verletzen möchte. Wer klug ist, wird dies zwischen den Zeilen herauslesen, ebenfalls auf die Gefühle des anderen Rücksicht nehmen und vielleicht auf eine Alternative umschwenken.

Problematisch wird die Sache dann, wenn die Dänen ihrerseits die deutsche Art, erst einmal alle Bedenken vorzubringen, einfach damit sie genannt worden sind und – wie Hans so schön sagt – ausgeräumt werden können, als ein Nein interpretieren, obwohl dies gar nicht intendiert ist. Erkennt man dieses kleine kulturelle Missverständnis, hilft es tatsächlich, umgehend zu sagen, dass die Einwände nicht so gemeint sind (*det var ikke meningen*) bzw. nicht als prinzipielles Nein zu verstehen sind.

»Okay, dann machen wir das so. Und was ist jetzt mit Arbeitspaket 5?« Jan registriert, dass sein Chef, der angesichts der Lösung für das gewählte Software-Tool eben sichtlich aufgeatmet hat, sich wieder anspannt. Er erkennt es an der kantigen Linie von Hans' vorgerecktem Kinn und der leichten Schärfe in dessen Stimme. Dabei ist Jan sich nicht sicher, ob seinem Chef sein nachdrückliches Auftreten überhaupt bewusst ist. Dahinter verbergen sich, wie Jan weiß, Unsicherheit und der Druck, den Hans, wenn er zurück in Deutschland ist, von seinem Vorgesetzten bekommen wird, wenn keine Lösungen vorliegen. Jan überlegt: Ob das die Dänen überhaupt bemerken? Sind ihnen Hans' Motive klar? Oder sehen sie einfach nur einen dominanten deutschen Chef, der seine Ziele durchdrücken will?

Tine reagiert jedenfalls wieder ganz locker: »Arbeitspaket 5 führen wir so durch, wie ihr es vorgeschlagen habt, Hans. Wir haben uns gestern Abend noch einmal besprochen, und ich habe mit der Leitung unseres Marketings telefoniert. Das entspricht unseren Prioritäten, darin sind wir uns einig. Das heißt, das geht in Ordnung.«

Huch, jetzt ist Jan aber überrascht. Von der zusätzlichen Besprechung der Dänen und dem Telefonat hat er ja überhaupt nichts mitbekommen! Und zumindest Tine ist doch den ganzen Abend im gleichen Raum bzw. Restaurant gewesen wie er, na ja, fast jedenfalls. Und dass von den Dänen auf einmal eine Entscheidung da ist, um die sie – gefühlt zumindest – tagelang gerungen haben, ist zwar gut, aber auch unerwartet. Doch Tine sieht freundlich und bestimmt aus, und keiner ihrer Mitarbeiter sagt noch etwas dazu.

Na gut, dann ist das wohl durch. Hans jedenfalls nickt zufrieden, und Jan ist froh, dass sich das so friedlich gelöst hat. Erstaunlich eigentlich, wie harmoniebedürftig er in den letzten Tagen geworden ist. Das ist ihm zwar ein bisschen unheimlich; zugleich ist es jedoch auch irgendwie entspannter, sich nicht ständig aneinander zu reiben. Unwillkürlich muss Jan an Katie denken. Wenn er das doch nur auf ihre Beziehung übertragen könnte! Wie viel schöner wäre ihr Zusammensein dann ... Da muss es einen Weg geben. Und schon vermisst er Katie wieder, stärker noch als die Tage zuvor. Na ja, bald geht es ja zurück Richtung Westküste – wie wohl ihr Wiedersehen verlaufen wird? Vielleicht soll er die Schnaps- oder vielmehr *smørrebrød*-Idee von Philipp tatsächlich umsetzen, als Auftakt des umfassenderen Plans, der sich in den letzten Tagen in seinem Hinterkopf geformt und den er gestern Abend noch lange mit Philipp diskutiert hat. Puh, hoffentlich funktioniert das!

Det skal nok gå

Hoppla, da rappelt es zum Abschluss beinahe noch mal zwischen den deutschen und dänischen Projektpartnern! Ausgerechnet beim finalen Gespräch des Meetings müssen wichtige Beschlüsse gefasst werden, und dabei wird deutlich, wie unterschiedlich das Entscheidungsverhalten der Dänen und Deutschen aussieht.

In Dänemark ist es durchaus üblich, dass alle in einer Runde ausführlich angehört werden. Das kann schon mal etwas dauern, da die einzelnen Meinungen intensiv ausgetauscht und ernst genommen werden. Und wenn sich dann alle einig sind, freuen sich die Dänen besonders, denn das entspricht ihrem Harmoniebedürfnis und Gemeinschaftssinn. Deshalb versichern sie einander auch gerne, dass sie kein Problem *(ikke noget problem)* mit der einen oder anderen Sache haben.

Das bedeutet jedoch nicht, dass es in dänischen Unternehmen keine Hierarchien gibt – auch wenn sie flacher sind als die deutschen – und Entscheidungen nicht auch manchmal ›von oben‹ gefällt werden. Sie werden nur anders vermittelt: unbeirrbar freundlich, aber zugleich äußerst bestimmt. Oft ist an wichtigen Entscheidungen die oberste Hierarchieebene einer Firma beteiligt, und der Beschluss wird im Einklang mit den Prioritäten bzw. der Strategie der Firma getroffen. Die komplexen Wege, auf denen Entscheidungen zustande kommen, sind manchmal von außen schwer zu verstehen. Man tut jedoch gut daran, sie zu respektieren, denn sind sie einmal getroffen, werden sie selten wieder umgestoßen.

EINIG SEIN

Es gibt ein nahezu magisches Wort im Dänischen, das fast alle Debatten beendet. Wenn es erklingt, können die Gesprächsteilnehmer so wie Hans aufatmen, denn dann ist die Entscheidung getroffen. Es ist das Adverb *enig*. Direkt übersetzt bedeutet es ›einig‹. Es wird jedoch eher als *at være enig* gebraucht und heißt dann so viel wie ›einer Meinung sein‹, ›beipflichten‹, ›übereinstimmen‹, ›zustimmen‹. Oder man sagt *jeg er enig*, das bedeutet ›Ich stimme zu‹ bzw. ›Ich bin einverstanden‹; und das ist etwas, das die harmoniebedürftigen Dänen gerne sagen, jedenfalls wenn sie können. Dahinter steckt – ebenso wie bei anderen Einigungsprozessen in Zweiergesprächen oder größeren Gruppen – der Anspruch, alle einzubeziehen und auf einen Nenner zu kommen. Es bedeutet auch, dass man sich auf Augenhöhe begegnet – und das ist im Land des *Janteloven* (siehe Kapitel 6), in dem allen Bewohnern prinzipiell der gleiche Wert zugesprochen wird, ebenfalls von großer Bedeutung.

Neben dem Entscheidungsverhalten gibt es noch einen weiteren Punkt in dem ausschlaggebenden Abschlussgespräch der deutschen und dänischen Projektpartner, der für ein leichtes Knirschen im Getriebe sorgt: Hier prallen deutsche Bedenkenträger auf dänische Optimisten. Die Deutschen spielen gerne den *Advocatus Diaboli* (Anwalt des Teufels), wenn auch in bester Absicht. Das heißt, sie führen – wie Jans Kollegin Anne – zunächst detailliert alle möglichen Bedenken an. Erst wenn diese aus dem Weg geräumt werden können, ist die Bahn frei für ein Fortschreiten und Weiterdenken, sei es in der Entscheidungsfindung oder im tatsächlichen Fortgang des Projekts. Die Dänen hingegen gehen prinzipiell davon aus, dass die Dinge schon laufen werden, legen optimistisch los und vertrauen darauf, dass auftretende Probleme im Verlauf der Bearbeitung irgendwie gelöst werden können. Hier hilft es, sich als deutscher Geschäftspartner eine Scheibe des dänischen Optimismus abzuschneiden und seine Bedenken, jedenfalls in der gewohnten Tiefe, Breite und Länge, nur anzubringen, wenn das wirklich unumgänglich ist.

Und dann sind da noch die haarfeinen Unterschiede im Diskussionsverhalten und der Entscheidungsfindung, die schwer zu sehen sind und derer man nur gewahr wird, wenn man wie Jan genau hinguckt. Sie sind es jedoch, die das Gelingen bzw. Scheitern von Kommunikation und damit auch von Geschäftsverhandlungen entscheidend beeinflussen können, weil auch nonverbal ganz viel ausgesagt bzw. an das Gegenüber vermittelt wird. Kulturelle Unterschiede drücken sich auch oft im Kleinen aus: im Diskussionsverhalten, im Heben und Senken der Stimme, in einer bestimmten Körperhaltung oder einem Gesichtsausdruck, wie etwa bei Hans Zimmer, Jans Chef. Das ist den Beteiligten nicht immer bewusst. Es hilft in solchen Situationen, sein Gegenüber genau zu beobachten, um einschätzen zu können, welche Ursachen hinter dem Verhalten stecken und wie man verständnisvoll und angemessen darauf reagieren kann. In Dänemark hilft im Zweifelsfall immer ein optimistisches *»Det skal nok gå!«*.

37 EIN SICHERES LAND?

VON OFFENEN HAUSTÜREN UND EINEM PREKÄREN PICKNICK

Ein bisschen mulmig ist Jan ja schon zumute. Den größten Teil der Strecke von Kolding zurück hat er geschafft; bald wird er in Houvig ankommen. Wie Katie seine Ankunft wohl aufnehmen wird? Gestern Abend haben sie sich zwar noch ein paar Nachrichten geschrieben, aber nicht mehr telefoniert. Und Katie hat wirklich nur sehr kurz getextet, das ist sonst gar nicht ihre Art. Auf seine Skype-Anfrage hat sie nicht reagiert. Und das, obwohl ein Däne Skype erfunden hat!

SKYPE – EINE DÄNISCHE ERFINDUNG

Skype wurde tatsächlich von einem Dänen ins Leben gerufen, und zwar von Janus Friis, der zusammen mit dem Schweden Niklas Zennström im Jahr 2003 Skype Technologies gründete. Das kostenlose Kommunikations- und Instant-Messaging-Tool, das Telefonate rund um die Welt übers Internet möglich macht, erwies sich als

Goldgrube für die beiden Skandinavier, als sie es erst an Ebay und später, nach einem Streit über Urheberrechtsverletzungen, wiederum an Microsoft verkauften. Dass der 1976 geborene Janus Friis einst die Mittelschule abgebrochen hat und zu Jugendzeiten nicht gerade als Überflieger galt, interessiert heute niemanden mehr.

Ob Katie noch ernsthaft sauer auf ihn ist? Wahrscheinlich schon. Jan nimmt sich vor, zunächst einmal abzuchecken, in welcher Stimmung sie ist. Es muss alles passen, sagt er sich, damit sein gesamter Plan aufgeht. Oder soll er gleich mit der Tür ins Haus fallen? Besser nicht, lieber serviert er seine Überraschung in kleinen Häppchen. Er muss geschickt vorgehen, diesmal darf er es nicht vermasseln.

Apropos Häppchen, der Duft des *smørrebrød* auf dem Beifahrersitz steigt ihm verheißungsvoll in die Nase. Zwar hat ihm die nette Dame hinter der Theke die Platte gut eingepackt, als Jan erklärte, dass er das alles erst später verzehren wolle. Doch der verlockende Geruch bahnt sich seinen Weg in Jans Nase und lenkt ihn von seinen Gedanken an Katie ab. Soll er vielleicht ein ganz kleines Stück probieren? Ein einziges? Nur, um sicherzugehen, dass es auch gut schmeckt? Er hat doch so einen Hunger!

Doch da ist er schon in Houvig. Jan biegt von der 181 in die kleine Schotterstraße des Ferienhausgebietes ein und rollt sogleich auf die Auffahrt ihrer Unterkunft. Die Tür ist nicht abgeschlossen – bestimmt wartet Katie bereits auf ihn! Aber die Hütte ist leer. Jan guckt in alle Zimmer, dann klettert er zur Sicherheit noch aufs *hems*. Niemand da. Er schluckt. Ist Katie etwa abgereist – ohne ihn?

Da jedoch hört er ein Knirschen auf dem Kies und ein Fahrrad saust am Fenster vorbei, darauf jemand mit langer blonder Mähne. Katie! Jan stürzt nach draußen. Katie verstaut gerade das Fahrrad im Schuppen, und Jan holt tief Luft. Nervös fährt er sich durch die schwarzen Haare. In seine Erleichterung mischt sich nun Unsicherheit. Er sieht zu, wie Katie umständlich in ihrem Fahrradkorb kramt, und sein Magen fühlt sich an, als hätte er die schärfste aller dänischen Lakritze noch vor dem Frühstück inhaliert.

Schließlich stehen sie voreinander. Jan lächelt vorsichtig: »*Hej*, wie geht es dir?«

»Gut, alles fein.« Katies Antwort kommt eine Millisekunde zu schnell. Sie hat rote Wangen vom Fahrradfahren, und Jan stellt wieder einmal fest, wie hübsch sie aussieht, wenn sie erhitzt ist. Soll er das jetzt sagen oder besser nicht? »Ich habe etwas zu essen mitgebracht«, rutscht es ihm stattdessen heraus, und er hätte sich sofort in den Hintern beißen können.

Ein *smørrebrød* ist doch nicht bloß ›etwas zu essen‹! Na prima, jetzt versaut er sich selbst seine Überraschung. »Aha«, sagt Katie dann auch trocken. »Ich habe eben Brötchen geholt«, fügt sie hinzu und hält eine Papiertüte hoch. »Wollen wir ein schnelles *frokost* machen?«

»*Tak, det ville være dejligt,* das wäre schön.« Jan ist froh, dass ihm die Entgegnung auf Dänisch, die er gestern noch mit seinen Kollegen geübt hat, eingefallen ist. Er registriert mit Freude die Überraschung auf Katies Gesicht. Jetzt muss er nur noch ihr ›schnell‹ abbiegen – schließlich will er Zeit mit ihr verbringen und einiges erklären.

»Wie wäre es mit einem Picknick?«, schlägt er vor. »Ich hole die Decke aus dem Haus.«

»Na gut«, Katie zögert, »eigentlich habe ich einen Ausflug geplant. Noch einmal alleine zum Leuchtturm, zum Nørre Lyngvig Fyr, weißt du? Aber gut, das geht auch nach dem Essen.«

»In Ordnung.« Jan beeilt sich, die Picknickdecke aus dem Ferienhaus zu holen. Ein klein bisschen enttäuscht ist er schon. So richtig erfreut scheint Katie nicht, ihn wiederzusehen. Sie ist auch so kurz angebunden ... Überhaupt, warum will sie denn noch mal zum Leuchtturm, dort sind sie doch schon letzte Woche gewesen? Und warum alleine? Er ist ja jetzt zurück, da braucht sie doch nicht allein zu fahren! Oder trifft sie dort etwa jemand anderen?

Zügig holt Jan die Picknickdecke aus dem Flur. Das Grummeln in seinem Bauch ist mittlerweile zu einem heftigen Piksen geworden, so als ob er nach der beißend scharfen Lakritze noch ein paar Hotdogs mit viel zu viel Senf verschlungen hat. Er wird doch nicht krank werden – oder ist das nur der Hunger? Sie machen sich auf den Weg, wobei Katie darauf besteht, nicht allzu weit zu gehen und einen ›richtigen‹ Picknickplatz am Rand des Ferienhausgebietes aufzusuchen. Das Meer sieht man von hier aus leider nur mit gerecktem Hals. Schade, das hat Jan sich irgendwie romantischer vorgestellt.

Vielleicht muss er Katie erst alles in Ruhe erklären? Doch keine Chance, sie denkt offenbar nur ans Essen. Hat sie nicht gefrühstückt? Noch bevor sie sich hingesetzt hat, zieht sie die Folie von der Platte mit dem *smørrebrød*. Aber statt in Begeisterungsschreie auszubrechen, rümpft sie die Nase: »Da fehlt ja ein Stück – nein, zwei! Hast du etwa schon davon gegessen? Und so viel Fleisch, muss das sein?«

»*Hej*, ich war so lange unterwegs, da hatte ich einfach Hunger!« Jan erkennt, dass es doch keine so gute Idee gewesen ist, sich beim Holen der Platte aus dem Auto schon mal eine der Köstlichkeiten in den Mund zu schieben und die anderen einfach ein bisschen zurechtzurücken. Katie merkt aber auch alles! »Ich dachte, du magst *smørrebrød*«, verteidigt er sich und in der Hoffnung, von den fehlenden Teilen abzulenken, zählt er auf: »Guck mal, das hier ist mit Avocado belegt, und das mit eingelegtem Hering. Hier ist Ei, und das sind Krabben. Alles leckere Sachen, und nur ein bisschen was mit Braten und Leberpastete.«

Katie guckt skeptisch, wenn auch etwas freundlicher. Doch Jan hat noch einen Trumpf in der Tasche: »Außerdem habe ich die hier mit!« Triumphierend hält er eine Tüte mit *fredagsslik*, mit unterschiedlichen dänischen Süßigkeiten, hoch. »Weißt du, ich dachte, ich kaufe zur Versöhnung etwas Leckeres ein, etwas Dänisches, und wir machen es uns so richtig *hyggelig*. Ich habe nämlich entdeckt, dass ich das gar nicht so übel finde.«

»Gar nicht so übel? Was soll denn das heißen? Und überhaupt, du willst es *hyggelig* haben? Du hast dich doch immer über meinen ›*Hygge*-Tick‹ lustig gemacht!« Was Jan als Beschwichtigung und Versöhnungsangebot gedacht hat, scheint Katie erst so richtig auf die Palme zu bringen. »Und du meinst, das reicht? Glaubst du, mit ein bisschen Essen und Zuckerzeug ist alles wieder gut?«

FREDAGSSLIK – SÜSSIGKEITEN ZUM WOCHENENDE

Sie sind äußerst ungesund, aber richtig lecker und haben zudem bei den Dänen Tradition: die beliebten *fredagsslik* (Freitagssüßigkeiten), in manchen Familien auch als *lørdagsslik* (Samstagssüßigkeiten) oder *lørdagspose* (Samstagstüte) bekannt. Denn auch, wenn sich die meisten dänischen Familien unter der Woche halbwegs gesund ernähren, landen am Freitag zuhauf Naschies jeglicher Art im Einkaufskorb, am liebsten Weingummis und Lakritze. Darauf freuen sich nicht nur die Kinder, sondern auch die Erwachsenen, die das Wochenende zusätzlich gerne mit einem Glas Wein einläuten. Die Kids hingegen dürfen am Freitagabend zusammen mit den Süßigkeiten oft ein paar Zeichentrickserien vor dem Fernseher oder Comics genießen.

Dies ist der Auftakt zur Wochenend-*Hygge*, die in Dänemark ohnehin ordentlich zelebriert wird: Die Schul- und Arbeitswoche hinter sich lassen und das Leben genießen. Zugleich bedeutet der freitägliche Süßigkeitenexzess einen Ausbruch aus der Null-Zucker-Politik, die viele Kindertagesstätten und Schulhorte zugunsten einer gesünderen Ernährung und der Zahngesundheit des dänischen Nachwuchses in den letzten Jahren eingeführt haben, um dem Fakt entgegenzuwirken, dass Dänemark eines der Länder mit dem höchsten Zuckerkonsum pro Kopf ist.

»Nein, nein, das meine ich nicht, oder vielmehr ja, aber das ist noch nicht alles ...« Jan verhaspelt sich hoffnungslos. »Kann ich dir das bitte in Ruhe erklären? Komm, wir gehen ein Stück, vielleicht zum Meer, und dann ...«

Doch leider hört Katie ihm gar nicht mehr richtig zu: »Ich will keine Erklärungen, ich will die letzten Tage meines Dänemarkurlaubs genießen, und das lasse ich mir nicht vermiesen! Und ich möchte nicht zum Meer, jedenfalls nicht hier! Ich will zum Leuchtturm, doch für den ist es jetzt wahrscheinlich schon zu spät!«

Wütend macht sie auf dem Absatz kehrt und rauscht davon. Jan sieht ihr hinterher, wie sie mit wippendem Pferdeschwanz Richtung Ferienhaus marschiert. Oh weh, das ist ja gründlich in die Hose gegangen. Jan dämmert, dass ein einfaches Picknick in den Dünen nicht reicht, um seine Freundin wieder für sich zu gewinnen. Sie ist wohl verletzter als er angenommen hat, wenn sie so heftig reagiert. In Ordnung, dann müssen jetzt stärkere Argumente her! Na gut, er hat ja noch diese Idee in petto, die er mit Philipp ausgetüftelt hat. Doch wie kann er Katie überzeugen, sich darauf einzulassen? Erst mal muss er Schadensbegrenzung betreiben und ihr klarmachen, dass er eigentlich genau das Gleiche will wie sie – nur eben nicht einsam, sondern gemeinsam.

Det skal nok gå

Von einer nicht abgeschlossenen Tür auf die Anwesenheit der Bewohner des Hauses zu schließen, ist in Dänemark – zumal in ländlichen Gegenden – ein Irrtum. Besonders, wenn die Hausbewohner lediglich im Garten sind oder, wie in Katies Fall, mal eben Brötchen holen, lassen sie schon mal die Türen offen. Denn auch hier zählen die meisten Dänen auf das Vertrauensprinzip, das angesichts einer der niedrigsten Kriminalitätsraten der Welt auch gerechtfertigt erscheint. Trotzdem ist das kein Grund, als Besucher mit der Tür ins Haus zu fallen; ein höfliches Anklopfen bzw. Klingeln ist auch hier geboten.

Dänemark ist tatsächlich ein sehr sicheres Land. Dennoch sollten Touristen gerade in stark frequentierten Ferienhausgebieten keine

Wertgegenstände oder mobilen Endgeräte offen herumliegen lassen und die Tür ihrer temporären Behausung abschließen, wenn sie länger weg sind, da die Einbrüche in Ferienhäuser in den letzten Jahren zugenommen haben. Auch in großen Städten wie Kopenhagen empfiehlt sich ein vorsichtigeres Verhalten; besonders, um dem Taschendiebstahl in der Sommersaison vorzubeugen. Ein Sonderfall ist die Freistadt Christiania, in der öfter Überfälle vorkommen, so dass die Wertsachen im Safe des Hotels besser aufgehoben sind als bei einem Ausflug dorthin. In Christiania darf man keine Personen fotografieren, an manchen Stellen auch keine Häuser & Co; daran sollten sich Besucher auf jeden Fall halten. Im ansonsten sehr sehenswerten Kopenhagener Stadtteil Nørrebro kam es in letzter Zeit vor allem nachts zu Kämpfen zwischen Banden.

Sollte etwas passiert sein, müssen die Geschädigten bei der dänischen Polizei Anzeige erstatten. Nur dann erhält man z. B. bei Diebstahl eine Verlustmeldung, mit der man bei seiner Versicherung eine Erstattung für das Gestohlene beantragen kann. Eine Verlustmeldung wird auch benötigt, um bei Verlust des Passes einen Ersatz zu bekommen.

Ein Picknick ist an und für sich in Dänemark immer eine gute Idee – außer, die Freundin ist so geladen wie Katie. Pech gehabt, Jan! Denn ansonsten macht ein Picknick in Dänemarks schöner Natur Spaß und ist eine *hyggelige* Sache, die die Dänen gerne und oft in ihrer Freizeit veranstalten. Ob liebevoll zu Hause vorbereitet oder schnell im Supermarkt zusammengestellt: Besonders am Wochenende und in den Ferien ziehen Groß und Klein gemeinsam los, um auf diese einfache Art Zeit zusammen zu verbringen und verschiedene Köstlichkeiten zu genießen.

Zwar eignet sich das äußerst leckere und üppig belegte *smørrebrød* eigentlich nicht so gut fürs Mitnehmen wie das deutsche Butterbrot, aber Liebhaber dieser Spezialität machen bei Bedarf auch das möglich. An vielen Stellen in Dänemark gibt es kleinere und größere Picknickplätze. Oder man bringt einfach seine Picknickdecke mit und speist in der Natur, wobei der eigene Müll natürlich wieder mit nach Hause genommen werden muss. Teils haben die Picknickplätze sogar eine Möglichkeit zum Grillen. In der freien Natur sollten Urlauber hingegen kein Feuer anzünden, zu groß ist die Gefahr von Wald- und Heidebränden.

Übrigens ist es auch in vielen Freizeitparks, Indoor- und Freilandmuseen sowie anderen Vergnügungsstätten erlaubt, ein eigenes Picknick mitzubringen, statt in den teils hochpreisigen gastronomischen Einrichtungen vor Ort zu essen – eine gute Möglichkeit, den Dänemarkurlaub ein bisschen günstiger zu gestalten.

38 NUR EIN LEUCHTTURM?

DIE FAHRT NACH NORDEN

Katie blickt aus dem Autofenster. Wie ruhig es doch ist, wie still! Die Landschaft auf dem Weg nach Norden zieht an ihr vorüber, und sie genießt es, sich zurücklehnen und einfach nur schauen zu können. Es hat auch Vorteile, wenn man nicht alles alleine machen muss! Sie wirft einen schnellen Blick zu Jan hinüber, der konzentriert hinter dem Steuer sitzt und die im Morgennebel liegende Straße sicher entlang steuert. Er lächelt sie an und drückt kurz ihr Knie, sieht dann aber gleich wieder geradeaus.

Katie muss anerkennen, dass er sich größte Mühe gibt, die Geschwindigkeitsbegrenzung diesmal nicht zu überschreiten. Auch hat er die Route über Thyborøn und damit extra die Fähre genommen, obwohl das nicht der kürzeste Weg nach Nordjütland ist, wie Katie weiß. Sicher ihr zuliebe, denn sie ist schließlich eine begeisterte Fährfahrerin, während Jan – jedenfalls bei entsprechendem Seegang – immer leicht übel wird. Verraten hat Jan ihr allerdings nicht wirklich, wohin es geht. »Nach Norden«, hat er nur lächelnd gemeint, als sie gefragt hat. Was er wohl plant?

In sich gekehrt denkt Katie an gestern Abend zurück. Nachdem Jan sie nach ihrem wütenden Abgang am Picknickplatz den Tag über in Ruhe gelassen hatte, hat er sie abends um ein Gespräch gebeten. Bei inzwischen etwas durchweichtem, aber immer noch essbarem *smørrebrød* haben sie lange miteinander gesprochen. Katie hat sich endlich einmal all ihren Kummer von der Seele reden und ihm sagen können, was sie an seinem Verhalten stört und was sie sich von ihrer Beziehung eigentlich erhofft. Außerdem hat sie ihrer ganzen Wut, ihrer Enttäuschung und ihrem Ärger über Jans Geläster gegen alles Dänische während des ersten Teils ihres Urlaubs Ausdruck verliehen.

Das hat gutgetan, auch wenn Katie sich eingestehen muss, dass ihre erste Reaktion bei Jans Rückkehr vielleicht zu heftig war. Doch einmal über ihre Gefühle und alles, was sich in letzter Zeit aufgestaut hat, reden zu können, hat es ihr ermöglicht, anschließend auch ihm zuzuhören. Sie versteht jetzt, dass sie Jan bei ihrem Start in den Dänemarkurlaub mit ihrer Begeisterung überfahren und es ihm so eher schwerer als leichter gemacht hat, sich auf ihr Lieblingsland einzulassen.

Doch das hat sich ja jetzt geändert – so sagte er gestern zumindest. Was Jan von seinen Erlebnissen in Kolding und seinem veränderten Dänemarkbild erzählt hat, hat sich echt gut angehört, findet Katie. Es gibt ihr etwas Hoffnung – und außerdem hat sie ja wirklich ein ganz schönes Tempo vorgelegt; das war wohl ein bisschen zu viel des Guten. Sie muss Jan einfach Zeit geben, die Dinge auf seine Art und Weise anzugehen, sowohl in Bezug auf Dänemark als auch auf ihre Beziehung.

Nachdem sie sich ausgesprochen hatten, war der Abend sogar noch ganz nett geworden. Sie haben eine Flasche Wein aufgemacht und zusammen *Die Olsenbande* gesehen, in der von der DEFA synchronisierten Fassung auf Deutsch. Das war richtig *hyggelig*, das muss Katie zugeben.

DIE OLSENBANDE

Die Olsenbande ist der erste Film einer insgesamt 14-teiligen gleichnamigen dänischen Reihe von witzigen Kriminalkomödien, die von 1968 bis 1998 entstanden sind. In den auf Dänisch gedrehten Gaunerfilmen versuchen der Namensgeber der Bande, der Ganove Egon Olsen, und seine Kumpanen Benny Frandsen und Kjeld Jensen immer wieder, den großen Coup zu landen, scheitern jedoch regelmäßig an ihrem eigenen chaotischen Vorgehen und äußerst skurrilen Umständen.

In der DDR wurden die Filme auf Deutsch ein voller Erfolg, in Westdeutschland hingegen weniger, was womöglich auch an der westdeutschen Synchronisation liegt. Anlässlich des 50-jährigen Jubiläums der Olsenbande zeigten die Nordic Film Studios in Kopenhagen eine Ausstellung, die Zehntausende Besucher und Fans anlockte.

Doch ob sich jetzt tatsächlich etwas ändert? Katie ist sich da nicht so sicher. Jan ist nun mal ein stures Nordlicht und ein Dickkopf noch dazu. Zwar hat sie gestern den Eindruck gewonnen, dass es ihm echt leidtut, sie so oft auf die Schippe genommen und sie wegen ihrer Dänemarkliebe aufgezogen zu haben. Und sie glaubt wirklich, dass ihm bei seinen Kollegen in Kolding ein Licht aufgegangen ist, oder vielmehr eine dänische PH-Leuchte. Aber ob die neuen Erkenntnisse anhalten? Katie bleibt skeptisch.

DIE PH-LAMPE

Die von Poul Henningsen 1958 geschaffene und nach ihm benannte PH-Lampe gilt als Musterbeispiel dänischen Designs. Die berühmte Pendelleuchte PH 5 weist nicht nur eine äußerst charakteristische

Form mit insgesamt drei Schirmen auf, sondern verbreitet auch ein absolut blendfreies, sehr angenehmes und weiches Licht.

Die ›5‹ im Namen steht hierbei für den Durchmesser von 50 cm. Die PH-Lampe und ihre Nachfolger werden von der Firma Louis Poulsen produziert, mit der Poul Henningsen bis zu seinem Tod im Jahr 1967 zusammenarbeitete. Mittlerweile hängt die PH-Lampe in verschiedenen Varianten in den meisten dänischen Wohnzimmern ebenso wie in Ferienhäusern, klassischerweise über dem Ess- oder Couchtisch.

Kurz hinter Blokhus fährt Jan rechts ran. Er sieht Katie fragend an: »Wir sind bald da – und ab hier würde ich dir gerne die Augen verbinden. Damit die Überraschung auch wirklich eine wird!« Katie holt tief Luft. Jan hat sie gestern Abend vor dem Zubettgehen zwar noch gefragt, ob er sie heute auf einen Ausflug »entführen« dürfe und angekündigt, dass sie ab einem gewissen Punkt die Augen schließen müsse. Aber Katie war sich nicht sicher, wie ernst es ihm damit ist. Offenbar sehr ernst! Jan hat sogar einen schwarzen Schal dabei, den er ihr jetzt auffordernd unter die Nase hält. Katie schluckt. »Na gut«, sagt sie leise.

Dann wird es dunkel. Erst versucht Katie noch, am Geruckel des Wagens, den Kurven und den Abzweigungen zu erraten, welche Strecke Jan nimmt, doch das gibt sie schnell auf. Was soll schon passieren? Nun ja, Jan könnte sich hoffnungslos verfahren – darin ist er gut. Katie schmunzelt. Doch dann würde er ihr sicher Bescheid sagen; außerdem hat er diesmal das Navi eingeschaltet. Bloß auf stumm und so gedreht, dass sie bereits beim Einsteigen keinen Blick darauf hat erhaschen können. *»Det skal nok gå«*, denkt Katie, es wird schon gut gehen. Dann wird sie sich eben etwas ausruhen.

Als sie erwacht, hat Jan angehalten. »Wir sind da!« Katie hört die Aufregung in seiner Stimme und schlägt die Augen auf. Da ist sie doch tatsächlich auf den letzten Metern eingeschlummert und hat gar nicht gemerkt, wie Jan ihr die Augenbinde abgenommen hat. Oder hat sie etwa länger gedöst; sind sie weiter nördlich als sie vermutet?

Jetzt stehen sie auf einem Parkplatz, rundherum grüne Landschaft. Katie kann nicht erkennen, wo sie sind – oder etwa doch? Da hinten, das sind doch Dünen, und da steht Ginster am Wegesrand. Und diese Silhouette, die man von hier aus nur erahnen kann, ist das nicht ...?

Katies Gesicht leuchtet auf. Sie springt aus dem Auto und sieht sich um. »Mensch Jan, das ist doch ...«

»Der Leuchtturm von Rubjerg Knude«, kann er gerade noch sagen, bevor sie ihm um den Hals fällt. »Na, Überraschung gelungen?«

»Und wie!« Katie hüpft vor Freude auf und ab. »Mein Lieblingsleuchtturm, nach dem Versetzen erst recht!«

»Wir müssen allerdings noch ein Stück gehen«, lächelt Jan. »Wenn auch nicht so weit wie vielleicht bei deinem letzten Besuch. Und dann habe ich noch etwas für dich.« Katie macht große Augen, sagt aber nichts. Jan holt noch etwas aus dem Auto, das er schnell in seiner Tasche verschwinden lässt, und dann geht das Paar Hand in Hand zum Leuchtturm.

Det skal nok gå

Er steht hoch oben in Nordjütland an der Nordseeküste: der berühmteste Leuchtturm Dänemarks, Rubjerg Knude Fyr. Am 27. Dezember 1900 zum ersten Mal in Betrieb genommen, sandte das Leuchtfeuer viele Jahrzehnte sein Licht hinaus aufs Meer und leitete den Schiffen ihren Weg.

Doch das starke Sandtreiben an dem Küstenabschnitt zwischen Løkken und Lønstrup, bei dem der Wind immense Mengen an Sand die Steilküste hinauf blies, wurde ab dem zweiten Lebensjahrzehnt des Leuchtturms zum Problem. Zunächst lagen der Leuchtturm und die mit ihm errichteten vier Nebengebäude, die Leuchtturmwärterhäuschen, lediglich hinter einer zwei bis drei Meter hohen Sanddüne. Zunehmend jedoch türmte der Sand sich auf, drang in die Nebengebäude ein und verschüttete den Brunnen sowie den Küchengarten. Zwar wurde er abtransportiert, doch die in den 1950er-Jahren auf stolze 50 Meter herangewachsene Wanderdüne Rubjerg Knude zog unerbittlich weiter. Somit verdeckte und verschüttete sie allmählich die Wärterhäuschen und den Leuchtturm, dessen Betrieb am 1. August 1968 eingestellt werden musste. Ab 1990 wurde der Kampf gegen den Sand aufgegeben, der sämtliche Nebengebäude zerstörte, und das gesamte Gebiet Rubjerg Knude unter Naturschutz gestellt.

Von Wind und Wetter angegriffen, rückte zudem die Steilküste immer näher. Zwischenzeitlich war auch der Leuchtturm nicht mehr zu betreten, doch ab dem Jahr 2016 konnten Besucher ihn auf eigene Gefahr wieder besteigen, weil die Sanddüne das Bauwerk passiert hatte. Auf Bestreben der gemeinnützigen Stiftung Realdania waren eine stählerne Wendeltreppe und ein Kaleidoskop eingebaut worden, um den Touristenmagneten für die Öffentlichkeit zugänglich zu machen. Als 2017 die Abbruchkante der Steilküste nur noch acht Meter vom Leuchtturm entfernt war, musste erneut eine Entscheidung getroffen werden: Sollte der Leuchtturm ins Meer stürzen oder doch noch einmal gerettet werden?

Nach einer mit Hochspannung verfolgten öffentlichen Debatte wurde der mittlerweile zum Wahrzeichen von Nordjütland avancierte Rubjerg Knude Fyr in einer aufwendigen und minutiös geplanten Rettungsaktion auf Schienen gesetzt und unter starker Anteilnahme der Öffentlichkeit am 22. Oktober 2019 um ca. 70 Meter ins Landesinnere versetzt. Dafür stellte die dänische Regierung fünf Millionen Kronen zur Verfügung. Kjeld Pedersen, der verantwortliche Bauleiter, ein einfacher, einheimischer Maurermeister aus Lønstrup, wurde mit der erfolgreichen Versetzung des 700 Tonnen schweren Leuchtturms zum Helden der Nation und zum Inbegriff des typisch Nordjütländers, der ruhig und zuverlässig seine Arbeit verrichtet.

Um den Leuchtturm von Rubjerg Knude zu besichtigen, müssen die Besucher ihren Pkw auf dem eigens dafür vorgesehenen Parkplatz abstellen und den Weg bis zum berühmtesten Bauwerk von Jütland zu Fuß zurücklegen.

39 WILLST DU …?

EIN HÄUSCHEN IM GELOBTEN LAND

Der Weg zum Leuchtturm ist länger, als Jan gedacht hat, und teils auch etwas holprig. Sobald der Spazierweg aufhört und der Sand beginnt, sinkt er mit den Füßen tief ein und muss sich ganz schön anstrengen, um vorwärtszukommen. Dazu kommt der Wind mal wieder von vorne und weht ihm heftig ins Gesicht. Jan glaubt, ab und zu sogar feine Sandkörner um seine nackten Beine zu spüren, die lediglich in Shorts stecken. Puh, Peeling inklusive! Auch Katie hat ihre Strickjacke eng um sich geschlungen und hält ihr Halstuch mit beiden Händen fest.

SAND, SANDIGER, SANDTREIBEN

Das Sandtreiben am ›Knude‹ ist tatsächlich nach wie vor hoch. Es empfiehlt sich, die Wind- und Wettervorhersagen zu beachten und angemessene Kleidung zu tragen, damit der Sand keine unangenehmen Folgen hat. Da der Sand in Kniehöhe am heftigsten umhergetrieben wird, ist es sinnvoll, kleine Kinder zu schützen, da deren Gesichter sich ein bis zwei Etagen tiefer befinden als die der

Erwachsenen. Am besten schützen Eltern die Gesichter ihrer Kinder mit Halstüchern und Sonnenbrillen, nehmen sie in die Trage, auf den Arm oder besuchen Rubjerg Knude an einem eher windstillen Tag.

Das hat Jan sich insgesamt *hyggeliger* vorgestellt, doch er sagt nichts. Wehklagen über die Wetterverhältnisse kommen jetzt bestimmt nicht gut bei Katie an. Und er muss doch alles tun, um sie für sich zu gewinnen! Überhaupt wird er von Meter zu Meter nervöser. Das Kribbeln in seinem Bauch ist mittlerweile schon in Brust und Hals hinaufgestiegen, und er muss auffällig oft schlucken. Was Katie wohl zu seinem Vorschlag sagen wird? Jans Bedenken wachsen bei jedem Schritt. Was er vorhat, kommt schon ein bisschen plötzlich, besonders wenn man an ihre Auseinandersetzungen vor dem Urlaub und ihren letzten großen Streit denkt. Doch gestern Abend haben sie sich endlich mal richtig ausgesprochen. Außerdem hat Katie sich mehr Verbindlichkeit gewünscht – da würde sie wohl nicht nein sagen, oder?

Der Leuchtturm ist bereits in Sicht, gleich sind sie da. Jans Mund wird immer trockener. Hoffentlich bekommt er überhaupt ein Wort heraus, wenn es so weit ist! Katie findet er auffällig schweigsam, dabei redet sie doch sonst so gerne. Was wohl in ihr vorgeht? Vorsichtig sieht Jan sie von der Seite an und – erwischt! – wird prompt mit einem zaghaften Lächeln belohnt. Sie sagt zwar nichts, drückt aber kurz seine Hand.

Jetzt sind sie am Fuß von Rubjerg Knude Fyr angelangt, weiß ragt der Leuchtturm über ihnen auf. Katie und Jan bleiben stehen und sehen andächtig hinauf. Außer ihnen ist kein Mensch vor Ort. Jan meint, vorhin aus der Ferne die Silhouette eines einzelnen Fotografen auf der Düne nördlich von ihnen gesehen zu haben, doch wer immer es war, scheint nun verschwunden zu sein. Gut so! Jan holt tief Luft.

Jan fasst Katies Hand noch mal fester und sie steigen gemeinsam die Wendeltreppe hinauf. Der Ausblick von oben ist überwältigend schön: Vor ihren Augen breitet sich die Sand- und Dünenlandschaft Nordjütlands aus, und das Meer schimmert im Morgenlicht. Die Sonne steht schon ein Stück weit über dem Horizont, ihre Strahlen wärmen bereits. Der Wind pfeift hier oben weiterhin, jedoch nicht so schlimm, wie Jan befürchtet hat. Er bemüht sich zu verbergen, dass sich seine Beine nach dem Aufstieg etwas wackelig anfühlen, und hofft, dass Katie sein Schwanken nicht bemerkt. Er zieht sie näher zu sich heran, und sie wendet sich ihm zu. Ihre Augen sind riesig und blicken ihn erwartungsvoll an.

»Liebe Katie«, setzt er an und muss sich erst einmal räuspern, weil seine Stimmbänder sich in ein Reibeisen verwandelt zu haben scheinen. »Ich weiß, ich habe es dir nicht immer leicht gemacht, besonders nicht in letzter Zeit. Ich habe dir meine Gefühle nicht wirklich gezeigt, und noch dazu die deinen viel zu oft verletzt. Doch jetzt ist mir«, er stockt, besinnt sich und setzt dann fort, »ein Licht, nein, ein ganzer Leuchtturm aufgegangen. Ab sofort sollen die Dinge anders werden! Ich kann nur hoffen, dass du mir verzeihst und durch all meine Stoffeligkeit in mein Herz siehst. Denn darin wohnt die Liebe – und die *Hygge*, die in den letzten Tagen dort eingezogen ist. Ich liebe dich, und mittlerweile auch Dänemark. Deshalb möchte ich dich fragen ...«, er haspelt in seiner Tasche und zieht ein kleines Kästchen hervor, das wie ein dänisches Ferienhäuschen mit Reetdach aussieht: »Willst du mit mir jetzt öfter nach Dänemark fahren, in einem *hyggeligen* Ferienhaus wohnen und dort lange und erfüllte Urlaube verbringen, ohne dass *Guf* uns jemals scheidet?«

Er sieht Katie in die Augen, sie blickt ihn absolut fassungslos an. Ihr Mund steht offen; jetzt ist sie es, die kein Wort herausbekommt. Dann schnappt sie sich das Kästchen in Jans Hand, dreht es hin und her und findet schließlich den Mechanismus, der das Dach öffnet. »Ein Schlüssel?« Ihre Stimme ist lediglich ein Flüstern. Sie greift zu und betrachtet das kleine Metallstück in ihrer Hand. Jan nickt: »Ja, zu einem Ferienhaus. Es muss noch renoviert werden, doch dann ist es unseres. Also eigentlich Philipps, der es von seiner Tante bekommen hat, aber er braucht es nicht wirklich. Wir können so oft hinfahren, wie wir wollen, einfach mal übers Wochenende oder für sämtliche Urlaube! Was meinst du?«

»Jan, ich bin hin und weg! Klar will ich! Ich dachte, für Deutsche sei es gar nicht möglich, ein Haus in Dänemark zu haben!« Jetzt fällt Katie Jan um den Hals. »Ein Ferienhaus, nur für uns zwei! Das ist ja ein wahr gewordener Traum!!!«

Ihre Augen leuchten und sie küsst ihn heftig. »Du willst echt immer mit mir nach Dänemark fahren, gemeinsam ein Haus bewohnen und alles?«

»Ja, das will ich!« Jans Stimme ist fest entschlossen und er strahlt Katie an. Dann schmunzelt er. »Und das mit dem *Guf* musst du nicht so ernst nehmen, irgendwann mag ich den bestimmt auch noch.«

»Ach, du!« Katie muss lachen und küsst ihn gleich noch einmal. »Der *Guf* ist mir doch völlig egal! Da kannst du machen, was du willst. Hauptsache Dänemark – für immer. Doch jetzt musst du mir noch verraten, wie du das geschafft hast – ich dachte, Deutsche dürfen gar kein dänisches Ferienhaus kaufen!«

»Tsja, das ist eine komplizierte Geschichte.« Jan schmunzelt. »Doch mit Philipps Hilfe geht es, und ich denke, wir haben eine Lösung gefunden, wie das Häuschen eines Tages hoffentlich unseres werden kann.«

Det skal nok gå

Ein Ferienhaus, oder wie die Dänen sagen, *et sommerhus*, also ein Sommerhaus zu besitzen und darin zu wohnen bzw. dort stets die Ferien zu verbringen, ist für viele Dänemarkurlauber ein lang gehegter Traum. Doch das ist auch als EU-Bürger gar nicht so leicht, wie man zunächst denken mag. Denn die Dänen haben mit speziellen Regelungen dafür Sorge getragen, dass nicht so einfach eine größere Anzahl an Ferienhäusern in ausländische Hand übergehen kann. Auch die Dänen selbst dürfen als Privatperson jeweils nur zwei Ferienhäuser besitzen bzw. als Ehepaar insgesamt vier.

Für EU-Bürger gilt zwar das Prinzip der Arbeitnehmerfreizügigkeit, d. h. sie dürfen in ganz Europa eine Arbeitsstelle annehmen, im jeweiligen Land wohnen und dort natürlich auch ihren Wohnsitz haben und Wohneigentum erwerben. In Dänemark betrifft dies jedoch ausdrücklich nur sogenannte Ganzjahreswohnungen. Diese dürfen Ausländer kaufen, jedoch keine Ferienhäuser. Diese Ausnahme haben sich die Dänen in den Maastrichter Verträgen von 1992 extra bestätigen lassen.

Um als Nicht-Däne ein Ferienhaus ohne Sondergenehmigung erwerben zu dürfen, muss man entweder, so wie Philipp, seinen dauerhaften Wohnsitz in Dänemark haben oder aber dort mindestens über einen Zeitraum von fünf Jahren gelebt haben und dies durch Belege aus dem Einwohnerregister und Steuerzahlungen nachweisen. Ein Ausnahmefall ist eine Erbschaft, auch durch diese können Dänemarkverliebte an ein Ferienhäuschen kommen. Über weitere Ausnahmen entscheidet das dänische Justizministerium nach eingehender Prüfung. Sie können vorliegen, wenn jemand eine besondere Beziehung zu Dänemark bzw. dem infrage stehenden Ferienhaus belegen kann, z. B. wenn

- frühere längere Aufenthalte in Dänemark stattfanden, die nicht auf Ausbildungszwecke etc. von befristeter Dauer zurückzuführen sind,
- spezielle Familienverhältnisse vorliegen,
- gewerbsmäßige, wirtschaftliche und kulturelle Verbindungen zu Dänemark bestehen,
- eine spezielle Bindung zu den Immobilien vorhanden ist, die erworben werden sollen.

Solche Ausnahmegenehmigungen werden erfahrungsgemäß jedoch sehr selten erteilt. Umgehungsversuche und Falschangaben werden strafrechtlich verfolgt. Wenn man es jedoch geschafft hat und glücklicher Besitzer eines Sommerhauses ist, darf man dieses 26 Wochen im Jahr selbst nutzen, den Rest der Zeit kann es vermietet werden. Eine Kombination aus den oben genannten Faktoren – Philipps dänische Tante hat das Haus an ihn übergeben, er selbst hat seinen dauerhaften Wohnsitz in Dänemark, Jan und Katie werden es regelmäßig nutzen, und dann kann Philipp es eines Tages auf sie überschreiben – schwebt wohl auch den Freunden vor. Bleibt zu hoffen, dass das klappt! Doch das ist eine andere Geschichte und soll ein andermal erzählt werden – erst einmal können Katie und Jan noch einen letzten Tag in Dänemark genießen.

40 WAS MIT NACH HAUSE NEHMEN?

DÄNISCHE KÖSTLICHKEITEN FÜR ZU HAUSE

Ach, ist das schön, wieder versöhnt zu sein! Katie ist vollkommen glücklich. Dazu noch die Aussicht, jetzt öfter nach Dänemark zu fahren! Na gut, noch gehört das Ferienhaus Philipp, und bis er es ganz legal auf sie überschreiben kann, wird es eine Zeit lang dauern. Doch sie dürfen es ja nutzen, und schon allein die Aussicht auf viele unbeschwerte Tage in ihrem Herzensland lässt Katies Herz hüpfen und macht ihr den Abschied für dieses Mal ein bisschen leichter. Denn schon morgen würden sie abreisen.

Katie findet es immer unglaublich schwer, ihrem Lieblingsland Lebewohl zu sagen und tut alles, um den letzten Tag noch mal so richtig auszukosten. Dazu gehört auch der finale Einkauf. Nicht, dass sie noch Souvenirs benötigt; eher muss sie sich eingestehen, dass sie bei den verschiedenen Besuchen in Läden und Sehenswürdigkeiten mehr Mitbringsel erstanden hat, als sie braucht. Doch neben den schönen Kleinigkeiten gilt es jetzt vor allem, sich mit dänischen Lebensmitteln einzudecken, um die Zeit bis zum nächsten Urlaub zu überstehen.

Jan hat zwar etwas geschmunzelt, als sie ihm die Notwendigkeit erläutert hat, auch auf dem Rückweg das Auto mit Lebensmitteln vollzupacken, dann aber mit dem Kopf genickt und gemeint, dass sie auf gar keinen Fall fahren können, ohne *pålægschokolade*, die leckeren Schokoladenscheiben, die man aufs Brötchen legt, und dänische Marmelade mitzunehmen – an die hat er sich nämlich beim morgendlichen Frühstück mehr als gerne gewöhnt. Es hat sich also doch etwas bei ihm getan! Katie freut sich von Herzen. Jan ist zwar noch nicht ganz so Dänemark-verrückt wie sie, aber auf dem besten Weg dorthin.

Da sie ihr jetziges Ferienhaus morgen um 10 Uhr verlassen müssen, fahren Katie und Jan schon heute nach Søndervig, um den letzten Einkauf zu erledigen. Sie schieben gerade einen gut gefüllten Einkaufswagen durch die breiten Gänge des Supermarkts, als sie beinahe mit jemandem zusammenstoßen, der unvermutet um die Ecke biegt. Ach, das ist doch Marie von ihrer Ferienhausvermittlung! Offensichtlich erledigt sie gerade zusammen mit ihrer großen Tochter den Wochenendeinkauf. »*Hej Marie, hvordan har du det?*«, grüßt Jan, der sich alle Mühe gibt, seine neu erlernten dänischen Vokabeln anzuwenden. »*Hej Jan, hej Katie, tak,* mir geht es gut!«, antwortet Marie ganz erfreut. Amüsiert betrachtet sie den Inhalt des Einkaufswagens der beiden: »Ihr müsst bald abreisen, oder?«

»Ja, morgen«, gibt Katie geknickt zurück, »woher weißt du das?«

»*Nååå*«, Marie muss lachen, »das sehe ich doch auf den ersten Blick!« Sie zählt auf: »Lakritze, Kakao, *pålægschokolade, kammerjunkere, koldskål, gulerodsboller*, weißer Mohn – ah, backt ihr selbst? –, Joghurt, *ymer*, Käse, Röstzwiebeln, Remoulade, Erdbeermarmelade, rote Grütze, *mørkt rugbrød* ... Sagt mal, wie viel Platz habt ihr denn noch im Auto?«

»Äh, eigentlich gar nicht mehr so viel«, druckst Katie und wirft Jan einen schnellen Seitenblick zu. »Doch das kriegen wir schon hin. Und wir wollen zu Hause so gerne ein paar dänische Rezepte ausprobieren.«

»Dann könnt ihr ja noch dänische Vanille, *æblekagerasp* und *makroner* einpacken, das sind Zutaten für dänischen Apfelkuchen.« Maries Tochter ist ganz Feuer und Flamme, offensichtlich backt sie ebenfalls gern. »Und wenn ihr wiederkommt, bringt ihr mir deutsches Marzipan mit, ja?«

Katie lacht: »Ja, das machen wir gerne!« Sie verabschieden sich von Marie und ihrer Ältesten und schieben den vollen Einkaufswagen zur Kasse, nicht ohne noch zwei verlockend duftende *kanelsnegle* (Zimtschnecken) und vier *pølsehorn* (Würstchen eingebacken in Hörnchen) an der Bäckertheke mitzunehmen. »Für die Fahrt«, wie Jan sagt. Jetzt aber schnell zurück ins Ferienhaus, schließlich haben sie heute Nachmittag noch einiges zu tun, und dann wollen sie sich noch einen richtig schönen letzten Abend machen, mit Sonnenuntergang und allem Drum und Dran. Hach, das wird bestimmt total *hyggelig*, freut sich Katie.

REZEPT: DÄNISCHE BRÖTCHEN *(RUNDSTYKKER)* MIT WEISSEM MOHN

Zutaten:

500 g Mehl

21 g frische Hefe (entspricht etwa ½ Würfel Hefe)

300 ml lauwarmes Wasser

1 TL Salz

½ TL Zucker

20 g weiche Butter

1 Ei

50–100 g weißen Mohn

Zubereitung:

1. Zuerst das lauwarme Wasser in eine Schüssel geben, darin den Zucker und dann die Hefe auflösen, 100 g des Mehls unterrühren und 10 Minuten gehen lassen.

2. Dann das restliche Mehl, das Salz und die Butter in kleinen Stücken dazugeben, alles gut verkneten und den Teig abgedeckt 30 Minuten an einem warmen Ort gehen lassen.
3. Aus dem Teig Kugeln formen und auf ein mit Backpapier ausgelegtes Backblech setzen, abdecken und nochmals 30 Minuten gehen lassen.
4. Ein Ei verquirlen, die Brötchen damit bestreichen und mit dem weißen Mohn bestreuen.
5. Bei 220 °C (Ober- und Unterhitze) im vorgeheizten Backofen ca. 18 Minuten lang backen. Für eine knusprige Kruste eine kleine, feuerfeste Form mit etwas Wasser unten in den Ofen stellen.

Det skal nok gå

Ihrem Herzensland den Rücken zu kehren, wenn auch nur temporär, fällt vielen eingefleischten Dänemarkfans äußerst schwer. Fürs angemessene *farvel* brauchen sie ein richtiges Abschiedsritual, das meist aus verschiedenen Komponenten am letzten Tag besteht, etwa dem letzten Besuch bei der Lieblingssehenswürdigkeit, dem letzten Kaffee auf der Terrasse des Ferienhauses, dem letzten Gang ans Meer und eben auch dem letzten Einkauf im Supermarkt, um Proviant für die Fahrt und ein paar Mitbringsel zu erstehen. Und Lebensmittel, um die Dänemark-freie Zeit zu überbrücken! Dabei landen oft, wie bei Jan und Katie, typische dänische Köstlichkeiten im Einkaufswagen, möglichst solche, die die Rückreise in der Kühlbox überstehen oder aber lange haltbar sind.

Dennoch gibt es keinen Grund, über die Maßen Lebensmittel einzukaufen; Katie übertreibt hier vielleicht ein bisschen. Denn zum einen ist der Platz im Auto begrenzt, und zum anderen bekommt man einige der Gaumenfreuden inzwischen auch gut in Deutschland. Sie werden entweder bei Aktionen in gut sortierten Supermärkten angeboten oder können einfach online bestellt werden.

Auf dem Markt tummeln sich mehrere Online-Anbieter, die dänische Lebensmittel verkaufen und zu deutschen Versandkosten – Waren aus Dänemark haben oft sehr hohe Versandkosten – zu den Verbrauchern schicken. Das betrifft vor allem Süßigkeiten, Marmeladen, Lakritz, Soßen und Haltbares in Konserven. Aber auch Dekoartikel, alles mit dem Dannebrog drauf, T-Shirts und Taschen, Wichteltüren und andere weihnachtliche Artikel lassen sich gut darüber beziehen. Einige Shops bieten seit Neuestem auch den Versand von Kühlware an, damit kein Dänemarkfan zu Hause seinen *flødehavarti* (einen mild-würzigen, typischen Käse) oder die deftige Leberpastete vermissen muss.

Ob die dänischen Leckereien in Deutschland genauso gut schmecken wie in der Originalumgebung zwischen Dünen und Meer? Darüber lässt sich streiten – oder man muss es einfach ausprobieren.

41 KÖNNEN WIR NICHT EINFACH LOSFAHREN?

ERST SAUBER MACHEN, DANN SONNENUNTERGANG

Oh Mann, so ein Mist, ärgert sich Katie. Jetzt hätten sie sich doch beinahe wieder gestritten, und das am letzten Tag. Zum Glück hat sie das noch verhindern können. Doch es ist blöde gewesen – und überflüssig, wie Katie findet.

Jan hat am Nachmittag gar nicht eingesehen, weshalb sie die sogenannte Endreinigung durchführen, also das gesamte Ferienhaus einmal von vorne bis hinten putzen sollten. »Na, wir haben es schließlich sauber übernommen«, hat Katie erklärt. »Da hinterlassen wir es natürlich auch so, damit die nächsten Mieter sich ebenfalls wohlfühlen.«

»Aber wir sind doch im Urlaub, warum müssen wir denn da putzen?« Jan war irritiert, so etwas kennt er gar nicht.

»Das gehört in Dänemark nun mal dazu«, hat daraufhin Katie erläutert. »Ein Ferienhaus ist schließlich kein Hotel, erinnerst du dich?«

»Ja schon«, hat Jan gebrummt, »doch das eine Zimmer haben wir zum Beispiel gar nicht benutzt, können wir das nicht einfach so lassen?«

»Da müssen wir auch nicht so viel machen«, hat Katie eingelenkt, »einmal durchsaugen und die Möbel wieder an ihren Platz stellen, das reicht. Der Rest des Hauses hat es allerdings etwas nötiger, findest du nicht? Guck mal, der Flur ist die reinste Sandwüste, und die Wohnzimmerfenster haben echt fiese Flecken.«

»Na gut.« Jan hat zwar geknurrt, jedoch mit angepackt. Sie saugten das ganze Haus, putzten Badezimmer, Küche und Fenster, leerten die Kaminasche aus, reinigten den Grill und räumten auf.

Irgendwann kommt Katie auf die Idee, Musik anzumachen – damit geht sowieso alles leichter. Nachdem die wesentlichen Dinge erledigt sind, atmet sie auf: »Super, das haben wir!«

Jan nickt und greift nach ihrer Hand: »Komm, wir tanzen eine Runde! Und dann lass uns an den Strand gehen, sonst verpassen wir noch den Sonnenuntergang.«

KAMINOFEN UND KAMINASCHE

Typisch dänisch und außerdem äußerst *hyggelig* ist ein Kaminofen im Ferienhaus. Urlauber können ihn in der kalten Jahreszeit als Wärmequelle nutzen oder einfach anmachen, weil das flackernde Feuer so schön gemütlich ist. Dennoch sind ein paar Sicherheitshinweise immer zu beachten: Die Ofentür muss stets geschlossen werden, in unmittelbarer Nähe des Kamins darf kein brennbares Material stehen. Und bitte nur mit festen, nie mit flüssigen Anzündern das Feuer entfachen! Brennholz bekommt man in den meisten Supermärkten, gelegentlich auch an der Tankstelle oder an den beliebten Straßenständen am Wegesrand. Es dürfen nur trockenes Holz oder Holzbriketts aus Sägespänen verfeuert werden, niemals Treibholz bzw. Holz vom Strand oder lackierte Hölzer.

Vor der Abreise sollte der Kamin gereinigt werden, dazu muss jedoch die Glut völlig ausgebrannt und die Asche erkaltet sein. Am besten, man lässt den Ofen rechtzeitig vorher ausglühen. Meist bietet die Infomappe im Haus Hinweise zur richtigen Entsorgung. In der Regel kommt die kalte Asche in den Hausmüll, dazu bitte das Kaminbesteck benutzen, nicht den Staubsauger.

Jan hat an den Sonnenuntergang gedacht! Katie ist entzückt und beeilt sich nach einer atemlosen Tanzrunde durchs Wohnzimmer, Schuhe und Jacke anzuziehen. Koffer packen können sie ja später noch. Die letzten Handgriffe würden sie morgen früh erledigen, kurz bevor sie das Haus verlassen. Doch das ist dann nicht mehr viel, nur noch so etwas wie den Geschirrspüler ausräumen und Müll rausbringen. Ach ja, und den Energieverbrauch ablesen, das dürfen sie nicht vergessen. Dann würden sie den Schlüssel abgeben und Richtung Heimat fahren. Ein bisschen freut sich Katie auch auf ihr Zuhause. Doch Dänemark wird sie vermissen. Na gut, es ist ja nicht für lang, sagt sie sich, dann kommen sie wieder. Doch jetzt erst mal einen schönen letzten Abend, natürlich mit echter Herzens-*Hygge!*

Det skal nok gå

Bevor Urlauber die zweite Heimat verlassen, die Dänemark für viele von ihnen geworden ist, können sie sich noch ein paar letzten Genussmomenten hingeben, müssen aber ebenso ihre Pflichten erfüllen, wenn sie ein Ferienhaus gemietet haben.

Denn vor die Abreise haben die Ferienhausvermieter die Endreinigung gesetzt. Möchte man diese nicht am Abfahrtsmorgen erledigen – das dürfte zeitlich ganz schön knapp werden – ist der letzte Nachmittag im Urlaub meist mit Putzen und Aufräumen gefüllt. Dazu gehört auf jeden Fall das Saugen aller Räume, das Zurückstellen der Möbel an ihren ursprünglichen Platz (auch draußen), die gründliche Reinigung von Bad und Küche und das Putzen der

Fensterscheiben. Je nach Ferienhausanbieter variiert ein bisschen, was genau hier vom Mieter verlangt wird, deshalb sollte man sich mithilfe der Mappe, die in den meisten Ferienhäusern ausliegt, informieren.

Diese Pflichten sollten Ferienhausurlauber auf jeden Fall erfüllen; ein Eintrag ins Gästebuch oder eine kleine Dankeskarte an die Eigentümer sind zudem eine nette Geste. Die Endreinigungspflichten sollten die Abreisenden dabei nicht auf die leichte Schulter nehmen. Denn zum einen möchten sie selbst ja auch eine saubere Unterkunft vorfinden, wenn sie in Dänemark ankommen. Zum anderen wird jedes Ferienhaus nach der Abreise des letzten und vor der Ankunft des neuen Gastes kontrolliert. Stimmt dann die Sauberkeit nicht, muss ein Reinigungsteam anrücken, dessen Kosten natürlich derjenige trägt, der das Haus nicht ordentlich hinterlassen hat. Mit Verwaltungsgebühr etc. ist das eine beträchtliche Summe!

Ist man selbst bei der Ankunft mit dem Zustand des Ferienhauses nicht einverstanden, muss das unverzüglich dem Vermietungsbüro gemeldet werden, das kurzfristig Abhilfe schafft. Gleiches gilt für Schäden am Haus. Eine verspätete Reklamation, womöglich erst nach Tagen, wird nicht ohne Weiteres anerkannt.

Möchten Urlauber dem Putzen entkommen und den Urlaub bis zum allerletzten Augenblick genießen, gibt es bei fast allen Anbietern eine praktische, wenn auch nicht ganz billige Lösung: die Endreinigung mitzubuchen. Das kann gleich bei der Buchung des Ferienhauses oder aber rechtzeitig vor Ort – meist eine festgelegte Mindestanzahl an Tagen vor der Abreise – geschehen. Ein paar Dinge, wie z. B. den Müll rauszubringen, muss man trotzdem selbst erledigen, doch die großen Putzarbeiten sind damit bezahlt.

Die Kosten richten sich in der Regel nach der Größe und Ausstattung des Hauses. Wem die Summe etwas hoch gegriffen erscheint, der sollte bedenken, dass in Dänemark die Arbeitslöhne generell höher liegen als in Deutschland und die Reinigung meist von spezialisierten Serviceunternehmen vorgenommen wird. Bei manchen Anbietern oder bestimmten Ferienhäusern ist die Endreinigung auch bereits im Mietpreis enthalten; es lohnt sich, bei der Urlaubsplanung bzw. Buchung nach entsprechenden Angeboten Ausschau zu halten.

Bei der Abreise müssen die scheidenden Urlauber auf jeden Fall die Energiekosten ablesen und bezahlen. Das zu vergessen ist kein Kavaliersdelikt und zieht ebenfalls unangenehme Folgen nach sich. Es ist auch eigentlich gar nicht so schwer, da man ja bei der Anreise bereits die Zähler gesucht und gefunden hat und man auf diese Weise im Servicebüro seine vorletzten Kronen loswerden kann. Für Feriengäste, die außerhalb der Öffnungszeiten abreisen, haben die pragmatischen Dänen meist ähnlich kreative Lösungen wie bei einer verspäteten Anreise parat, inklusive Schlüsselsafes und Co.

42 FARVEL, DÄNEMARK?

DIE *HYGGE* IM HERZEN BEWAHREN

»Ach«, seufzt Katie, als sie vom Parkplatz ihrer Ferienhausvermietung fahren und ein letztes Mal auf die 181 einbiegen, die sie in südlicher Richtung für ihren Rückweg nutzen werden. »*Farvel* zu sagen ist echt heftig. Ich wäre so gerne noch geblieben! Jetzt ist es gerade richtig schön geworden.« Ihre Stimme bricht. Hat sie da etwa was im Auge? Sie muss mehrmals blinzeln. Jan drückt ihre Hand und sieht sie liebevoll an. »Wir kommen ja wieder«, sagt er tröstend, »so viel ist sicher!«

Sie hatten morgens die letzten Sachen gepackt, die letzten Dinge im Ferienhaus aufgeräumt und die letzten Lücken im Auto gefüllt. Oder vielmehr gestopft! Katie muss lächeln, als sie daran denkt. Der Wagen ist tatsächlich voller als bei ihrer Ankunft, wenn das überhaupt möglich ist. Doch das Packen ist ihnen trotz Zeitdruck und müden Köpfen ganz gut gelungen.

Gestern Abend ist es noch echt schön, aber auch ziemlich spät geworden. Und als der Wecker heute Morgen klingelte, haben sie sich beide noch mal umgedreht. Zueinander, schmunzelt Katie mit einem warmen Gefühl im Bauch. Dafür mussten sie sich dann echt beeilen, doch sie haben es geschafft: Nur mit ganz wenig Verspätung haben sie den Schlüssel ihres Ferienhauses bei der Vermietung abgegeben und sich von Mikkel sowie Marie verabschiedet. »Ach, ihr jungen Paare«, hat Mikkel gescherzt, »ihr seid immer die Letzten, die den Schlüssel bringen, noch nach den Familien mit kleinen Kindern.« Katie hat das Zwinkern in seinen Augen gesehen und wusste, dass er ihnen nicht allzu böse war. »Guten Heimweg – und wir sehen uns bald wieder, ja?« Katie hat eifrig genickt, und auch Jan hat Mikkel fest die Hand gedrückt und mehrmals »*Tak og på gensyn* – danke und auf Wiedersehen!« gesagt. Katie ist ganz begeistert, wie ihr Freund von Tag zu Tag immer mehr dänische Wörter lernt und sie anwendet. Beim Supermarkt haben sie noch ein paar letzte Postkarten in den Briefkasten geworfen und sind dann schnell ins Auto gestiegen.

POST NACH DEUTSCHLAND

Am Abreisetag ist tatsächlich die allerletzte Chance, die geschriebenen Postkarten mit Urlaubsgrüßen in einen original dänischen Briefkasten zu stecken. Diese sind in unserem Nachbarland rot und oft bei Kaufmannsläden oder im Stadtzentrum zu finden. Wichtig ist, die Post ausreichend zu frankieren. Dabei nicht erschrecken, das Porto für Sendungen ins Ausland ist relativ hoch: Seit 2018 kostet eine Postkarte 30 DDK, das sind ca. 4 Euro. Eine günstige Alternative sind Online-Portale bzw. Apps, bei denen es teilweise auch möglich ist, eigene Fotos hochzuladen.

Sich die Post von Deutschland nach Dänemark nachsenden zu lassen, kann ebenfalls ziemlich kostenintensiv sein und ist zudem nur in den wenigsten Fällen sinnvoll: Sie braucht relativ lange und kommt womöglich erst an, wenn die Urlauber längst wieder zu Hause sind.

Weil sie so spät aufgebrochen sind, befinden Katie und Jan sich nun allerdings am Ende der langen Autoschlange, die die 181 hinunterkriecht und sich schließlich in die E 20 einfädelt. Tsja, das haben sie jetzt davon. Hoffentlich ist die A 7 in Deutschland wenigstens nicht so voll, hofft Katie, dort gibt es bei Ferienende oft die schlimmsten Staus. Gut, dass sie am Tag vorher wenigstens noch getankt haben, dann müssen sie das jetzt nicht erledigen.

»Mensch«, reißt Jan Katie aus ihren Gedanken, als sie sich der deutschen Grenze nähern, »jetzt wird mir auch ganz wehmütig ums Herz. Komisch, oder? Und das nach nur zwei Wochen in diesem Land!« Er schüttelt über sich selbst den Kopf.

»Na ja«, diesmal ist es an Katie, ihm zuzuzwinkern, »du weißt ja, was sie sagen: Einmal Dänemark – immer Dänemark.«

»Du meinst, ich bin mit dem Dänemarkvirus infiziert?« Jan sieht Katie lachend von der Seite an.

»Definitiv!«, freut sie sich. »Und ein Heilmittel gibt es nicht – zum Glück.«

Det skal nok gå

Etwas später als vorgesehen anzureisen ist beim Ferienhausurlaub in Dänemark durchaus möglich – etwas später abzureisen hingegen, jedenfalls ohne vorherige Rücksprache, kann zum Problem werden. Schließlich muss das Kontrollteam des Anbieters, das die Sauberkeit und den adäquaten Allgemeinzustand des Hauses überprüft, die Chance haben, dies zu erledigen, bevor der nächste Mieter einzieht. Die Servicemitarbeiter haben gerade in der Hauptsaison natürlich Dutzende Ferienhäuser auf der Liste, die sich teils über ein großflächiges Gebiet verteilen. Auch einige Eigentümer der Häuser nutzen die wenigen Stunden zwischen dem Auszug des letzten und der Ankunft des neuen Mieters, um nach dem Rechten zu sehen, nötige Reparaturarbeiten zu erledigen und den Rasen zu mähen. Nicht zuletzt müssen die fleißigen Reinigungskräfte die Endreinigung verrichten, wenn diese denn gebucht wurde.

Deshalb sollten die Urlauber am Abreisetag den Schlüssel zum Ferienhaus auf jeden Fall zur vereinbarten Zeit abgeben und lieber ein bisschen Puffer für die Abreisevorbereitungen einplanen. Wer ein Wäschepaket gebucht bzw. Bettwäsche gemietet hat, zieht diese ab und hinterlässt sie am vereinbarten Ort oder bringt sie ins Servicebüro. Bitte auch nicht vergessen, die Zählerstände für Strom und gegebenenfalls Wasser abzulesen und entsprechend zu bezahlen. Ist während des Urlaubs im oder rund ums Ferienhaus etwas kaputtgegangen, sollte man dies spätestens am Abreisetag melden. Dafür reißt einem keiner den Kopf ab. Die Ferienhausanbieter wissen durchaus, dass auch mal ein Teller oder Becher zu Bruch gehen kann und haben für solche Fälle meist pragmatische Lösungen parat. Zum guten Ton gehört es zudem, sich auch bei der Abreise noch mal für die schöne Zeit zu bedanken, beim Ferienhausvermieter oder sogar beim Eigentümer, wenn man ihn oder sie denn antrifft.

Besonders zu Ferienzeiten und vor bzw. nach Feier- und Brückentagen wird es am Bettenwechseltag, der in Dänemark in der Regel auf einen Samstag fällt, auf den gängigsten Strecken zur Westküste und zurück deutlich voller als in der Nebensaison, ebenso wie in Grenznähe. Den Stau vermeiden können Rückkehrer aus Dänemark, indem sie entweder relativ früh am Morgen aufbrechen oder alternative Routen wählen, wie z. B. in Dänemark die 28 und die 11 anstelle der beliebten 181, sowie hinter der deutschen Grenze die B 5 und die A 23 statt der A 7.

Wer die Fahrt gemütlich angehen und zudem noch ein bisschen dänische Kultur mitnehmen möchte, macht auf der Rücktour öfter mal Pause und baut den Besuch einer Sehenswürdigkeit in die Route ein. Dafür eignen sich z. B. das berühmte Koldinghus (siehe Kapitel 34) oder die Runensteine von Jelling samt Erlebniscenter in der Nähe von Vejle. Die letzten dänischen Kronen kann man zudem in ein ›*farvel-softis*‹ oder den wirklich allerletzten Hotdog investieren. Und zu Hause heißt es nach dem Kofferauspacken und Wäschewaschen: Urlaubsbilder ansehen, die mitgebrachten Delikatessen verzehren, von Dänemark träumen, bis man endlich wieder dorthin reisen kann, und sich die *Hygge* im Herzen bewahren.

TUSIND TAK – TAUSEND DANK

Seit ich denken kann, fahre ich in mein geliebtes Dänemark, und seit ein paar Jahren schreibe ich auch auf meinem Familienblog Küstenkidsunterwegs (https://kuestenkidsunterwegs.blogspot.com/) über die Reisen in unser nördliches Nachbarland, das uns geografisch so nah, in einigen Verhaltensweisen seiner Bewohner, ihrer *hyggeligen* Lebenseinstellung und nicht zuletzt mit der Erfindung von Dingen wie dem *flad brødrister*, dem ›flachen Brotröster‹, jedoch auch manchmal ganz schön fremd ist. Als ich sah, dass ausgerechnet Dänemark in der *Fettnäpfchenführer*-Reihe des Conbook Verlags noch fehlte, konnte ich gar nicht anders, als mich um das Manuskript zu bewerben und überglücklich zu jubeln, als ich dieses Buch tatsächlich schreiben durfte.

Die kleinen, feinen, aber entscheidenden Unterschiede zwischen Dänemark und Deutschland zu beschreiben, ihre Relevanz für das Gelingen des wohlverdienten Urlaubs, der wichtigen Geschäftsreise und des vergnüglichen Studienaufenthalts in Dänemark aufzuzeigen und Alternativen zum Platschen in zahlreiche, oft unverhofft lauernde Fettnäpfchen anzubieten hat mir wie erwartet großes Vergnügen bereitet. Völlig unverhofft hingegen habe ich mich zutiefst in das Erzählen der Dänemark-Geschichte von Katie und Jan sowie in meine beiden Hauptfiguren verliebt. Ähnlichkeiten mit lebenden Personen sind dabei selbstredend rein zufällig und nicht beabsichtigt.

Der Entstehungsprozess eines Reiseführers, besonders eines so ungewöhnlichen, ist eine komplexe Aufgabe, die ich nicht ohne die Unterstützung derer bewältigt hätte, die mir nahestehen. Ich danke an erster Stelle meinen Eltern, die mit mir und meinem Bruder nahezu alle Urlaube meiner Kindheit in Dänemark verbracht haben. Sie haben mit uns in diesem spannenden und vielfältigen Land ein schönes Fleckchen nach dem anderen erkundet, uns unzählige

Male ein Eis spendiert, Massen von Sand aus unseren Hosentaschen und Schuhen gekippt und uns die Dänemark-Liebe tief ins Herz gepflanzt. Ihnen ist dieses Buch gewidmet.

Meinen Küstenkindern danke ich für all ihre neugierigen Fragen und dafür, dass sie ebenso wie mein Mann stets voller Begeisterung mit mir in meine zweite Heimat reisen. Ich danke all jenen, die mich während meiner Dänemark-Recherche für dieses Buch unterstützt und mit Informationen, Anregungen und dem einen oder anderen Schmunzler versorgt haben.

Außerdem danke ich den wunderbaren Leserinnen und Lesern meines Blogs Küstenkidsunterwegs, die mindestens ebenso Dänemark-vernarrt sind wie ich. Danke, dass ihr bei mir lest, mich motiviert, mich mit Hinweisen überhäuft und mit den unübertrefflichen Geschichten des Lebens jeden Tag aufs Neue inspiriert.

Ganz herzlich danke ich zudem meinen ehemaligen Kolleginnen und Kollegen von deutscher und dänischer Seite im Interreg-Programm, die die deutsch-dänische Zusammenarbeit stets mit Leben gefüllt und mir das *det skal nok gå* mit unbeirrbarer Zuversicht vorgelebt haben.

Mit großem Dank bin ich dem Team des Conbook Verlags verbunden, insbesondere Matthias, Artur und Svenja sowie Meike für das Lektorat. Von Herzen danke ich meinen unermüdlichen Korrekturleserinnen Berit, Bille und Hanni für ihre liebevoll-strengen Hinweise, ihre beständige Aufmunterung und ihre unerschütterliche Freundschaft. Ein großes Dankeschön geht an meine lieben Blogger-Kolleginnen Nadine und Gabriela, die mich während des gesamten Konzeptions- und Entstehungsprozesses dieses Buches angefeuert und mir immer wieder Mut gemacht haben. Ich danke J. für unsere Mittwochsrunden sowie I. für das CBM-Programm und einige der technischen Finessen in Jans Geschichte. Senya – ohne dich gäbe es dieses Buch wahrscheinlich nicht.

Zum Abschluss geht ein Herzensdank an Sie, liebe Leserinnen und Leser des *Fettnäpfchenführers Dänemark*, die Sie bis hierhin gelesen, gestaunt und hoffentlich auch manchmal gelacht habt.

Lassen Sie es sich gutgehen in unserem wunderbaren Nachbarland, genießen Sie die Atmosphäre, die kulinarischen Freuden, die Landschaft, die gute Seeluft und die *Hygge*, sei es vor dem Kaminfeuer, am Strand, mit Freunden, bei einem guten Essen oder einfach in Ihrem Herzen.

Tusind tak – tausend Dank. Wie schön, dass es Sie alle gibt.

ANHANG

10 DINGE, DIE SIE IN DÄNEMARK UNBEDINGT TUN SOLLTEN

1. **Sich bedanken – oft und überall:** Die Dänen sagen gerne und nahezu überall *tak* (danke), denn das drückt gegenseitige Achtung und Wertschätzung aus. Und es ist so nett! Einfach übernehmen und dem Gegenüber ein Lächeln ins Gesicht zaubern.

2. **Softeis essen – am besten mit *Guf* und Toppings aller Art:** Egal ob mit Schokostreuseln, Krokant, Lakritzsoße oder *Guf*: Ein Softeis ist im Dänemarkurlaub ein Muss. Wenn man nur genug der leckeren Toppings obendrauf häuft, stellt es schon fast eine Hauptmahlzeit da.

3. **Einander duzen – denn gesiezt wird nur die Königin:** In Dänemark kommunizieren die Menschen gerne auf Augenhöhe, das drückt sich in der Anrede aus. So kommt man auch leichter ins Gespräch, natürlich mit einer respektvollen Grundhaltung, der das »Du« keinen Abbruch tut.

4. **Das »*Det skal nok gå*« leben – und entspannen:** Einfach mal die Sorgen und Befürchtungen loslassen und darauf vertrauen, dass das, was man gerade vorhat, schon klappen wird. Denn das entspannt ungemein!

5. ***Ymer* probieren – und andere Milchprodukte mit lustigen Namen:** Die Vielfalt der dänischen Milchprodukte bereichert den Aufenthalt im Herzensland – einfach mal verkosten und genießen!

6. **Fahrrad fahren – und den Gegenwind sportlich sehen:** Fahrradfahren ist die wichtigste Fortbewegungsart in Dänemark, und die Fahrradwege sind hervorragend ausgebaut. Ein bisschen Wind sorgt für einen zusätzlichen Trainingseffekt – und vielleicht verwandelt er sich auf dem Rückweg ja in Rückenwind?

7. **An dänischen Straßenständen einkaufen – und das Vertrauen zurückgeben:** Die kleinen Straßenstände am Wegesrand bieten frische saisonale und regionale Waren wie Obst und Gemüse an, meist zu einem guten Preis. Selbstverständlich sollte man dafür auch den korrekten Betrag in die bereitstehende Kasse legen, denn hier gilt: Vertrauen gegen Vertrauen.

8. **Einen Leuchtturm besteigen – denn von oben ist Dänemark noch schöner:** Sei es der berühmte Rubjerg Knude Fyr an seinem neuen Standort oder ein anderes Leuchtfeuer: Die Aussicht ist den Aufstieg wert.

9. **Ein paar Wörter Dänisch lernen – und anwenden:** Es freut die Dänen von Herzen, wenn man ihre Sprache spricht oder es zumindest versucht. Und es öffnet völlig neue Türen!

10. ***Hygge* leben – und zwar im Herzen:** Egal ob mit Kaminfeuer, Zweisamkeit, Freunden, einem guten Buch oder eben doch den berühmten Wollsocken: *Hygge* ist, was man selbst draus macht. Einfach tun, was guttut, und das Leben feiern!

ANHANG

10 DINGE, MIT DENEN SIE SICH IN DÄNEMARK BLAMIEREN

1. **Die deutsche Flagge hissen:** Das ist sogar verboten! Nur die dänische Flagge darf alleinstehend gehisst werden, und selbst dafür gibt es strenge Regeln.

2. **Zu spät kommen:** Pünktlichkeit ist nicht nur eine preußische Tugend! Wer bei einem beruflichen Termin oder einer Einladung zu einer privaten Feier zu spät erscheint, macht Minuspunkte, bevor das erste Wort gewechselt ist.

3. **Zu schnell fahren:** Die Geschwindigkeit zu überschreiten kann in Dänemark rasant teuer werden – und in extremen Fällen sogar ein lebenslanges Fahrverbot im Lieblingsland nach sich ziehen.

4. **Denken, dass jeder Däne Deutsch kann:** Zum einen ist das nicht so, und zum anderen ist schon die Annahme ziemlich unhöflich. Besser, man fragt zunächst *»Må jeg tale tysk?«* (»Darf ich deutsch sprechen?«). Als Alternative bietet sich Englisch an, das nahezu alle Dänen sehr gut sprechen.

5. **Sich über das Wetter beklagen:** Das hören die Dänen nicht gerne, lieber freuen sie sich über jeden Sonnenstrahl. Besser, man zieht wetterfeste Kleidung an und genießt die Gewalten der Natur!

6. **Baderegeln ignorieren:** Mutterseelenallein im Meer zu schwimmen hört sich zwar romantisch an, kann jedoch lebensgefährlich werden. Denn dann ist niemand da, der einen rettet, wenn man in eine gefährliche Strömung gerät. Auch die Luftmatratze sollte an Land bleiben!

7. **Quer durch die Dünen laufen:** Denn diese sind ein wichtiger Bestandteil des Küstenschutzes und zudem die Heimat einer reichen Fauna und Flora. Also bitte auf den Wegen bleiben und die Natur schonen!

8. **Mit Status, Anzug und Auto angeben:** Die Dänen sind bescheidene Leute, keiner empfindet sich als etwas Besseres. Wer in Dänemark Erfolg haben möchte, sollte also nicht mit einem dicken Auto vorfahren, sich in Schlips und schwarzem Anzug präsentieren und mit seinen Titeln oder Ämtern protzen.

9. **Witze über die dänische Sprache reißen:** Auch wenn einige Wörter im Dänischen schwierig auszusprechen sind: Witze darüber zu reißen ist tabu. Stattdessen sollten Interessierte lieber Dänisch lernen.

10. **Massenweise deutsche Lebensmittel mitnehmen:** Denn auch in Dänemark gibt es Supermärkte, und diese haben großzügige Öffnungszeiten. Außerdem bringt man sich dann um den Genuss der dänischen Spezialitäten – und das ist doch wirklich schade.

ANHANG

GLOSSAR

advarsel	Warnung
bagagerums-marked	Flohmarkt, bei dem aus dem Kofferraum ***(bagagerum)*** der Autos oder von Ladeflächen verkauft wird
Bagges Dæmning	künstlicher Damm über den Ringkøbing Fjord
boller	(weiche) Brötchen, Bällchen, Gebäck
boller i karry	Fleischbällchen in Currysauce
bord	Tisch, Tafel
børnehaveklasse	wörtlich: Kindergartenklasse; Vorschulklasse, heißt auch 0. Klasse, kennzeichnet den Übergang vom Kindergarten zur Grundschule
CPR-Nummer	die Nummer, die alle in Dänemark lebenden Personen im Zentralen Personenregister **(Det Centrale Personregister)** erhalten
dejlig	schön, angenehm
desværre	leider
det skal nok gå	das wird schon, das klappt schon, es wird schon gut werden

det var ikke meningen/det var ikke ment sådan	das war nicht so gemeint, das war keine Absicht
det var så lidt	wörtlich: das war so wenig; nicht dafür
det ville være dejligt	das wäre schön
du	du
eftermiddags-kaffe	Nachmittagskaffee
enig/at være enig	einig/einig sein, einer Meinung sein, beipflichten, übereinstimmen, zustimmen
farvel	tschüss, leb wohl
fast	fest, ständig
flad brødrister	flacher Brotröster, wird so ähnlich wie ein Toaster verwendet
flæskesteg	Schweinebraten
fløde	Sahne
flødehavarti	ein mild-würziger Käse
folkeskole	Volksschule, Klasse 1–10
forbudt	verboten
fredagsslik	Freitagssüßigkeiten, in manchen Familien auch als ***lørdagsslik*** (Samstagssüßigkeiten) bekannt
frokost	die (oft kalte) Mittagsmahlzeit in Dänemark
fyr	Leuchtturm, Leuchtfeuer
gammel	alt
Gammel Dansk	Schnaps, Magenbitter
genbrug	wörtlich: Wiedergebrauch; gemeint ist oft ein Gebrauchtwaren- bzw. Secondhandladen

god dag	guten Tag
Guf	süßer, luftiger Schaum aus Eischnee und Zucker, der oft als Topping auf Eis und anderen Leckereien zu finden ist, die er dadurch noch süßer macht
gulerodsboller	Möhrenbrötchen
hej	hallo
hej hej	tschüss (salopp)
hems	Dachboden, Schlafboden; meist ist die Decke eher niedrig, so dass man dort nicht stehen kann
her er vi	hier sind wir, wir sind da
hvordan har du det?	wörtlich: Wie hast du das?, Wie geht es dir?
hvor dejligt at se dig igen!	Wie schön, dich zu wiederzusehen!
Hygge	schwer zu übersetzender Begriff der dänischen Sprache, bedeutet so viel wie Gemütlichkeit, Wohlgefühl, Zufriedenheit, Gelassenheit; eher eine Lebenseinstellung als eine einzelne Eigenschaft
hyggelig	das passende Adjektiv zu *Hygge*
ikke	nicht
ikke noget problem	kein Problem
invitation	Einladung
Janteloven	das Jante-Gesetz, demzufolge niemand besser ist als ein anderer
jeg	ich
jeg har det godt, hvad med dig?	Mir geht es gut, wie geht es dir?
kaffe	Kaffee

kammerjunkere	zwiebackähnliches Kleingebäck; wird oft zusammen mit ***koldskål*** gegessen
kanelsnegl	Zimtschnecke
kartofler	Kartoffeln
klitplantage	küstennahes Wäldchen
knallertkørsel forbudt	Mopedfahren verboten
koldskål	Kaltschale; ein dänisches Milchprodukt
kontrolrapport	Bericht der Lebensmittelbehörde, der in Restaurants, Imbissen, Bars und Lebensmittelgeschäften aushängt; dabei wird mit Smileys gearbeitet
kro	Krug, Gasthaus auf dem Lande
krondyr	besonders große und prächtige Hirschart
krydsende cyklister	wörtlich: kreuzende Radfahrer; ein Verkehrsschild, das auf Fahrradverkehr aufmerksam macht
letmælk	fettreduzierte Milch
livsfarlig	lebensgefährlich
loppe, loppemarked	Flohmarkt
længsel	Sehnsucht
løs marked	Unverpacktladen
lykke	Glück
mad	Essen, Mahlzeit
makroner	Makronen
mange tak	vielen Dank
middag, middagsmad	(meist warmes) Abendessen

miljøstation	Recyclingstation für Abfälle wie Glas, Papier etc.
morgenmad	Frühstück
må jeg tale tysk?	Darf ich Deutsch sprechen?
mørkt rugbrød	dunkles Roggenbrot
naturligvis, selvfølgelig	natürlich, selbstverständlich
nej	nein
ny	neu
nye kartofler	neue Kartoffeln; oft gibt es bei Schildern mit einer solchen Bezeichnung am Straßenstand noch mehr Gemüse und Obst zu kaufen
nå vel	nun ja; Füllwort
Olsenbande	eine 14-teiligen dänischen Serie von Kriminalkomödien, die von 1968 bis 1998 entstanden sind und inzwischen Kultstatus erlangt haben
pas på mig	pass auf mich auf; oft auf Verkehrsschildern zu finden, die auf spielende Kinder aufmerksam machen
PH-Lampe	die von Poul Henningsen 1958 geschaffene und nach ihm benannte Lampe; eine hochwertige Designleuchte
plads	Platz, Stelle
privat område	privates Gelände, das man nicht ohne Erlaubnis betreten sollte
på gensyn	auf Wiedersehen
pålægschokolade	Schokoladenaufschnitt, d. h. Schokolade in Scheiben, die aufs Frühstücksbrötchen gelegt werden kann
pølse	Wurst, Würstchen
pølsehorn	Würstchen ins Brötchen eingebacken
rar	freundlich, nett

rolig	ruhig
Rubjerg Knude	berühmte Wanderdüne in Nordjütland
Rubjerg Knude Fyr	berühmtester Leuchtturm Dänemarks auf ebenjener Wanderdüne
rundstykker	Brötchen
rød grød med fløde	rote Grütze mit Sahne; zugleich ein beliebter Zungenbrecher. Aussprache: »röð gröð með flöðe«
Røde Kors	Rotes Kreuz; Wohltätigkeitsorganisation
rødkål	Rotkohl
***rød pølse* (sg.), *røde pølser* (pl.)**	wörtlich: rote Wurst; gemeint ist ein Hotdog mit der typischen roten Wurst darin; die Dänen sagen dazu auch ***en almindelig hotdog***
selv tak	wörtlich: selber danke; als Antwort auf den Dank des anderen
smørrebrød	dänische Spezialität, die wörtliche Übersetzung (Butterbrot) trifft es nur unzureichend
softis	Softeis
sommerhus	Sommerhaus, Ferienhaus
Spandauer	Gebäckstücke, ähnlich den Puddingteilchen, die interessanterweise einen deutschen Namen tragen
Statens Uddannelsesstøtte (SU)	die staatliche Ausbildungsförderung bzw. Studienunterstützung
sti til stranden	Weg zum Strand
studenterguf	dänische Süßigkeit
stød	Stoßton, Knacklaut; ein stimmloser Kehlkopfverschlusslaut im Dänischen
sødmælk	Vollmilch

tak	danke; in einigen Fällen auch bitte
tak skal du have	wörtlich: Dank sollst du haben; Dankeschön, besonders höfliche Formulierung
takker	ich danke (salopp)
taler du tysk?	Sprichst du Deutsch?
tebirkes	süßes Mohn-Blätterteig-Gebäck
teamleder	Teamleiter, Führungskraft
tilbud	Angebot
torsk	Dorsch
Trygfondens Kystlivredning	die dänische Wasserwacht
træde/jokke i spinaten	wörtlich: in den Spinat treten; ins Fettnäpfchen tappen
tusind tak	tausend Dank
udsalg	Ausverkauf, Schlussverkauf
vej	Weg, Straße
velbekomme	wohl bekomms; gerne; auch: guten Appetit!
velkommen	willkommen
værsgo	bitte, bitte sehr; auch: herein (wenn man jemanden ins Haus bittet)
Vestkystruten	Fahrradweg Nr. 1, der die gesamte Westküste Dänemarks bis hinauf nach Nordjütland führt
vuggestue	Krippe, Betreuung für Babys und Kleinkinder
ymer	ein dänisches Milchprodukt
ymerdrys	ein Gemisch aus Roggenbrotbröseln und braunem Zucker, das mit ***ymer*** zusammen gegessen wird
æblejuice	Apfelsaft

æblekage	ein dänisches Apfeldessert; jedoch kein Kuchen, wie die Endung ***kage*** vermuten lässt
æblekagerasp	eine Mischung, um ***æblekage***, das spezielle dänische Apfeldessert herzustellen
øl	Bier

Fettnäpfchenführer Ostfriesland – Eine Ode an das Moin

Sylvie Gühmann
Fettnäpfchenführer Ostfriesland
Eine Ode an das Moin

ISBN 978-3-95889-256-9
ISBN 978-3-95889-297-2

Nach dem Abi zieht Sonja aus dem Ländle nach Leer, um beim *Oostfresen-Blattje* ihr Volontariat zu absolvieren. Über die Einheimischen – und ihre Eigenarten – hat sie sich vorher nicht informiert. Ostfriesland ist schließlich ein Teil von Deutschland, so anders kann es da gar nicht sein.

Wie sehr sich Sonja doch irrt! Zum Glück schließt sie schnell Freundschaft mit Grietje, die sie so manches Mal davor bewahrt, ins nächste Fettnäpfchen zu hüpfen. Mit der Zeit scheint Sonja die neue Heimat gar nicht mehr so fremd – sie ertappt sich sogar dabei, wie sie ihren heiß geliebten Kaffee am Morgen gegen Ostfriesentee mit Wulkjes eintauscht.

Eine gut recherchierte, spannende Geschichte mit vielen Überraschungen, lustigen Anekdoten und ganz viel Ostfriesland drin.

(Ostfriesland.Travel)

CON
BOOK.

In Deutschland um die Welt – Tipps für die Fernreise daheim

Franziska Consolati
In Deutschland um die Welt
Abenteuer aus allen Kontinenten, für die wir nicht in die Ferne reisen müssen

ISBN 978-3-95889-387-0
ISBN 978-3-95889-391-7

Mit dem Fernglas zwischen Sträuchern verstecken und nach wilden Tieren Ausschau halten, am funkelnden Nachthimmel nach Sternbildern suchen, mit der Sauerstoffflasche auf dem Rücken durch Höhlen tauchen und dick in den Schlafsack eingewickelt in einem Iglu übernachten. Afrika, Nordamerika, Asien, Arktis? Nein, Deutschland.

Gänsehautmomente haben viel weniger mit Ländernamen und Reisezeiten zu tun als mit Abenteuern, die uns zum Staunen bringen. Franziska Consolati präsentiert Ihnen die exotischsten Reiseaktivitäten (fast) vor der Haustür – praktisch sortiert nach den Kontinenten, in denen Sie eigentlich danach suchen würden.